普通高等院校物流管理与工程类专业系列教材

现代物流学案例与习题

彭 扬 孙 丽 编 著

北京理工大学出版社
BEIJING INSTITUTE OF TECHNOLOGY PRESS

内容简介

本书作为物流及工商管理等专业的案例教学与实践的教材和辅导材料，整合了中外各行业中的典型物流案例，并围绕知识点设计了基础练习习题、案例分析与设计报告类的实践题。本书取材新颖、形式生动活泼，以案例和习题实践为切入点，对相关物流知识进行融会贯通的讲解，以求在激发学生学习兴趣的前提下，引导学生发现问题、分析问题、解决问题，以提高其自主学习能力和创新能力，达到理论联系实际的目的。

本书适合作为高等院校物流管理及相关专业的教学用书，同时也可作为各类物流培训用书，还可供物流企业和其他企事业单位从事物流工作的在职人员阅读参考。

图书在版编目（CIP）数据

现代物流学案例与习题 / 彭扬，孙丽编著. --北京：北京理工大学出版社，2022.4（2022.5 重印）

ISBN 978-7-5763-1251-5

Ⅰ.①现… Ⅱ.①彭… ②孙… Ⅲ.①物流-高等学校-教学参考资料 Ⅳ.①F25

中国版本图书馆 CIP 数据核字（2022）第 061525 号

出版发行 / 北京理工大学出版社有限责任公司
社　　址 / 北京市海淀区中关村南大街 5 号
邮　　编 / 100081
电　　话 /（010）68914775（总编室）
（010）82562903（教材售后服务热线）
（010）68944723（其他图书服务热线）
网　　址 / http：//www. bitpress. com. cn
经　　销 / 全国各地新华书店
印　　刷 / 涿州市新华印刷有限公司
开　　本 / 787 毫米×1092 毫米　1/16
印　　张 / 14. 25
字　　数 / 335 千字
版　　次 / 2022 年 4 月第 1 版　2022 年 5 月第 2 次印刷
定　　价 / 45. 00 元

责任编辑 / 王晓莉
文案编辑 / 王晓莉
责任校对 / 刘亚男
责任印制 / 李志强

前言

2008年以来，国务院相继出台了十大产业调整和振兴规划，其中前九项都是工业制造业，物流业是唯一被列入十大产业振兴规划的服务业，可见国家对物流业高度重视。随着我国物流业的较快发展、政府对物流企业的大力扶持、社会对物流管理的关注，物流学作为一门新兴的综合性应用学科得到快速发展，各地高校为满足社会需求纷纷设置了物流管理专业，为企业提供有力的物流人才支撑，同时，市场营销、工商管理、电子商务等专业都开始开设物流学方面的课程。

纵观物流概念引入以来，我国物流产业发展曲折，既无成熟的实践经验，又无符合国情的系统化理论指导；同时，国内物流专业教育开展时间也不长，教育理论和培养模式多是“摸着石头过河”。因此，针对物流专业教学内容，需要不断吸收和引进物流学的最新理论和实践经验，并结合我国的实际情况充实课程，更重要的是需要增加物流实践和案例教学方法。

目前，许多高校在物流管理专业教学培养中非常注重案例讨论式教学，甚至开设了相关课程。案例教学法是在学生掌握有关基本知识和分析技术的基础上，在教师的精心策划和指导下，根据教学目的和教学内容，运用典型案例，将学生带入特定事件的模拟现场，通过学生的独立思考或集体协作，进一步提高其识别、分析和解决某一具体问题的能力，其主要方式是通过讨论对案例进行分析、求解、总结，是一种能开发学生智力、提高学生决策能力和综合素质的新型教学方法。

本书是作者在近二十年教学经验的基础上，汲取广大读者对前期类似教材的反馈意见，以及使用者特点，精心组织编写而成的。本书整合了中外各行业中的典型物流案例，并围绕知识点设计基础练习的习题、案例分析与设计报告类的实践题，提高学生自主学习能力和创新能力，达到理论联系实际的目的。

本书的主要内容包括物流概念与发展，物流系统及其功能要素，运输与配送，仓储与库存，包装、流通加工与装卸搬运，物流信息化，国际物流，供应链管理，企业物流管理，物流战略，共十章。全书以案例的阐述与评析、各类练习题（选择、填空、简答、判断、论述等）和物流主题讨论、案例材料分析与设计报告等教学实践形式展现。

全书由浙江工商大学彭扬和杭州市财经职业学校孙丽编著，在成稿过程中得到了许多同事和物流专业本专科学生的大力支持，他们提出了很多宝贵的意见；北京理工大学出版社为本书的出版也付出了大量的努力，在此一并表示衷心的感谢！

本书参考了国内外大量的书籍和资料，以及大量来自互联网的材料，在全书的结尾以参考文献的形式列出，在此向相关人士表示诚挚的谢意。同时，书中难免存在一些浅陋和不妥之处，希望广大读者给予批评指正。

编　者

2021 年 4 月

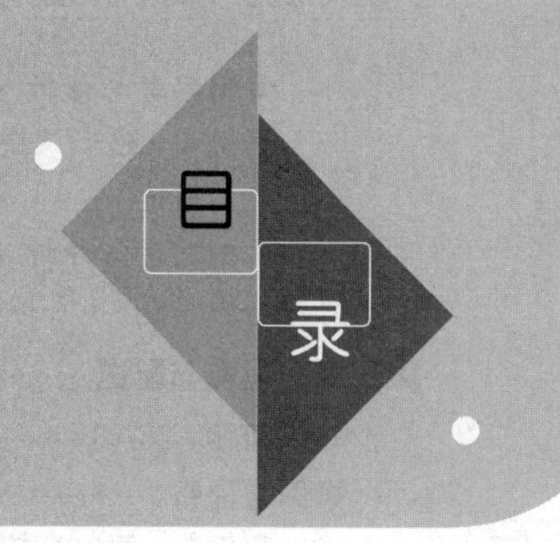
目
录

第一章 物流概念与发展

学习目标与要求

物流这一概念最早出现在军事上，随着时间的推移，慢慢渗透到各个领域。对于物流的定义，随着人们对物流概念认识的加深，也更加精确。

本章从物流的起源开始论述，介绍物流的基本概念、物流活动的构成、物流的不同分类方法和物流的价值以及现代物流的理念。

1. 理解物流的源起及发展意义。
2. 理解物流对社会经济的价值。
3. 建立物流人的职业自豪感与归属感。

知识回顾

一、物流的通俗释义

“物流”泛指物质资料实体在进行社会再生产过程中，在空间有目的（从供应地向接收地）的实体流动过程。它联结生产和消费，使货畅其流，物尽其用，促进生产不断发展，满足社会生产、消费的需要。

物流是由“物”和“流”两个基本要素组成，物流中的“物”和“流”通常与以下几个概念相关。

1. 物的概念

（1）物。物流中的“物”指一切可以进行物理性位置移动经纬度的物质资料。它的一个重要特点：必须可以发生物理性位移，这一位移的参照系是地球，因此固定的设施设备等，不是物流要研究的对象。

（2）物资。物资在我国专指生产资料，有时也泛指全部物质资料，较多指工业品生产资料。其与物流中的“物”区别在于：“物资”中包含相当一部分不能发生物理性位移的生产资料，这一部分不属于物流学研究的范畴，如建筑设施、土地等。同时，属于物流对象的各种生活资料，又不能包含在作为生产资料的“物资”概念之中。

（3）物料。物料是我国生产领域中的一个专门概念。生产企业习惯将最终产品之外的，在生产领域流转的一切材料，不论其是生产资料还是生活资料，燃料，零部件，半成品，外协件，以及生产过程中必然产生的边、角、余料、废料及各种废物统称为“物料”。

（4）货物。货物是我国交通运输领域中的一个专门概念。交通运输领域将其经营的对象分为两大类，一类是人，一类是物，“物”的这一类统称为货物。

（5）商品。商品和物流学的“物”互相包含。商品中一切可发生物理性位移的物质实体，也即商品中凡具有可运动要素及物质实体要素的，都是物流研究的“物”，有一部分不发生物理位移的商品则不属于此。因此，物流学的“物”有可能是商品，也有可能是非商品。商品实体仅是物流中“物”的一部分。

（6）物品。物品是生产、办公、生活领域中常用的一个概念，在生产领域中，一般指不参加生产过程，不进入产品实体，而仅在管理、行政、后勤、教育等领域使用的与生产相关，或完全无关的物质实体；在这些领域中，物流学中所指之“物”，就是通常所说的物品。

2. 流的概念

（1）流。物流学中的“流”，指物理性运动。

（2）流通。物流的“流”，经常被误解为“流通”。“流”和流通概念既有联系又有区别。其联系在于，在流通过程中，物的物理性位移常伴随交换而发生，这种物的物理性位移是最终实现流通不可缺少的物的转移过程。物流中“流”的一个重点领域是流通领域，不少人甚至只研究流通领域，因而将“流”与“流通”混淆。“流”和“流通”的区别主要有两点：一是涵盖的领域不同，“流”不但涵盖流通领域，也涵盖生产、生活等领域，凡是有物发生物流的领域，都是“流”的领域；流通中的“流”在范畴上只是全部“流”的一个局部。二是“流通”并不以其整体作为“流”的一部分，而是以实物物理性运动的局部构成“流”的一部分。

（3）流程。物流中的“流”可以理解为生产的“流程”。生产领域中，物料是按工艺流程要求进行运动的，这个流程的水平、合理性对生产成本、效益以及生产规模影响颇大，因而生产领域“流”的问题非常重要。

二、物流的产生

物流是生产、流通和消费过程中不可缺少的活动，自人类出现有组织的大规模生产活动以来，初期的物流活动就伴随生产、流通和消费过程产生；但在物流形成专业分工以前，人们只把它看作生产、流通和消费的辅助过程，没有出现关于物流的概念和定义。

我国古代就出现了朴素的物流功能和物流发展。随着社会生产力的进步，“商物分流”出现，这标志着现代化物流的产生。

三、物流概念的发展

物流在概念上随时间的推移有所变化，即广义物流（Logistics）与狭义物流（Physical Distribution）的区别。最初的物流概念主要侧重于商品物质移动的各项机能，即发生在商品流通领域中，在一定劳动组织条件下凭借载体从供应方向需求方的商品实体定向移动，是在流通的两个阶段（G-W 是货币购买商品阶段，W-G 是商品售出阶段）上发生的所有商品实体的实际流动。显然，这种物流是一种商业物流或销售物流，它作为一种狭义的物流具有明显的“中介性”，是连接生产与消费的手段，直接受商品交换活动的影响和制约，具有一定的时间性，只有存在商品交换时才会出现，不会一直存在。

进入20世纪80年代以后，随着经济社会的高速发展，物流所面临的经济环境有了很大变化，狭义的物流概念受到前所未有的挑战和批判，一是传统的狭义物流观念只重视商品的供应过程，而忽视了与生产有关的原材料和部件的调达物流，而后者在增强企业竞争力方面处于很重要的地位，因为原材料以及部件的调达直接关系着生产效率、成本和创新，诸如日本丰田公司的生产管理就首先从原材料和部件生产、调达上入手。二是传统的物流是一种单向的物质流通过程，即商品从生产者手中转移到消费者手中，而没有考虑商品消费之后包装物或包装材料等废弃物品的回收，以及退货所产生的物流活动。三是传统物流只是生产销售活动的附属行为，主要关注物质商品的传递，而忽视了物流对生产和销售在战略上的能动作用，日本建立的Just-in-time生产管理体系在世界范围内的推广，使得以时间为中心的竞争愈益重要，并且物流行为直接决定了生产决策。

与上述环境的变化和对传统物流的批判相对应，1984年，美国物流管理协会正式将物流概念从Physical Distribution改为Logistics，并将现代物流定义为“为了符合顾客的需求，将原材料、半成品、完成品以及相关的信息从发生地向消费地流动的过程，以及为使保管能有效、低成本地进行而从事的计划、实施和控制行为”。这一定义的特征是强调顾客满意度、物流活动的效率性，以及将物流从原来的销售物流扩展到了调达、企业内和销售物流。

随着物流科学的迅速发展，世界许多国家的专业研究机构、管理机构以及物流研究专家对物流概念做出了不同定义。

德国物流协会认为物流是“有计划地将原材料、半成品和产成品由生产地送至消费地的所有流通活动，其内容包括为用户服务、需求预测、情报信息联系、物料搬运、订单处理、选址、采购、包装、运输、装卸、废料处理及仓库管理等”。

日本通产省运输综合研究所对物流的定义十分简单，认为物流是“商品从卖方到买方的全部转移过程”。

1999年，联合国物流委员会对物流进行了新的界定，提出物流是为了满足消费者需要而进行的从起点到终点的原材料、中间过程库存、最终产品和相关信息有效流动和存储计划、实现和控制管理的过程。这一定义强调了产品从起点到终点的过程，提高了物流的标准和要求，确定了未来物流的发展，较传统的物流概念更为明确。

美国物流管理权威机构——美国物流管理协会2001年对物流（Logistics）最新定义为：“Logistics is that part of the supply chain process that plans，implements，and controls the efficient，effective forward and reverse flow and storage of goods，services，and related information between the point of origin and the point of consumption in order to meet customers' requirements.”（“物流是供应链过程的一部分，它是对商品、服务及相关信息在起源地到消费地之间，有效率和有效益的正向和反向移动与存储所进行的计划、执行与控制，其目的是满足客户要求。”）

《中华人民共和国国家标准·物流术语》（GB/T 18354—2021）中对物流的定义是：根据实际需要，将运输、储存、装卸、搬运、包装、流通加工、配送、信息处理等基本功能有机结合，使物品从供应地向接收地进行实体流动的过程。

一些专家提出了物流的7R定义，认为物流就是“以恰当数量（Right Quantity）和恰当质量（Right Quality）的恰当产品（Right Product），在恰当的时间（Right Time）和恰当的地点（Right Place），以恰当的成本（Right Cost）提供给恰当的消费者（Right Customer）”的过程。在该定义中，用了7个恰当（Right），故称作7R。该定义揭示了物流的本质，有助于加深人们对物流概念的理解。

四、物流活动及分类

物流活动由物品的包装、装卸、搬运、运输、储存、流通加工、配送、物流信息等工作内容构成，以上内容也常被称为“物流的基本功能要素”。对于各个领域的物流，虽然其基本要素都存在且相同，但由于物流对象不同，物流目的不同，物流范围、范畴不同，形成了不同的物流类型。

按物流的作用分类，可以将物流分为供应物流、销售物流、生产物流、回收物流、废弃物物流五类。

按物流系统性质分类，可以将物流分为社会物流、行业物流、企业物流。

按物流活动的空间分类，可以将物流分为地区物流、国际物流。

五、物流的价值

物流的价值体现在宏观和微观两方面。

宏观方面主要体现在：

（1）物流是国民经济的基础之一。

（2）物流是企业生产的前提保证。

（3）在特定条件下，物流是国民经济的支柱。

物流的微观价值主要体现在：

（1）物流降低成本的价值。

（2）物流的利润价值。

（3）物流的服务价值。

案例与评析

案例1 中国物流的前世

案例概述

“长安回望绣成堆，山顶千门次第开。一骑红尘妃子笑，无人知是荔枝来。”这首《过华清宫》，是杜牧抨击封建统治者的骄奢淫逸和昏庸无道的作品，借当年唐玄宗的风流韵事，警诫世君，但从中，我们也可看出古代“快递”的端倪。

据《新唐书·杨贵妃传》记载：“妃嗜荔枝，必欲生致之，乃置骑传送，走数千里，味未变，已至京师。”如果忽略历史背景，只是“走数千里，味未变，已至京师”这11个字，足以使现代的一些快递公司汗颜。

古代快递，大致由驿站、民信局和镖局三种形式组成。

一、驿站

隋唐年间，驿站是专门供朝廷传递官府文书和军事情报的人或来往官员途中食宿、换马的场所。当年唐玄宗派人给杨贵妃送荔枝时，选择的就是驿站。

我国是世界上最早建立组织传递信息的国家之一，邮驿历史已长达3 000多年。秦始皇统一中国（公元前221年）后，在全国修驰道，“车同轨、书同文”，建立了以咸阳为中心的驿站网，制定了邮驿律令，如竹简怎样捆扎、加封印泥盖印以保密，如何为邮驿人马供应粮草，邮驿怎样接待过往官员、役夫等，形成了我国最早的邮驿管理办法。

汉代邮驿继承秦朝制度，并统一称为“驿”。邮驿还随着“丝绸之路”通往印度、缅甸、波斯等国，即发展了“国际快递”。政府开始将所传递文书分出等级，不同等级的文书由专人、专马按规定次序、时间传递。收发这些文书都要登记，注明时间，明确责任。

隋唐时期，驿传事业得到空前发展。唐代的官邮交通线以京城长安为中心，向四方辐射，直达边境地区，大致30里（1里=500米）设一驿站，全国共有陆驿、水驿及水陆兼办邮驿1 600多处，行程也有具体规定，并有考绩和视察制度，驿使执行任务时，随身携带“驿卷”或“信牌”等身份证件。

宋代由于战争频繁，军事紧急文件多，要求既快又安全，因而将由民夫充任的驿卒改由士兵担任，将所有的公文和书信机构总称为“递”，并出现了“急递铺”。“急递铺”设金牌、银牌、铜牌三种，金牌一昼夜行五百里，银牌四百里，铜牌三百里。急递的驿骑马领上系有铜铃，在道上奔驰时，白天鸣铃，夜间举火，铺铺换马，数铺换人，风雨无阻，昼夜兼程。南宋初年抗金将领岳飞被宋高宗以十二道金牌从前线强迫召回临安，这类金牌由急递铺传递，含有十万火急之意。

明代由于海上交通日渐发达，随着郑和七下西洋，还开辟了海上邮驿，设立了递运所，这些独立于驿站，专门从事货物运输的组织，主要任务是运输国家的军需、贡赋和赏赐之物。

到了清朝，驿站开始把“邮符”“勘合”和“火牌”作为凭证。邮差凡需要向驿站要车、马、人夫运送公文和物品都要看“邮符”，官府使用时凭“勘合”，兵部使用时凭“火牌”。使用“邮符”有极为严格的规定。对过境有特定任务的，派兵保护。马递公文，都加兵部火票，令沿途各驿站接递。如果要从外到达京城或者外部之间相互传递的，就要填写连排单。紧急公文则标明四百里、五百里、六百里字样，按要求时限送到。

驿站管理至清代已臻于完善，并且管理极严，违反规定均要治罪。清代末年，近代邮政逐步兴起，驿站的作用日渐消失，1913年1月，北洋政府宣布撤销全部驿站。

驿站在我国古代运输中有着重要的地位和作用，在通信手段十分原始的情况下，驿站担负着政治、经济、文化、军事等方面的各种信息传递任务，在一定程度上也是物流信息的一部分，是一种特定的传递与运输渠道。我国古代驿站在各朝代虽形式有别，名称有异，但在组织严密、等级分明、手续完备方面是相近的，封建君主是依靠这些驿站维持信息采集、指令发布与反馈的，以达到封建统治控制目标。由于受历史条件的限制，科学技术发展的水平有局限性，其速度与数量与今无法相比，但其组织的严密程度、运输信息系统的覆盖水平不亚于现代通信运输。

有人说，从沈阳的发展历史来看，它就是由古代驿站起步，逐步发展成一个大都市的。古代驿站的重要性和作用由此可见一斑。

二、民信局

驿站是官府的通信组织，通常只传递官府文书。一般老百姓传递信息，只有托人捎带，然而辗转传递，缓不济急，且易延误遗失。我国古书中记载着不少“鸿雁捎书”一类的故事，可见古人通信艰难。

民间通信组织的形成，大约始于唐朝。由于社会经济的发展，特别是经商贸易的需要，首先在长安与洛阳之间，有了为民间商人服务的“驿驴”。到了明朝出现了专为民间传递信息的民信局。在西南各省也曾有“麻乡约”探亲带信的组织，相传湖北麻城县（今麻省市）孝感乡被迁往四川的老百姓，由于思念家乡，相约每年推派代表回乡探望，往返时带些土特产和信件，而后逐渐形成民信局。

民信局开始出现于交通方便、贸易发达的沿海城市，以后逐渐发展到内地。民信局由私人经营，以谋利为目的。他们一方面是哪里有利就在哪里办，另一方面，为了招揽生意，竞相为主顾提供方便，如派人上门收取信件、汇款，收费也可以记账等，民信局得到了迅速发展。清同治年间是民信局的最盛时期，全国大小民信局达数千家之多，有的在商业中心上海设总店，各地设分店和代办店，民信局之间互相联营，构成了民间通信网。

三、镖局

驿站专门为朝廷押送公文，民信局一般也只派送信件、汇款等小件物品，然而民间的商业往来始终缺乏大件运输并有安全保障的机构，因此，到清代，商业需求催生了民营物流公司，也就是“镖局”。中国的镖局始于何年何月，现已难以考究。根据近代学者卫聚贤所著《山西票号史》的研究，镖师之鼻祖可能为山西人张黑五。清乾隆年间，张黑五在北京前门外大街创立兴隆镖局。

做镖局生意要有三硬：一是在官府有硬靠山，二是在绿林有硬关系，三是自身有硬功夫，三者缺一不可。

镖局又称镖行，是收人钱财，凭借武功专门为人保护财物或人身安全的机构。旧时交通不便，客旅艰辛危险，便有镖户走镖，这成为镖局保镖的雏形。随着社会生活日益复杂，镖局承担的工作也越来越广泛，不但将一般私家财物承接保送，地方官上缴的饷银亦靠镖局运送。由于镖局同各地都有联系或设有分号，一些汇款业务也由镖局承担。随着镖局业务的发展，逐渐形成了信镖、票镖、银镖、粮镖、物镖、人身镖六种镖。

镖局走镖时都有镖车、镖箱、镖旗。镖车是镖局走镖时的重要交通工具；镖箱的锁采用了当时最先进的防盗暗锁，只有大掌柜和二掌柜两把钥匙并起来才可以打开；镖车上必不可少的一面小旗帜就是镖旗，镖旗是镖师出镖的标志。

走镖有很大的风险，不但要承担“失镖”的风险，“挂彩”也是常有的事，丢命的也不在少数。因此，镖师在走每一趟之前要打点好家里的一切，做好回不了家的准备。

回顾中国古老的文明发展史，王朝更替，却阻挡不了社会的发展。虽然“宫阙万间都做了土”，但古代的物流业，却一直存在，虽然缓慢，却也一直在发展。

案例思考与评析

一、思考

1. 结合案例，分析驿站、民信局和镖局的主要区别。

2. 以镖局为例，说明古代的快递业与现代的第三方物流（如联邦快递）有何联系与区别。

二、评析

1. 驿站、民信局和镖局的主要区别。

驿站是古代供传递官府文书和军事情报的人或来往官员途中食宿、换马的场所。所运送的多是军事紧急文件，要求既快又安全，而且有时还需连夜赶路。

到了清朝，驿站开始使用凭证，凡需要向驿站要车要马等都需要有“邮符”，其管理更加严格。

驿站在我国古代运输中发挥着重要的作用，在通信手段十分原始的情况下，驿站担负着各种政治、经济、文化、军事等方面的信息传递任务，在一定程度上也是物流信息的一部分，是一种特定的传递与运输渠道。我国古代驿站的主要特点是组织严密，等级分明，手续完备。

民信局始于唐朝，因社会经济的发展，特别是经商贸易的需要而产生，是为民间商人服务的。清朝出现了专为民间传递信息的民信局。相比之下，民信局的速度没有驿站快，也没有驿站管理严格。

镖局又称镖行，是收人钱财，凭借武功专门为人保护财物或人身安全的机构。镖局有镖旗作为标志，是信誉的保证，安全性比较强，同时收费也比较高。

2. 古代快递业与现代第三方物流的联系与区别。

古代快递业中的传统镖局和第三方物流企业是不同历史时代的产物。传统镖局作为一个古老的行当，在中国历史上存在了约500年。从某种程度上说，传统镖局是第三方物流企业的雏形，第三方物流企业是传统镖局的延伸，两者关系密切，有以下相似之处。

（1）商业地位相同。两者都是在合同或者契约的制约下对第一方（发货人）和第二方（收货人）负责，通过提供服务获得报酬。

（2）存在必要性相似。传统镖局的存在和发展，一方面是基于商品经济的兴盛和发展，另一方面是由于运输路途艰辛，车马劳顿，货主一方需时时防范各种货物甚至人身安全问题产生。这导致其将任务外包给专业的镖局负责，这与当下第三方物流企业的存在有异曲同工之处。

（3）运营形式相似。传统镖局和第三方物流企业一般都设立在中心城市或交通枢纽区域，以之作为业务的辐射地，获取更大的效益。各大镖局在镖路的终点大多设有分号，分号的任务是招揽生意，避免镖师归途走空，同时也为了通过分号辐射周围的城市。比如，北京的一个镖局总号接受了一批从张家口运来的皮货，专走北道的镖师到京就算完成了任务，如果空着手回去，无疑加大了成本。现代快递业在全国各地发展网点，网点的任务是拓展业务，同时能够减少返程空驶，从而降低运输成本。

（4）政府支持。传统镖局和第三方物流企业同属商业机构，都必须在政府辖制下生存和发展。镖局经营靠三硬：一是在官府有硬靠山；二是在绿林有硬关系；三是自身有硬功夫，其中官府为三硬之首，因此镖路往往和官道重合。中国物流产生于20世纪70年代末期，国家相关部委在推进我国物流业的成长方面做了大量的工作，如国家在物流基础设施方面的建设投入，中央及地方政府对物流产业的大力支持及至出台的物流产业振兴规划等。

同时，由于两者存在的历史背景不同，也必然存在诸多不同之处，主要体现在以下几方面。

(1) 业务范围不同。传统镖局是单个机构进行护镖，只是在其有限的资源内开展业务，基本不需要其他人或组织的参与，其业务局限于押送黄金白银及一些重要的物品或者进行一些护卫工作。第三方物流企业的业务是多元化的，包括货物集运、国际货代、仓储等，涉及生产资料和生活资料。它们不一定拥有自己的物流设施，但能提供整套的综合性物流服务，依靠自身的能力选择能提供运输工具、仓库等单项服务的合作伙伴，并将这些单项服务加以整合再提供给顾客，在合作的同时既节省了资源，又降低了成本。

(2) 工作重心不同。传统镖局基于“安全”这一初衷成立，为了“镖的”的安全而和“车匪路霸”抗衡，其重心是安全。在供应链环境下的第三方物流工作重心是服务和品质，注重及时、准确，旨在提高客户满意度，实现高效低成本的物流服务。

(3) 物流方式、规模不同。传统镖局成长于封建社会，由于当时生产力水平、地理条件、交通工具等限制，交易活动大都在有限的区域进行，其运输网络以陆路为主、水路为辅。对货主来说，他对货物在路上的情况基本一无所知，只有货物到达目的地才有准确信息。随着科技的发展，运输不再局限于水陆方式，已延伸至航空及管道。且现代集装箱、万吨级巨轮的运输规模也是传统镖局无法比拟的。物流信息技术实现了数据快速、准确的传递，提高了第三方物流的自动化水平，GPS、RFID 的应用可以有效跟踪和管理在途货物。

(4) 业务风险不同。镖局三硬之一硬是硬功夫。镖师常年在外走镖，若是遇上悍匪，除了丢镖，还可能丧命，镖局还要负责赔偿货主，若丢失的是重要的镖，还有破产的可能。随着科技的发展，第三方物流从业人员可以利用高科技实现远程作业。现代社会健全的法制和发达的保险业，也使企业在经营中面临的货物损毁、错发或延迟等风险转化为有限责任，降低了业务风险，降低了企业破产的可能。

案例2 茶马古道

案例概述

茶马古道真正走进人们的视野在 1990 年。李旭和他的几位同伴，一行六人，徒步走出了一条苍茫古道，并取名为“茶马古道”。

茶马古道有广义和狭义之分。广义上的茶马古道可上溯到青藏高原与低地社会有交流时，一直延伸到中亚、南亚、西南亚。狭义的茶马古道指中国唐代汉族产茶区的茶和吐蕃良马的交易，史称茶马互市或茶马互易，距今有一千四百年的历史。商人在官方指定的交易地点，进行茶和马交易，逐渐形成了相对固定的茶马互易通道。值得一提的是，茶马古道中四川到西藏部分是古代唐蕃古道的路线，而且茶马古道与古丝绸之路在甘肃天水、兰州等地交叉重叠，可以看出，茶马古道与中国其他几条古道有千丝万缕的联系。

茶马古道是一条真正意义上由平民百姓走出来的道路，其名字来由有两种说法：一种是茶马互市，另一种是由马驮着茶以及其他日用品交易。不管是哪一种，茶、马是这条古道上的主角。在《滇茶藏销》中提到，“滇茶为藏所好，以积成习，故每年于春冬两季，藏族古宗商人，跋涉河山，露宿旷野，为滇茶不远万里而来……盖藏人之于茶也，非如内地之为一种嗜品，或逸兴物，而为生活上所必需，大有一日无茶则病之概”。从以上一段文字可以看出，茶马古道有其存在的必要性，历来有商必有道，古今亦如此。

茶马古道是一条古老的物流通道，按现代物流系统构成要素来看，一千多年前茶马古道上流动的茶、马、驿站和小道已经具备了完整的物流体系元素。物流体系主要由几个要素组成：节点、通道、手段。茶马古道上大大小小、正式非正式的中转站、驿站或帐篷等就是古道上的物流节点，通道是由人、马一步步走出来的羊肠小道，手段就是马、骡或牦牛等。古道上流通的商品则是茶、藏药、盐以及其他日用品。

目前被广泛认可的位于滇、川、藏三角地带的“茶马古道”有两条：一条从云南普洱出发，经大理、丽江、中甸（现更名为香格里拉），进入西藏察隅、波密、拉萨、日喀则，出境到尼泊尔、印度等国；另一条从四川雅安出发，经康定、昌都、拉萨至尼泊尔、印度等国，此乃古道上最原始的物流通道。从地图上可以看出，走这条道路基本都得翻山越岭、跋山涉水，即使到现在，它也只是属于探险者的道路。

丽江是茶马古道上的主要节点，丽江至蜀地成都之间的步道，早在秦汉时期就已经打通，又有“踞全滇之上游，通巴蜀之要塞”“外控蕃藏，内敝滇西”“自内地入藏，必以丽江为正路”之地势。由于丽江特殊的地理位置，其历来是各大马帮的主要聚集地，丽江的现文巷就是大理马帮的聚集地。大理的白族和回族都是擅长经商的民族，茶马古道上大部分的马帮来自大理。现文巷的纳西语是“见乐过”，意为此地像古南诏国一样繁华，由此可以想象当时丽江的繁荣。

茶马古道上运输的主要工具是马、骡，这个组合体就是俗称的马帮。马帮一般由“锅头”、赶马人和一定数量的骡马组成。马帮首领俗称“锅头”，“锅头”既是经营者、赶马人的雇主，又是直接参与者，他们要埋锅做饭，同吃同宿。骡马有的归商号所有，有的归锅头所有；也有自带骡马入伙者，他就有了雇工和股东两重身份，获得工钱和红利两份收入。这样的经营方式，就类似于我们现在运输系统的加盟。赶马人俗称马脚子，由于马帮的工作完全靠赶马人分工轮流做，因此每一个赶马人必须具备所有的本事和能耐，如看天气、选路、方言交流、识骡马的性情等，还要会生活上的煮饭做菜等——一个普通的赶马人基本上是一个全才，符合我们现在提倡的综合能力的人才概念。一般一个赶马人负责七八匹骡马，一个赶马人加上负责的马和马上的货物成为一把，几个把或几十个把就组成了一个完整的马帮。

马帮的骡马是有秩序的，走在最前面的叫作头骡和二骡，一般由灵敏、懂事、警觉的母骡承担，整个马帮队伍的最后，是一匹十分得力的尾骡，它要既能跟上大队，又能压得住阵脚，使马帮形成整体。

我们可以看出，一千多年前的茶马古道，已经是一个非常完善的物流系统，在这上面行走的既是商人，又是探险者。

茶马古道对中国历史有着不可磨灭的贡献。在丽江待了九年的国际援华人员顾彼得在《被遗忘的王国》中描述：“据统计，战争期间所有进入中国的路线被阻时，马帮运输曾使用了八千匹骡马和两万头牦牛，几乎每周都有长途马帮到达丽江，甚至多雨的季节都无法阻止那些冒险的商人。”这也是这条千年古道——茶马古道为现代人们最熟知的一次大活动。

案例思考与评析

一、思考

1. 如何理解茶马古道是一条“古代的物流通道”？

2. 结合案例，浅谈茶马古道的物流与文化意义。

二、评析

1. 茶马古道是“古代的物流通道”。

物流通道是快速畅通的货运道路体系。按现代物流系统构成要素来看，一千多年前茶马古道上流动的茶、马、驿站和小道，已经成为完整物流体系中的元素。

物流体系主要的几个组成要素为节点、通道、手段。茶马古道的物流节点指那些正式非正式的中转站、驿站或帐篷等，通道则是由人、马一步步走出来的羊肠小道，手段就是马、骡，抑或牦牛等，古道上流通的商品则是茶、藏药、盐及其他日用品。

2. 茶马古道的物流价值与文化意义。

“茶马古道”作为一条连接内地与西藏的古代交通大动脉，也是各民族交往和融合之道，促进了川藏和滇藏沿线高原城镇化的发展。

茶马古道是一条古老的物流通道，茶、藏药、盐及其他日用品在物流通道上流通。

“茶马古道”与“丝绸之路”一样，曾是中国历史上西部国际贸易古通道之一，在古代中国对外经济文化交流和古文明传播中发挥了重要的作用；是历史上藏区连接内地，并外延至南亚和中亚的纽带；是中国西南各民族相互交往、融合的走廊；是历史上西藏各族人民和中华各族人民同生共存、团结和睦的桥梁和象征，也是藏汉民族不断交融和西藏是中国的一部分的历史见证。

案例3 物流——从小事做起

案例概述

一、一瓶洗发水背后的物流

从超市货架上随手取下一瓶洗发水，你能想到这瓶洗发水从走下流水线那一刻起，到你拿到手中为止，中间被多少辆车运转到多少个物流配送中心？经过多少道批发商以及多少人的手才被送上货柜？它要经过多少道工序才变成你看到的样子？更重要的是，需要怎样做才能够更经济地将这瓶洗发水送到零售店？

二、福特的梦想

亨利·福特一直有一个梦想——成为一个完全自给自足的行业巨头。于是，除了汽车制造，他还在底特律建设了内陆港口和错综复杂的铁路、公路网络。为了确保原材料供给，福特还投资了煤矿、铁矿、森林、玻璃厂，甚至买地种植制造油漆的大豆。他还在巴西购买了250万英亩（1英亩≈4 047平方米）的土地，建起了一座橡胶种植园，以满足他的汽车王国对橡胶的巨大需求。此外，他还想投资铁路、运货卡车、内河运输和远洋运输，使原材料供应、制造、运输、销售等都纳入他所控制的范围，这是他要建立的世界上第一个垂直一体化公司辛迪加的一部分。但日久天长，福特发现独立于自己控制的专业化公司不仅能够完成最基本的工作，有些甚至比福特公司自己的机构干得更好。随着政治、经济环境的不断变化，福特公司的金融资源被转移去开发和维持自己的核心能力——汽车制造，销售、运输等制造之外的工作都交给独立的专业化公司去做。福特在这方面的转变表明，在社会分工日益专业化的现代经济中，没有哪一家厂商能够完全做到自给自足，只有将企业有限的资源投入到加强自身核心竞争力上，才能成为赢家。同样，如果企业不是专业的物流公司，那么最好将企业的物流业务交给一个独立的专业化的物流公司。

三、三联“零环节物流”

三联物流描绘了这样一幅图画：王先生想买冰箱，于是他来到住所附近的一家三联家电连锁店，这个以各类家电产品为主的连锁店更像汽车展示厅。在销售人员的帮助下，王先生大致了解了各种品牌冰箱，打算购买 A 厂家生产的 b 冰箱。王先生下的订单通过这家连锁店的信息采集系统迅速传送到三联家电总部的 ERP 系统中，并通过系统接口自动传达到厂家的信息系统。b 冰箱生产完成后，由专业物流配送人员根据订单上的地址送到王先生家。这是基于异常通畅的“信息流”的过程，这一过程物流所涉及的环节降到了最低，三联称此为“零环节物流”。与之相比，传统的物流过程是复杂的，产品从下线到工厂的仓库、大区的中转仓库、各地分公司的仓库，甚至在供应商内部还要经过几个物流环节，然后到分销零售的配送中心，再到门店的仓库，可能还要再经过安装服务机构，才能到消费者家门。一件产品从下线到最终售出至少停留 5 ~ 6 个仓库，经历 10 次以上的装卸。“零环节”意味着高效率和低成本，三联物流中心总经理说，在成本方面，三联在物流的费用率低至 0.5%，而国内百货业的物流费用率通常为 3% 到 40% 不等。上海华联的物流在全国较为先进，其物流费率也达到 1%，三联物流的费用率水平有很强的竞争力。

四、“牛奶取货”方式降低库存成本

上海通用目前有四种车型，不算一种刚上市的车型，另外三种车型的零部件总量有 5 400 多种。上海通用在国内外拥有 180 家供应商，还有北美和巴西两大进口零部件基地。那么，上海通用是怎么提高供应链效率、减少新产品的导入和上市时间，并降低库存成本的呢？为了把库存赶出供应链，通用的部分零件，如是本地供应商生产，则根据生产要求，在指定时间直接送到生产线。零部件不进入原材料库，可保持很低或接近于“零”的库存，省去大量的资金占用。对于有些用量很少的零部件，为了不浪费运输车辆的运能，充分节约运输成本，上海通用使用了一种叫作“牛奶圈”的小技巧：每天早晨，上海通用的汽车从厂家出发，到第一个供应商那里装上准备的原材料，然后到第二家、第三家，以此类推，直到装上所有的材料，然后再返回。这样做的好处是，省去了所有供应商空车返回的成本。“传统的汽车厂，以前要么有自己的运输队，要么找运输公司把零件送到公司，这种方式并不是根据需要来供给，它有几个方面的缺点：有的零件体积或数量不同，并不一定正好能装满一卡车，但为了节省物流成本，他们经常会装满一卡车，这就造成了库存增多，占地面积大。而且，不同供应商的送货缺乏统一的标准化管理，在信息交流、运输安全等方面有各种各样的问题，如果要处理好，必须花费很多时间和人力资源。因此，上海通用改变了这种做法，聘请一家第三方物流供应商，由他们来设计配送路线，然后到不同的供应商处取货，再直接送到上海通用，利用‘牛奶取货’或者‘循环取货’的方式解决了这些难题。通过这种方法，上海通用的零部件运输成本至少下降 30%。”其优点显而易见，也体现出上海通用的一贯思想：把低附加价值的东西外包出去，集中精力做好制造、销售汽车的主营业务，即精干主业。

五、送鲜花一样送啤酒

“送鲜花一样送啤酒，即把最新鲜的啤酒以最快的速度、最低的成本给消费者品尝。”青岛啤酒员工如是说。为了实现这一目标，青岛啤酒股份有限公司与香港招商局共同出资组建了青岛啤酒招商物流有限公司，双方开始在物流领域全面合作。自合作以来，青岛啤酒运往外地的速度提高了30%以上，山东省及300千米以内区域的消费者都能喝到当天出厂的啤酒，300千米以外区域的消费者也能喝到前一天出厂的啤酒，而原来需要3天左右。

六、袜子、盘子与IBM的供应链管理

你可能在电视上看到过袜子、帽子、裤子、兔子和盘子的故事，在这一幕结束时打出IBM供应链管理一行字，IBM的广告总让人感到很“玄奥”。IMB中小企业市场管理总监在接受采访时告诉记者，所谓供应链，是指在相互关联的业务流程以及业务伙伴间发生的，从产品设计到最终客户交付全过程中的物流和信息流。在供应链中，原材料和零部件的供应商、产品制造企业、运输和分销公司、零售企业以及售后服务企业都是向最终消费者提供产品和服务的供应链实体。而供应链管理就是使企业与其供应链中的其他企业协同工作、协同管理，以优化供应链，共同为客户提供优质的产品和服务，共同降低成本和库存，赢得市场。供应链管理用一句话概括，就是让客户在正确的时间、正确的地点，以最优的价位获得正确的产品。电视上袜子、帽子、裤子、兔子和盘子的错乱，就是要说明供应链管理的重要性。IBM中小企业市场管理总监强调，今后市场竞争的关键已不是单纯的企业间的实力较量，而是企业供应链之间的竞争。

七、购买啤酒与供应链

陈列于零售店内的啤酒，在消费者取到手之前是经过怎样的途径才到达商店的呢？啤酒制造商生产啤酒，首先要采购大麦、啤酒花等原材料，并进行酿造。酿造出来的啤酒为了保持鲜度，需要快速通过各种流通渠道运送到零售商店。小规模的酒类专卖店通过批发商进货，大型连锁零售商则不通过批发商，直接从制造商进货。因此，某一商品从生产厂地到消费者手中，有如下的厂商及相关人员依次参与：①供应商（进货处）；②制造商；③批发商；④零售商；⑤消费者。我们将这些与供货密切相关的企业和人员（利害相关者）的衔接（连锁）称为“供应链”。

八、FedEx和UPS的故事

茱莉娅·罗伯茨在《逃跑的新娘》中扮演一位屡次在婚礼上逃跑的姑娘，有一次，在婚礼举行的前夕，她又跳上一辆FedEx卡车逃跑了！新郎看到逃跑的新娘和FedEx卡车，既失落又有些许安慰，因为，他相信他的新娘一定会出现在某个地方，FedEx卡车能够做到这一点。

1907年，美国人吉米·凯西从一位朋友那里借100美元创立了联合包裹公司（UPS）。创业初期联合包裹仅有一辆福特T型卡车及一部摩托车，主要为西雅图百货公司运送货物。目前，联合包裹已经发展到地面车辆15.7万辆，自有或包租飞机610架，全球员工33万多名，年营业额270亿美元的巨型公司。它每个工作日处理包裹130万件，每年运送30亿件包裹和文件。

九、一瓶啤酒的物流费是多少

物流费有多种含义，这需要在一定的语境中理解，如社会的物流费、企业的物流费、商品的物流费，社会的物流费是在一切社会经济活动中发生的物流费；企业的物流费是生产厂家、批发业或零售业在进行经济活动中所花费的物流费；商品的物流费是一件商品从厂家通过零售业到消费者手中的整个物流过程中所需的物流费。此外，计算物流费还有不同的标准，即物流费的绝对额和相对率，绝对额用金额表示，相对率用百分比表示。企业的物流费一般用相对营业额的比率计算。商品的物流费还可以用相对于商品末端价格的比率来体现，如喝啤酒等于“喝物流费”，下面看看啤酒的物流费用情况。

因为啤酒的物流成本较高，且平均每 2 年涨价一次。日本通产省曾经做过啤酒物流费的调查，其结论是啤酒物流费占商品价格的 16.5%，即买一瓶 300 日元的啤酒，其中约有 50 日元是物流费，物流费中的大部分是运输费和包装费。

案例思考与评析

一、思考

1. 如何理解供应链的含义及供应链管理的重要性?

2. 如何有效降低物流费用?

二、评析

1. 供应链的含义及作用。

供应链是生产及流通过程中，将产品或服务提供给最终用户的上下游企业所形成的网链结构。供应链管理是针对供应链各个环节所进行计划、组织、协调与控制，使供应链运作最优化。

2. 物流费用。

物流费用是产品空间位移过程中所耗费的各种资源的货币表现，即物品在实物运动过程中各个环节所支出的人力、财力、物力的总和。对企业而言，物流合理化是影响物流费用的关键因素，提高物流效率是降低物流费用的有效途径。

案例4　美国邮政百年现代物流

案例概述

一、美国邮政发展电子商务的背景

20 世纪 80 年代，伴随着互联网的急剧扩张，电子商务迅速成为美国经济发展的一大热点。美国电子商务市场规模从 2003 年的 22 309 亿美元增长至 2008 年的 150 824 亿美元，年均增长率约为 47%。越来越多的企业把网络视为提供客户服务和保持业务增长的重要工具。电子商务给美国邮政带来了挑战和机遇，网上支付使账单类邮件的业务总量急剧减少，网络广告的迅速增长分流了部分广告邮件，而在线购物使投递到户的包裹越来越多。

美国邮政变被动为主动，积极向电子商务领域进军。1994 年，美国邮政建立了网站，开发“网上邮局”，致力于把邮局网点简单的零售业务向网上转移。2004 到 2010 年，网上业务比例从23.4%增长到40%，扩大了顾客的用邮渠道，使邮政服务更加简单快捷。2006年，美国邮政电子商务的业务体系年邮政网站点击达3.15亿次，2007年达3.7亿次，2008年达4.1亿次。美国邮政在网上建立邮政商店，为顾客提供在线邮寄服务、在线购买邮件保险服务、电子邮戳服务等，积累了一定的发展经验，通过整合运费核算、打包、标签打印、邮寄、提货、配送、在线查询等各个环节，实现自身价值。

二、美国邮政电子商务的业务体系

美国邮政电子商务主要由四部分组成。

1. 网上支付

美国邮政通过网站提供可信赖的、安全的、方便的账单、支付和现金管理服务。服务项目包括用户网上付款、通过互联网付邮资、替公司付款、用户间结算和提供金融资讯等。

电子邮政支付一般通过两种方式进行：一是通过资金清算中心转账（邮局平台直接与清算中心连接），即从付款人账户提取；二是由邮局签支票付费，其操作流程为：用户上网给邮局电子支付平台发送付款项目，邮局的电子支付平台判断是否可以直接通过资金清算中心转账，不能直接转账就寄发一张账单。

2. 邮政电子商务服务

客户可以将美国邮政“网上邮局”下载到个人电脑上。通过该“网上邮局”，客户可以计算资费、打印邮资标签、预定上门取件时间、跟踪查询包裹、网上制作广告邮件、查找邮政编码、购买邮票等。

登录美国邮政Stamps.com网站，顾客可以直接打印美国邮政的邮资邮票，然后贴在邮件上或直接将邮资打印到信封上，还可以制作个性化邮票。美国邮政还推出了一种全新的电子邮票，即“隐藏邮资”邮票。联入“邮政卡网上商店”，客户就可以用个人计算机制作高品质的节日贺卡，只要提供寄递名单，邮政可以全天候处理打印、邮寄等一系列事务。美国邮政网站的“广告邮件”业务非常受小企业的欢迎，通过交互式的选择，客户只要点击鼠标，就可完成计划、设计、打印和寄发广告邮件等工作。

3. 为电子商务提供物流配送

2003年，美国邮政开始与eBay合作，eBay网上80%的交易通过美国邮政寄递商品，使用美国邮政和eBay联合品牌的、优先邮件统一价格的盒子邮寄物品，不需要称重和计算邮资，发货更为简便。商家只要上美国邮政总局的网页（www.usps.com）点选“点击邮寄”（Click-N-Ship）服务，并在网页上填写所寄信件或包裹的数量、重量以及收件时间，然后用信用卡支付邮资，从网站上自行打印出所购买的邮资标签，将其贴在信上或包裹上即可，还可在线加定国内包裹保险，并提供国际综合海关单据服务。邮局会在商家指定日期派人到指定地点取件，客户可以在线跟踪查询包裹，邮件投递后反馈信息给客户。

美国邮政不断扩大电子商务公司的合作范围，如为亚马逊公司配送商品，与耐克等制鞋公司合作实行网上定制配送鞋子，先后推出了统一费用包装箱、统一费用邮资封等产品。美国邮政还设立了名叫“退得容易”的网络服务，用户把需要退回的货物放在指定位置，邮递员在每天服务的投递路线上即可收取，极大地方便了网上购物用户的退货要求。

4. 电子邮戳和网络安全认证

2001 年 8 月，美国邮政开发集成电子邮戳，在电子邮件上加盖美国邮政服务的电子邮戳、标明寄件人寄出的时间与地点，同时加以编码；而收件人则需特定的解码软件才能阅读。电子邮戳通过使用数字签名技术确保邮件传输人的身份、传输信息的真实、完整、有据可查，以及传输过程中的安全。目前，美国邮政已为电子邮件、电子政府公文、电子法律文件、电子贸易单证、互联网广告以及网上电子交易、转账业务等提供了电子邮戳服务，并得到了法律上的认可。2006 年美国邮政电子邮戳业务净收入在 3 亿美元以上。

网络安全认证是美国邮政在 2001 年推出的一项仅提供给政府机构的高安全性的互联网服务，让政府机构以一种非常安全的方式，通过互联网发送和接收诸如出生证明、医疗记录等敏感性文件。这种服务是保密邮件的电子化版本，通过使用一个由密码和内置在电脑芯片中的 ID 卡组成的系统，证实文件已经被安全送到指定接收人手中。不管需要传递的文件有多大容量，其收费标准均为每一位用户 50 美分。当年，包括美国社会保障署在内的多家政府机构同意正式采用这项服务。随着互联网技术的日益发展，以及美国邮政经营观念的转变，今天的网络安全认证不仅完全面向个人用户，美国邮政还基于其开发了一系列邮政电子化应用业务。美国邮政已建立起一个政策上固定的全国性 CA（Certificate Authority）认证机构，组成部分包括登记中心、发证中心、验证中心、电子邮戳、加密、文件传输、智能卡和读卡器。

三、美国邮政发展电子商务特点分析

1. 信息技术与邮政传统业务有机融合

美国邮政不仅仅关注技术层面的革新，更关注其商业模式如何与邮政的现状相结合，通过资源的有效整合进行商务模式创新，根据电子商务发展的需求设计新的产品，利用信息技术改造传统的业务流程，赋予邮政新的内涵。美国邮政利用信息技术通过混合邮件递送广告邮件，使广告邮件在保持用户喜爱的实物形式的同时，缩短递送时间。此外，美国邮政开发了“PC 邮资”网上邮票，基于网络安全认证技术推出全新个性化网络明信片业务，利用邮政电子付款逐步替代实物形式的账单类业务，通过互联网传递代替传统实物形式传递，迅速、可靠、安全地递送各种电子文件或文档，满足企业的需求。

2. 强化物流配送服务体系管理

美国邮政为了在物流配送市场占据优势地位，广泛利用信息技术，投资 50 亿美元用于提高物流配送服务体系的效率。在分拣封发环节，利用先进的包裹、信函分拣机进行处理；同时，由计算机监控系统等安全配套设备进行全过程监控。采用集装箱和信盒运输，并与天气预报系统联网，可以随时根据天气情况进行调度。美国邮政准备采用行星编码（Planet Code），该编码包含用户身份、序列、批号等信息。利用这种编码，通过计算机系统，用户可以跟踪、查询快件乃至大宗邮件。

3. 多方合作，追求双赢

在开展电子化业务过程中，美国邮政一般采用和商业公司合作的方式加快进程。一般由邮政负责提出业务需求，计算机系统的开发和支持全部委托社会化 IT 公司。如在 E-POST 业务中，邮政和银行、计算机公司采取多方合作的方式，这样既能借助专业 IT 公司的技术优势，保证技术的先进性，又能集中精力进行业务推广，减少了不必要的投入，实现了共同发展。另外，美国邮政加强与电子商务企业的合作，推出联合品牌、优先邮件统一价格的产品，为电子商务提供商提供订单受理、资金结算、包装、配送等全过程物流服务，在帮助电子商务提供商减少经营成本的同时获取合理的收益，实现双赢。

案例思考与评析

一、思考

1. 根据案例，请简要分析电子商务物流的特点和优点。

2. 请结合资料分析电子商务可以解决传统邮政业务中的哪些不足。

3. 简述电子商务物流的应用前景。

二、评析

1. 电子商务物流的特点和优点。

所谓电子商务就是借助互联网进行商业贸易活动。电子商务活动包含四种基本的"流"，即信息流、商流、资金流和物流。电子商务时代的来临，给全球物流带来了新的发展机遇，使物流具备了一系列新特点。

（1）信息化。物流信息化表现为物流信息的商品化，物流信息收集的数据库化和代码化，物流信息处理的电子化和计算机化，物流信息传递的标准化和实时化，物流信息存储的数字化等。

（2）自动化。自动化的基础是信息化，自动化的核心是机电一体化，自动化的外在表现是无人化，自动化的效果是省力化，另外还可以扩大物流作业能力，提高劳动生产率，减少物流作业的差错等。

（3）网络化。物流领域网络化的基础也是信息化，这里的网络化有两层含义：一是物流配送系统的计算机通信网络；二是组织的网络化，即所谓的企业内部网（Intranet）。

（4）智能化。这是物流自动化、信息化的高层次应用，物流作业过程大量的运筹和决策都需要借助大量的知识，通过智能化手段进行解决。

（5）柔性化。柔性化是为践行"以顾客为中心"的理念而在生产领域提出的，要求物流配送中心根据消费需求"多品种、小批量、多批次、短周期"的特色，灵活组织和实施物流作业。

另外，物流设施、商品包装的标准化，物流的社会化、共同化，也是电子商务物流模式的新特点。

2. 电子商务可以解决的传统邮政业务中的不足。

传统邮政业务存在如下不足：

（1）效率低下，一些邮件包裹需要很长的配送时间，而且容易出现收货人乱收、错收货物的情况；

（2）顾客无法掌握货物的具体配送情况，不能对邮件包裹进行跟踪了解；

（3）办理业务受到时间的限制，顾客只能在工作日才可以去办理业务，传统邮政不能提供实时服务；

（4）顾客不清楚费用支付情况，较难有效进行资金的转移。

电子商务通过网站提供可信赖的、安全的、方便的账单、支付和现金管理服务。提供的服务项目包括用户网上付款、通过互联网付邮资、替公司付款、用户间结算和提供金融资讯等。

美国邮政开发集成电子邮戳，在电子邮件上加盖美国邮政服务的电子邮戳、标明寄件人寄出的时间与地点，同时加以编码；而收件人则需特定的解码软件才能阅读。电子邮戳通过使用数字签名技术确保邮件传输人的身份、传输信息的真实、完整、有据可查，以及传输过程中的安全。

利用邮政电子付款逐步替代实物形式的账单类业务，通过互联网传递代替传统实物形式传递，迅速、可靠、安全地“递送”各种电子文件或文档，满足企业的需求。

3. 电子商务物流的应用前景。

电子商务是一场商务大革命，它打破了区域和国界，开辟了巨大的网上商业市场，作为保证电子商务运作的电子商务物流将有大发展。发展电子商务物流是企业参与国际竞争的重要途径，具有良好的前景。

（1）国际化趋势。电子商务贸易无国界，互联网可以在瞬间使处于全球任何范围内的双方达成交易，它突出的标志就是增加贸易机会，降低贸易成本，简化贸易流程，提高贸易效率。电子商务极大地改变了商务模式，带动了结构的变革。

（2）个性化趋势。互联网的出现、发展和普及本身就是对传统经济社会的一种解放，个性化信息需求和个性化商品需求将成为发展方向。

（3）信息化趋势。在电子商务时代，物流信息化表现为物流信息的商品化，物流信息收集的数据库化和代码化，物流信息处理的电子化和计算化，物流信息传递的标准化和实时化，物流信息存储的数字化等。

（4）融合化趋势。商务将由最初的全面开花走向新的融合，一是同类网站之间的兼并。二是不同类别网站之间互补性的兼并。三是战略联盟。

（5）专业化趋势。专业化一是面向个人消费者的专业化趋势，二是面向企业客户的专业化趋势。

练习与思考题

一、单项选择题

1.（　　）是商业流通和实物流通各自按照自己的规律和渠道独立运动。

A. 商物融合　　B. 信息流　　C. 商物分离　　D. 资金流

2.（　　）是我国生产领域中的一个专门概念。

A. 物资　　B. 物料　　C. 货物　　D. 物品

3. 关于物流中的“物”，下列说法正确的是（　　）。

A. 指用于生产性消费的劳动资料

B. 指用于人们最终消费的生活资料

C. 指用于社会生产和社会消费的各种自然资源

D. 指所有的物质资料

4. 询价单、付款通知单等属于（　　）。

A. 信息流　　B. 物流　　C. 资金流　　D. 商流

5. 商流与物流的关系是（　　）。

A. 相互独立，毫无关系　　B. 关系密切，相辅相成

C. 物流是商流的先导　　D. 商物不分离

6. 资金流可从属于（　　）。

A. 流通辅助性活动　　B. 物流

C. 信息流　　D. 商流

7. 对象物所有权转移的活动称为（　　）。

A. 流通辅助性活动　　B. 物流

C. 信息流　　D. 商流

8. 生产系统的两个支柱是（　　）。

A. 加工活动和信息　　B. 物流活动和信息

C. 加工活动和物流活动　　D. 物流和商流

9. 生产与流通之间的关系是（　　）。

A. 生产决定流通，流通对生产有反作用

B. 流通决定生产，流通对生产有反作用

C. 生产决定流通，生产对流通有反作用

D. 流通决定生产，生产对流通有反作用

10. 物资生产过程的功能是创造物资的（　　）。

A. 形质效用　　B. 时间效用　　C. 空间效用　　D. 社会效用

二、多项选择题

1. 商品流通包括四个相互联系又相互独立的流通形态，即（　　）。

A. 商流　　B. 物流　　C. 信息流　　D. 资金流

E. 交通流

2. 物流的发展过程，大体上经历了三个不同的阶段，即（　　）。

A. 分拨阶段　　B. 初期阶段　　C. 开发阶段　　D. 中期阶段

E. 物流现代化阶段

3. 按照物流管理的顺序，可分为（　　）三个阶段。

A. 计划阶段　　B. 实施阶段　　C. 开发阶段　　D. 评价阶段

E. 物流现代化阶段

4. 物流的基本功能要素包括（　　）。

A. 运输　　B. 流通加工　　C. 储存　　D. 装卸、搬运

E. 包装

5. 按物流的作用可分为（　　）。

A. 供应物流　　B. 废弃物物流　　C. 销售物流　　D. 生产物流

E. 回收物流

6. 按物流系统性质可分为（　　）。

A. 行业物流　　B. 社会物流　　C. 销售物流　　D. 企业物流

E. 回收物流

7. 按物流活动的空间可分为（　　）。

A. 行业物流　　B. 社会物流　　C. 地区物流　　D. 企业物流

E. 国际物流

8. 物流的价值包括（　　）。

A. 宏观价值　　B. 社会价值　　C. 微观价值　　D. 企业价值

E. 个人价值

9. 物流的微观价值包括（　　）。

A. 个人价值　　B. 社会价值　　C. 利润价值　　D. 服务价值

E. 降低成本价值

10. 物流创造时间价值的形式有（　　）。

A. 缩短时间　　B. 缩短时间差　　C. 弥补时间差　　D. 增加时间

E. 延长时间差

11. 物流的服务价值包括（　　）。

A. 时间价值　　B. 场所价值　　C. 加工价值　　D. 占用成本

E. 减轻环境负担

12. 物流服务强调的理念包括（　　）。

A. 正确的时间　　B. 正确的地点　　C. 正确的条件　　D. 正确的商品

E. 正确的顾客

13. 信息流包括（　　）。

A. 商品信息的提供、促销行销、技术支持、售后服务

B. 询价单、报价单、付款通知单、转账通知单等商业贸易单证

C. 交易方的支付能力、支付信誉

D. 信用证、汇票、现金通过银行在各层次的买方与卖方及其代理人之间的流动

E. 信息流有广义和狭义之分，日常的物流活动只关注信息流的狭义定义

14. 物流信息系统具有（　　）的特点。

A. 集成化　　B. 规模化　　C. 实时化　　D. 网络化

E. 智能化

15. 物流系统化的目的是（　　）。

A. 服务性　　B. 快捷性　　C. 有效地利用面积和空间

D. 规模适当化　　E. 库存控制

三、填空题

1. 社会经济分为________和________两大领域，物流是属于流通领域的一种经济活动。

2. ________是实物从供应方向需求方的转移过程。

3. 物流是由________和________两个基本要素组成。

4. 7R 是指恰当数量、________________、恰当产品、恰当时间、________________、恰当成本、恰当消费者。

5. ________指用设备和工具，将物品从一地点向另一地点运送的物流活动。

6. ________________是全社会物流的整体，所以称宏观物流。

7. ________________是在物流活动中，组织者应尽量防止物流对环境造成危害，同时还要对物流环境进行净化，以使物流资源得到最充分的利用。

四、判断题

1. “物”即“物流”，即马克思讲的“实际流通”，是商品实体的流通。（　）
2. 货物是生产、办公、生活领域常用的一个概念。（　）
3. 物流开发阶段的标志是经济学界和实业界对物流的重要性有了较为深刻的认识，并推动了整个经济社会的物流开发。（　）
4. 物品通过储存活动以满足用户的需要，从而产生了空间效用。（　）
5. 装卸搬运活动是为衔接物资的运输、储存、包装、流通加工等作业环节而进行的，以改变“物”的存放地点、支承状态或空间位置为目的的机械或人工作业过程。（　）
6. 物流只属于流通领域，是流通运动的一个组成部分。（　）
7. “二律背反”指物流功能要素之间或物流成本与服务水平之间此消彼长的关系。（　）

五、简答题

1. 怎样理解物流的定义？
2. 简述物流管理的主要内容。
3. 简述物流活动的构成。
4. 简述物流信息活动分类。
5. 简述物流按作用的分类。
6. 简述物流创造的场所价值。
7. 简述现代物流与传统物流的区别。
8. 互联网时代物流有什么特点？

六、论述题

1. 论述物流发展的三个阶段。
2. 论述现代物流的特点。

七、课堂讨论

物流的内涵与外延

现在每一个人对物流都不陌生，但是，你知道它什么，正确率又有多高。走在路上看到一家货运公司我们说那是物流，看到一辆贴着某某物流的货车驶过，我们说那也是物流，一个快递员来到你家送邮件，你也会说是物流。不错，这些都是物流，但不能就把物流的范围局限于此。有人说，物流实质上是一个范围很广的概念。物流是货物从生产地到消费地，又从消费地到生产地的有关货物的运输、存储、搬运、包装、流通加工、配送等的循环过程。

讨论：什么是物流？物流的含义及范围是什么？并联系生活实际说明现代物流与传统物流的区别。

第二章 物流系统及其功能要素

学习目标与要求

现代物流是一个动态、复杂的系统组合，各构成要素之间存在强烈的效益背反现象，随着消费需求、市场供给、购销渠道、商品价格等影响因素的变化，其系统内的各构成要素及运行方式经常发生变动。因此，对物流系统构成要素进行分析与诊断，对物流系统进行整体规划与优化设计，是推进物流系统化，构筑效率化物流系统，实现物流合理化、效率化的有效途径。

1. 理解物流系统的整体性。
2. 能够应用物流系统各功能要素进行方案优化。
3. 培养系统性、整体性、经济性的方案解决意识。

知识回顾

一、物流系统要素和结构

构成物流系统的要素有资源要素、物流功能要素、节点线路要素、支撑手段要素、物质基础要素、系统的流动要素。物流系统的要素在时间和空间上的排列构成了物流系统的结构，物流系统具有四种基本结构：①物流系统的流动结构。②物流系统的功能结构。③物流系统的治理结构。④物流系统的网络结构。

二、物流系统内部结构的原理

物流系统内部结构的原理有三个：物流要素集成化原理、物流组织网络化原理和接口无缝化原理，其中物流要素集成化原理是物流系统化最重要的原理之一。

物流要素集成原理有五个要点：

（1）物流要素集成的最终目的是实现物流系统整体最优。

（2）物流要素都应进行集成。

（3）物流要素集成就是对要素进行统一规划、管理、评价，要素之间可以实现协调和配合。

(4) 物流要素集成要靠一定的制度作为保证。

(5) 集成需要成本，是有条件、分层次的。

三、物流系统常用技术

整个物流系统错综复杂，因此，我们必须采用一定的技术或方法对其进行管理，最常用的技术有三个。

(1) 仿真技术。物流系统仿真的目标是建立一个既能满足用户要求，又能使物流费用最低的物流网络系统。

(2) 最优化技术。在一定的约束条件下，如何求出使目标函数为最大（或最小）的解？系统最优化的方法很多，大部分是以数学模型处理一般问题，如物资调运的最短路径问题、最大流量、最小输送费用（或最小物流费用）以及物流网点合理选择、库存优化策略等模型。

(3) 分解协调技术。采用“分解—协调”方法对系统和各方面进行协调平衡，处理系统内外的各种矛盾和关系，使系统处于相对稳定的平衡状态，充分发挥系统的功能。

四、物流系统化

物流系统化，是把物流的各个子系统联系起来，视为一个物流大系统，进行整体设计和管理，充分发挥其系统功能的效率，以最佳的结构、最好的配合实现整体物流系统的合理化。

物流系统化的五个目标：适当的系统规模、高水平的物流服务、合理的库存调节、较低的物流成本、最佳的整体经济效益。

物流系统化的最终目标是实现物流系统的合理化，包括规模化、计划化、最优化、共同化、标准化、信息化。

系统分析是从系统的最优出发，在选定系统目标和准则的基础上，分析构成系统的各级子系统的功能和相互关系，以及系统同环境的相互影响。物流系统分析的基本内容包括系统目标、替代方案、模型、费用与效益、评价标准。

系统分析有四个特点：以整体为目标，以特定问题为对象，运用定量方法，凭借价值判断。

系统分析的基本步骤为：

第一步，划定问题范围；

第二步，确定目标；

第三步，收集资料，提出方案；

第四步，建立模型；

第五步，进行系统优化；

第六步，进行系统评价。

案例与评析

案例1　国美电器的物流系统

案例概述

国美，一个在家电价格大战中脱颖而出的品牌。仅仅十多年，就从一家街边小店发展成在北京、天津、上海、成都、重庆、河北六地拥有40家大型家用电器专营连锁超市的大公司，从一个毫无名气、只经营电视机的小门面，发展成专业经营进口与国产名优品牌的企业。拥有了一定的市场竞争力之后，国美更是凭借连番降价打破国内九大彩电厂商的价格联盟，相继抛出千万元甚至上亿元家电订单，使其声誉更隆。日益强大的国美也加快了奋进的脚步，提出了建立全国性最大家电连锁超市体系的发展目标。国美电器如何实现它的宏伟蓝图？支持国美高速扩张的物流系统是如何运作的？

1987年1月，国美在北京珠市口繁华的大街边开张，经营进口家电。成为全国家电连锁销售企业的龙头后，国美意识到，企业要想发展，必须建立自己的供销模式，摆脱中间商环节，直接与生产商贸易，从而将市场营销主动权控制在自己手中。为此，国美经过慎重思考和精心论证，果断决定以承诺销量取代代销模式。国美与多家生产厂家达成协议，厂家给国美优惠政策和优惠价格，而国美则承担经销的责任。承诺销量风险极高，但国美变压力为动力，将厂家的价格优惠转化成自身销售的优势，以较低价格占领市场，从而使采购的产品成本比从其他零售商进货价格低很多，为销售铺平了道路。

国美刚成立时，断货现象时有发生。随着连锁经营网络的逐渐扩大，规模效益越来越突出，增强了国美采购的主动权，主要表现为以下几点。

（1）统一采购，降低进价。国美由总部进行统一采购，门店每天要将货与销售情况上报分部，分部将各门店信息汇总上报总部，从而将分销的优势直接转变为价格优势，统一采购量远远超过一般零售商的采购量，使其能以比其他商家低很多的价格拿到商品。

（2）谈判能力增强。凭借遍布全国的销售网点和超强的销售能力，国美成为生产商的大客户。因此，在与厂家谈判时，国美掌握了主动权。

（3）招标采购，择优选择。国美打破常规，2000年10月首次向国内外彩电厂家发出千万元彩电招标函，并最终与厦华达成了7 000台彩电的供货合同，标的高达1 800万元。随后，国美再次通过互联网向国内外家电厂家抛出亿元订单，产品涉及彩电、碟机、白色家电、音响四大类十几种产品。大规模集团招标活动，为厂家仓储、广告宣传、促销推广等方面节省了大笔费用，使国美与厂家合作更加紧密；而且，国美可以根据市场需求向厂家定制商品，使之更符合消费者需要。这是商业资本介入生产领域、引领生产企业的集中体现。

凭借较大份额的市场占有率，国美与生产厂家建立了良好的合作关系，创建了承诺经销这一新型供销模式，以大规模集团采购掌握主动权，大大增强了采购能力，能以较低的价格拿到满意的商品，从而支撑销售。承诺经销的模式适应连锁超市仓储与配送系统建设需求，成为国美这一销售巨人永葆活力的血脉。在供应链系统中，采购、销售、配送三大环节以合理的结构与定位相互促进，成就了国美电器的辉煌。

国美的物流系统可分为采购、配送、销售三部分，其核心环节是销售。在薄利多销、优质低价、引导消费、服务争先等经营理念的指引下，国美依托连锁经营搭建庞大的销售网络，在全国家电产品销售中力拔头筹。

(1) 大库、小库有效衔接。大库、小库构成了国美电器全国连锁体系的物流系统枢纽。在北京、天津、上海、成都、重庆5家国美分部中，各有一家7 000 ~ 10 000平方米的配送中心，家电产品由厂家直接送进各配送中心，再由配送中心分送至对应门店。据悉，每个地区分部要建立7 ~ 8家连锁店，配送中心才能充分发挥其作用。

国美各地各家连锁店负责业务的副经理一般按此前2 ~ 3天的实际销售情况、总公司市场宣传卖点及总部的业务指标，决定每天从本区域配送中心调货的数量及型号，运输则由每家门店配备的2 ~ 3辆3吨大货车完成。货物可以存放在小库里，而600 ~ 700平方米的小库是国美每家门店的必备设施，这也是门店选址的一个重要指标。门店商品直接送达每位消费者的家中。与门店随时从配送中心调货相对应，各门店也可按规定把残次品或销售不佳的商品退回配送中心。

(2) 严格的“大库”管理。国美对配送中心的设置有严格要求：面积在1 500平方米以上的封闭式仓库，交通便利；附带足够的停车位，保证送货车辆取送货停车和夜间停车；防火、防盗设施齐备，以保证货物安全；24小时全天候进出货保障，确保取送货需要；仓库通风、干燥、地面平整。

配送中心的管理有章可循：建立健全商品账目，按类别分账管理；库房商品按类别分区码放，标明货区，以便查找货物，提高工作效率；所有商品入库时均要检验机身、核对配件、登记机号，出库时对随机赠品进行随机发放；库房商品分类别由专人负责，责任落实到人。

(3) 配送中心的管理体系。国美电器的《经营管理手册》这样定义配送中心：根据总部业务部或分部业务部的订货信息接收供货商的批量供货，进行商品储存，并按门店的要求进行配销的流通机构。各地区分部与配送中心是相互隶属的关系，仅总部对所属分部有纵向垂直管理关系。

配送中心的主要任务可细化如下：一是严格按总部或地区分部业务部的订货指令，接收或提运供货者的批量货物。二是确认商品有无损坏，数量、规格、品种是否正确无误。三是货物入库后做到定位管理、分区码放，保证商品安全。四是根据总部或分部业务部的调货指示及各门店的调货申请，对货物实行配销。

配送中心实行三级管理制：配送中心经理—库管员—库工。每一职位分工明确，各司其职，确保配送中心的正常运行和货物的及时准确、保质保量配送。随着企业的发展，国美将配送中心的三级管理体制进一步细化，增加了配送会计、配送出纳、配送录入、配送干事等新岗位，以便加强财务管理，把所有环节控制得更严，堵住漏洞。

与此对应，国美对配送中心的工作流程也进行了更加详尽具体的规定，细分为进货流程、出售流程、随机赠品配发流程、促销品配发流程……凡工作中可能出现的各种情形基本能从公司流程中找到具体操作方式，只要员工按流程办事，一切就会井井有条，账目明晰。

(4) 加快建设内部网络。国美电器内部网络系统正在建设之中，各地区的网络系统一旦建立，将改变现在依靠传真、电话的手工数据传递模式，只需轻轻一点，各配送中心、各门店商品的数据就会一目了然，十分钟就可以更新一次数据，使物流运作更高效准确。

另外，国美也创建了网上商城，进军电子商务。家电产品是最适合网上销售的产品之一，家电产品质量较为稳定，有品牌信誉保证，尤其是知名品种更是有口皆碑。消费者只要在网上选择了合适的款式和价格，买到的东西就能基本满意。国美网上商城的建立，更好地整合了自身优势和外界资源，增强了国美的竞争实力。

案例思考与评析

一、思考题

1. 简要介绍案例中提到的国美物流系统的三大部分。

2. 结合案例，谈谈物流系统的目标。

二、评析

1. 国美物流系统的主要部分。

（1）销售。销售是核心环节，是国美物流系统的关键。

国美以承诺销量取代代销，与多家生产厂家达成协议，厂家给国美优惠政策和价格，而国美则承担经销的责任，且必须保证生产厂家产品相当大的销售量。这一新型供销模式摆脱中间商环节，直接与生产商贸易，把市场营销主动权控制在自己手中。此外，通过大规模采购掌握了主动权，大大增强了采购能力，能以较低的价格拿到满意的商品，反过来支撑销售。

（2）采购。国美的主要采购模式有统一采购和招标采购两种。

选择统一采购，能增加采购量，以此获得低价格优势。其次，凭借遍布全国的销售网点和超强的销售能力，在与厂家谈判时，国美掌握了主动权，谈判能力也会提升。

选择大规模集团招标活动，为厂家在仓储、广告宣传、促销推广等方面节省了大笔费用，也使国美与厂家合作更加紧密；而且，国美可以根据销售情况向厂家要货，厂家再据此对产品功能、外观进行调整，使其更符合消费者需要，国美可以拿到更为适销对路的产品，市场竞争力大为增强。

（3）配送。家电产品由厂家各地分公司直接送进配送中心，再由配送中心分送至与它对应的众多门店。

国美所有的门店都根据需要从大库（即配送中心）中调货，将货物存放在自己的小库。门店再配备自己的送货队伍，将商品直接送到每位消费者的家中。此外，各门店也可把残次品或销售不佳的商品退回配送中心。

2. 物流系统的目标。

所谓物流系统，是按照计划为达成物流目的而设计的相互作用的要素统一体。

现代物流是从产品采购到销售并送达客户的系统。因此，物流系统的目标就是要把其中的各个环节联系起来进行设计和管理，以最佳的结构和最好的配合，充分发挥其系统功能和效率，实现系统整体合理化。物流系统的目标如下。

（1）服务性（Service）：物流系统是连接生产与再生产、生产与消费的桥梁、纽带，因此，较强的服务性是物流系统的重要目标。

（2）快捷性（Speed）：快捷性不但是服务性的延伸，也是流通对物流提出的要求。

（3）有效利用面积和空间（Space Saving）：有效利用面积和空间目标是经济领域的重要规律，在物流领域中除流通时间的节约外，由于流通过程消耗大但基本不增加或提高商品使用价值，因此降低物流成本是提高相对产出的重要手段。

(4) 规模适当化（Scale Optimization）：以规模适当作为物流系统的目标，以此追求“规模效益”。

(5) 库存控制（Stock Control）：库存控制目标是服务性的延伸，是宏观调控的要求，也涉及物流系统本身的效益。

案例2 奥运物流

案例概述

举世瞩目的2008年北京奥运会落幕后，精彩的赛事让人们久久回味，崛起的中国和美丽的北京给世人留下了永恒的记忆。然而，我们同样不能忘记的，是支撑起这样一个庞大项目的幕后英雄——奥运物流系统。作为全球规模最大的体育盛事，奥运会的参赛运动员和观众比其他任何体育赛事都多，由此引发了巨大的物流需求。2008年北京奥运会期间，大量的比赛器材、体育用品的运送、储存和人们的旅游、娱乐、餐饮等活动都会对物流提出高质量服务的需求，从而形成一个巨大的奥运物流市场。2008年北京首次承办奥运会，能否按照预定计划有序进行，如何做好奥运物流工作，如何保证北京奥运会的成功，是一个重要课题。

一、北京奥运物流的必要性

北京奥组委在北京奥运行动规划中提出，2008年奥运会要以“新北京、新奥运”为主题，突出“绿色奥运、科技奥运、人文奥运”三大理念，并要求奥运的组织工作高效、创新。北京奥运物流一方面是奥运三大理念的重要体现，另一方面是奥运会竞赛工作的重要保障。从1996年第26届亚特兰大奥运会开始，到2000年第27届悉尼奥运会和2004年第28届雅典奥运会，奥组委下面都成立了奥运物流委员会。国外的经验表明，一个高效的物流系统是成功举办奥运会的坚强后勤保证。

我国在物流技术、物流设施和物流管理方面都落后于发达国家，同时我们也没有举办奥运会的经验，因此需要加大力度，对奥运物流规划进行研究。北京奥组委从因地制宜和先进性这两个角度出发，同时借鉴国外的经验，研究制定2008年北京奥运物流系统规划。

二、奥运物流的概念与内涵

奥运物流是为举办奥运会所消耗的物品（包括商品和废弃物）从供应地到接收地的实体流动过程。

根据奥运会的实际需求，将运输、存储、装卸、搬运、包装、流通加工、配送、信息处理等基本功能有机结合，并根据需要提供延伸服务，如通关服务、分检服务、快递服务、保险服务等。根据奥运物流的基本概念，又有广义和狭义的区分。广义的概念，是泛指在奥运会举办前后较长一段时间内，在全社会范围内直接和间接引发的物流活动。狭义的概念，是在奥运会举办前后一段时间，包括赛前、赛中、赛后所产生的一些物流活动，这是研究奥运物流的重点。一般情况下，人们对赛前、赛中物流考虑得较为全面，但比赛毕竟是在一个具体时间段、具体地点发生的行为，这个时间段过去后，比赛所涉及的物品就要恢复原样，这同样涉及物流问题。因此，赛后物流也是非常重要的一个环节。

由于奥运会涉及大量的人、纷繁多样的物品，有精确要求的时间和地点，因此，更好地为奥运规划服务、满足奥运物流系统的总体目标，是奥运物流计划和实施的标准和原则，这样才能实现北京2008年奥运会前后高效、快捷、安全、准确、网络化的物流服务。

三、近几届奥运会奥运物流的运作情况

从第25届巴塞罗那奥运会开始，历届奥运会主办方对奥运物流问题都非常重视。在第24届汉城（今首尔）奥运会结束的同时，第25届巴塞罗那奥运会的组织和物流工作就开始了，其中成功的一点是任命三位有经验的人士从事物流组织工作，在整体运作过程中共有5位政府官员和18位专家参与，这说明西班牙奥组委很重视奥运物流问题，虽没有成立专门的物流机构，但围绕奥运会赛事产生的物流需求和参加奥运会的记者、政府代表团成员、志愿者以及各种工作人员办公、生活所需物品的物流需求，观看奥运会的国内外观众、游客的物流需求，以及奥运会期间产生的暂时不可预见的非赛事物流需求方面，事先均有很好的评估和解决方案。

2000年举办的第27届悉尼奥运会，专门对奥运物流进行了系统的规划。在悉尼奥运会筹备期间，悉尼奥组委对奥运物流组织工作十分重视，认为奥运会不仅有体育比赛的金牌，还能角逐出物流组织的“金牌”。有资料表明，在2000年悉尼奥运会中，悉尼市的物流设施规划与建设、物流组织与管理、物流技术创新与应用等都取得了令人瞩目的成就，物流规划对悉尼奥运会的成功举办起到了重要的作用。

对于直接为奥运会服务的物流，如货运代理、信件与包裹快递、奥运村生活物流、奥运比赛器材的物流需求等活动可以承包合同的形式委托给第三方物流公司，合同中规定了第三方物流公司的责任和奥组委需提供的必要设施、条件以及协调与监督管理的职责。事实证明，由于奥运会是特有的短期行为，且奥运物流活动又十分复杂、需要现代物流技术支撑，在技术、人力、物力等条件有限的情况下，将需要高度专门技术的奥运物流活动外包，不仅可行而且具有特殊的优越性。

四、奥运物流市场的形成与北京奥运物流市场的构成

1. 奥运物流市场的形成

现代奥运会不是一个独立封闭的系统，它存在于发达的商业社会中，必须与这个商业社会进行各种物质和能量的交换。从这个意义上说，现代奥运会不仅是一场体育盛会，更是一个特大的商业项目，一方面，奥运会自身组织工作的复杂性使它需要利用市场来进行资源的优化配置，另一方面，商家也不会放过奥运会这一特大商机，所以说，市场化运作的发展趋势是由社会环境和奥运会的自身特点共同决定的。

1980年萨马兰奇出任国际奥委会主席以后，奥林匹克运动加快了与市场接轨的步伐。1984年洛杉矶奥运会通过市场化的运作和商业开发，盈利2.5亿美元，一改以前奥运会经常给主办国家造成经济亏损的状况。从此，奥运会成为体育产业中一个最具有代表性的、融体育竞技比赛和商业营销活动于一体的活动。因此，与奥运会的组织准备、开幕举行和相关企业营销活动全过程相伴随的奥运物流形成了一个潜力巨大、备受关注的奥运物流市场。

2. 北京奥运物流市场的构成

（1）赛前物流市场。2008年北京奥运会的赛前物流市场包括物流基础设施建设市场、奥运场馆建设物流市场、物流装备市场、物流信息与咨询市场、物流人才培训市场、比赛

器材物流市场、生活物流市场、奥组委及各国代表团的货运代理市场、奥运新闻器材物流市场、商业物流市场等部分。

以奥组委及各国代表团的货运代理市场为例，奥组委及各国代表团货物的主要运输方式为海运，其进出通道主要在北京的“出海口”——天津港，大部分入境货物首先通过国际运输到天津港，然后在天津港采用海关跨关区运输方式直接运至北京，在北京奥运物流主要仓储基地，办理海关和检验检疫手续后，可以在北京奥运物流仓储基地进行存放，或根据需要直接运到相关的目的地。其他不需报关、报检的非进口货物可以通过合理运输方式运到相关物流基地仓库存储，根据需要向相关场馆进行配送。

（2）赛中物流市场。赛中物流市场包括比赛器材物流市场、生活物流市场、奥运信函与包裹快递市场、商业物流市场、奥运展会物流市场、奥运新闻器材物流市场、废弃物流等。

2000 年悉尼奥运会赛中物流的配送规模为：每天向悉尼奥运公园的 25 个场馆约 115 个配送点进行 500 次配送业务，每天向达令港的 4 个场馆 10 个配送点进行 100 次配送业务。据粗略估计，2008 北京奥运会“赛中物流”总配送规模为悉尼的 1.2 ~ 1.5 倍，北京奥运赛中物流的重点是奥运村和各比赛场馆的物流配送，即奥林匹克公园、各比赛场馆及相关设施、物流基地和物流中心。

（3）赛后物流市场。赛后物流的主要活动是出境物流及国际国内物流运输、配送、仓储等相关工作，涉及的主要物流服务内容是待出境货物的暂时仓储、国际运输、通关、报检、空陆联运、海陆联运、货运代理、仓储等服务，其中重点内容是仓储、运输、通关、报检等物流服务。

赛后物流市场包括商业物流市场、回收物流市场和废弃物流市场 3 个部分。虽然赛后物流不像赛前物流和赛中物流的作用突出，但大部分货物要求在几周之内运送完毕，时间紧迫，也要求高质量的物流服务。

综上所述，物流整体水平的提高，除了必要的硬件基础设施之外，更应重视管理水平的提高，要从思想上重视科学技术在物流领域的应用，尤其是电子商务在提高物流效率、效益和竞争力方面的重要作用，同时应多吸收相关方面的专业人才，全面提高管理人员的素质。成立奥运物流指挥中心，加强与有关部门的合作，保证奥运物资顺利到达指定位置，为成功举办奥运会提供安全、高效、顺畅的奥运物流系统。

案例思考与评析

一、思考题

1. 奥运物流包含了哪些环节?

2. 结合案例，对北京奥运物流系统的规划提出意见和建议。

二、评析

1. 奥运物流的主要环节。

奥运物流是为了举办奥运会所消耗的物品（包括商品和废弃物）从供应地到接收地的实体流动过程。广义的概念，是泛指在奥运会举办前后较长一段时间内，在全社会范围内直接和间接引发的物流活动。狭义的概念，是在奥运会举办前后一段时间，包括赛前、赛中、赛后所产生的一些物流活动，这是研究奥运物流的重点。

（1）赛前物流市场。赛前物流市场包括物流基础设施建设市场、奥运场馆建设物流市场、物流装备市场、物流信息与咨询市场、物流人才培训市场、比赛器材物流市场、生活物流市场、奥组委及各国代表团的货运代理市场、奥运新闻器材物流市场、商业物流市场等。赛前物流将货物办理完报关、报检后运输至北京奥运物流仓储基地。

（2）赛中物流市场。赛中物流市场包括比赛器材物流市场、生活物流市场、奥运信函与包裹快递市场、商业物流市场、奥运展会物流市场、奥运新闻器材物流市场、废弃物流等。北京奥运赛中物流的重点是奥运村和各比赛场馆的物流配送，即奥林匹克公园、各比赛场馆及相关设施、物流基地和物流中心。

（3）赛后物流市场。赛后物流市场包括商业物流市场、回收物流市场和废弃物流市场 3 个部分。赛后物流的主要活动是出境物流及国际国内物流运输、配送、仓储等相关工作，涉及的主要物流服务内容是待出境货物的暂时仓储、国际运输、通关、报检、空陆联运、海陆联运、货运代理、仓储等服务，其重点内容是仓储、运输、通关、报检等物流服务。

2. 北京奥运物流系统规划。

国外的经验表明，一个高效的物流系统是成功举办奥运会的坚强后勤保证。可从以下方面进行北京奥运物流系统规划：

（1）科学的物流管理模式是奥运物流有效运作的重要保证。北京市奥运物流系统的管理模式，应包括市场运营模式、筹资融资模式、政府管理模式等。

（2）成立有组织协调能力的综合物流指挥中心。综合物流中心对提高物流效率、降低物流成本、实现物流合理化方面有重要意义。

（3）制订完善的配送计划。北京奥运会期间，有大量的比赛器材、体育用品的运送有精确的时间和地点要求，必须制订完善的配送计划，确保产品及时准确送达。

（4）发展电子商务，建立物流网络平台，加强物流信息化建设。按科技兴业要求，建立以现代科学技术和高科技装备为主体的现代化物流系统，建立物流电子信息网络，大力发展电子商务，彻底改造传统的、落后的物流系统。

（5）提高公共交通服务水平。举办一流的奥运会，顺利、通畅的交通是重要保证。

（6）树立绿色物流的理念，提高绿色物流质量。北京奥运对物流业的发展提出了新的要求，即绿色物流，这也是“绿色奥运”在奥运物流中的体现。

（7）采取多种手段，全面提升物流业从业人员的素质。实现奥运物流服务现代化是满足奥运会需求的重要内容，也是对从业人员素质的重大考验。

案例3　泸州老窖合同物流 WMS 实施案例

案例概述

一、项目背景

中国物流有限公司（以下简称中国物流）与泸州老窖股份有限公司（以下简称泸州老窖）基于成品酒的合同物流项目，于 2011 年 7 月正式启动。该项目以泸州老窖特曲、头曲类高中端成品酒的销售物流业务为主要服务对象，以中国物流在全国的四十多家分公司为物流网络平台，通过建立一个销售物流中心（泸州酒业物流园）、两个二级配送中心（重庆、成都）、五个三级配送中心（北京、沈阳、南京、广州、乌鲁木齐），实现覆盖泸州老窖全国各类经销商（客户）的销售物流业务服务，主要服务内容包括干线运输（含公路、铁路、水运）、区域内转运、仓储、装卸以及流通加工作业等，年货物吞吐量达70万吨。

二、信息化前面临的问题

一方面，在项目正式启动之前，中国物流就与泸州老窖有过业务关系，但这些业务都是单纯的货物运输或者仓库业务，没有上升到合同物流的层次。该合作是基于双方多年在业务上的信任，没有更多考虑合同物流业务与单纯的运输业务的区别，更没有把信息化工作摆在支撑合同物流业务的必要高度，所以，该合同没有信息化的正式介入，甚至在业务流程里，都是通过传递纸质单据来驱动整个业务的运作。没有信息化管理的业务最容易出现的问题就是信息反馈滞后以及业务跟踪和统计困难。虽然后来通过采用即时通信工具传送消息和报表，但不能从根本上解决问题。

另一方面，该项目启动初期，属于边申报、边建设、边运作的“三边”项目。在基础工作的准备上，也有很多不到位的地方，尤其是人员招聘。该项目的位置在泸州酒业园区，距离泸州市区二三十千米，项目启动初期严重缺少熟悉合同物流业务的项目经理，也缺少熟悉仓库和运输现场业务管理的操作员工，人员素质不高导致业务开展初期困难重重。

基于上述两方面原因，项目运作初期不顺畅，出现一系列问题，主要体现在以下几个方面：

（1）业务流程安排上，由于信息无法实时传递，整个项目的各个岗位之间，是串行工作，而不是并行工作；也就是说，下一环节岗位的员工必须等上一环节岗位员工的工作完成，才能开始其工作，由此大大增加了整个合同物流的作业时间。项目初期，从获得销售订单指令，到货物实际装车发出，整个作业时间要四天左右，达不到客户所要求的三天以内发车的最低标准。

（2）由于是串行作业，大量的作业被安排在夜间进行。为了保证项目进度，有些岗位的主要工作被安排在夜间，经常到晚上十一二点甚至凌晨两三点，如计划岗人员整个白天在接收客户指令，并做出调度与装车计划，下午四五点才能完成当天全部计划；制单岗位接到当天计划后，只能在晚上制作各种销售订单、出库指令单、装车单等；第二天运输组接到指令单后，安排货运车辆，等车辆到达仓库时，一般已经是下午，仓库的出库作业又被延迟到夜间操作。夜间作业导致员工疲劳，劳动效率与劳动积极性大大降低，人员流动频繁，形成恶性循环。

（3）由于信息反馈不及时，以及没有信息管理手段，各方面的工作容易出错。仓库每天下午六点汇总库存报表给计划部门，但这些库存里没有扣除掉当天晚上要出库的货物，计划部门第二天依照库存数据做计划的时候，数据已经不准确；而依照不准确库存做出的计划，导致车辆到仓库装货的时候发现仓库里货物不足，由此造成错误处理等一系列无效作业，容易造成混乱。

（4）由于仓库现场管理人员缺乏经验，仓库内部管理比较混乱。一方面，仓库内部没有规范的货位划分，没有形成规范的描述货物位置的用语；另一方面，迫于生产压力，对于进出比较频繁的商品摆放比较混乱，同一种商品可能分散摆放在仓库的多个地方。出库时，找不到货或者出错货的现象时有发生。

三、信息化推进情况

1. 信息化的主要目标

鉴于项目初期运作的困难以及出现的问题，如何通过信息化手段解决信息反馈不及时不准确、信息沟通不顺畅的问题；如何通过信息化手段降低现场管理难度，使无业务经验的员工也能快速进入角色、熟悉现场业务管理，是信息化项目的最大课题。

2. 信息化推进思路及关键点

信息反馈不及时不准确集中体现在仓库出入库业务上。解决问题的核心，是通过仓库管理系统（WMS）实现库存数据的及时准确更新，并且通过简单有效的途径分发到相关的业务岗位（计划组、制单组、运输组、各项目经理、总监等）。

（1）由库管员通过电脑操作出入库业务，实时更新系统库存，并为各部门提供在线实时查询服务，保证各业务环节数据实时准确更新。

（2）计划和调度组根据实时准确的库存，安排出库和装车指令，大大提高了计划的准确度，降低了因为库存不准确造成的计划错误概率。

（3）计划组下达的出库和装车指令，仓库和运输现场的管理人员能立刻通过系统看到，减少了等待时间；几乎可以在每个计划下达的同时，安排车辆调度和仓库装卸作业。并行作业可以大大缩短作业时间。

（4）仓库组接到出库指令后，可以事先确定货物所在的仓库，车辆到达后不用再等待，减少无序排队的时间。

（5）通过完善的仓库软件管理体系，建立标准的货位管理模型以及出入库管理流程。通过该流程规范和约束现场管理员的操作，提高出入库作业的效率和准确度，降低出错货的概率。

3. 实施过程中的难点及应对策略

（1）通过应用“云服务器”，大大缩短系统搭建时间。

项目自 2011 年 7 月启动。但因为是三边工程，前期准备工作不充分，在接到紧急启动信息化应急预案的时候，信息化准备工作基本为零。通过租用公共云服务器平台，大大缩短了搭建时间，原本需要一个月的时间，缩短到一天之内完成。租用云服务器平台与传统的搭建物流服务器平台相比，具有周期短、维护方便、可扩展性强、安全稳定等特点，适合绝大多数合同物流项目信息化建设中的基础平台搭建工作。

（2）现场网络基础差，实施人员工作压力大。

仓库信息化，远远不只是实施软件的问题，还有客户协调、人员沟通、业务调整等。本项目仓库是距离泸州市二三十千米的偏远地区，从泸州老窖厂区迁出的网线，宽带不够，且经常掉线，网络条件非常差。实施人员现场申请光纤专线，并且在两天内开沟挖槽，搭建起基本的网络通道，保证信息系统的顺畅稳定运行。

（3）通过流程改造建立自动追责机制，保证流程自动良性运转。

在没有信息化的情况下，每天一次的信息汇总严重滞后；而在信息系统上线后，信息反馈和统计系统自动处理，但由于仓库管理人员上交实际作业单据的时间也有一定的滞后（2 到 3 小时），且开始时库管员经常遗漏单据，错误也较多。通过制度约束（奖惩制度），这一情况有一定缓解，但这种约束无法从根本上解决库管员因为不理解不支持信息化工作，造成数据录入不及时甚至遗漏的问题。通过流程调整，将“推动式管理”，变成“拉动式管理”；不是由制度来约束员工，而是由关联岗位互相约束，让整个过程自动运转、自动核查，形成一个良性互动机制。针对库管员不及时上交实际作业单据的问题，公司对开具出门条流程进行了微调，出门条只能系统打印，且盖公司章；而打印出门条的依据是实际出库完成单据（由库管员签字盖章）。通过系统打印出门条的限制，形成了自动追责机制，让库管员无法以其他理由推迟或遗漏实际作业单据。当然，良性运转机制不仅依靠流程中不同岗位之间的约束关系，还包括通过信息系统建立可量化的绩效考核指标，系统自动计算库管员从接到出库指令开始到提交实际的作业完成单据的时间，并得出作业效率的考核数据。

（4）确保期初数据的准确性是信息化成功的最大保障。

期初数据非同小可，如果设置不正确，到业务开展过程中再发现再修改，会付出非常大的代价。在信息化项目启动初期，由于仓库管理人员对信息化数据要求的重要性意识不够，对期初库存的盘点工作有消极怠慢现象，所以期初库存与盘点期间的出入库操作内容混乱，无法获得准确的期初库存数据。在整个项目实施过程中，有两个仓库出现了盘点返工现象，造成几十个项目参与人员两个星期的工作量浪费。为保障期初数据的准确性，必须制定完善的盘点制度，明确盘点人员及其他相关人员的工作责任奖惩机制。

（5）主要管理者对信息化工作的重视程度是信息化成败的关键。

在整个信息化的过程中，主要管理者起着非常重要的作用。初期一把手只是指派了几个人协同工作，而其对信息化的决心以及态度没有传递给员工，给员工的感觉是这事不太重要、可有可无。当出现了返工情况，浪费了大量人力时，领导意识到了问题的严重性，亲自现场指挥。员工感觉到了领导的决心与威严，不得不予以重视。因此，关于信息化建设，领导重视不重视，不是挂在口头上的；而是通过领导的实际行动，让下属感受到领导对信息化这件事的决心。对于下属来说，不成功，也成不了仁，只有走人，这就是所谓“一把手工程”的诠释吧。

案例思考与评析

一、思考

结合案例谈谈合同物流的关键点及优势。

二、评析

合同物流企业认为，物流的关键不在于基础设施的投资和建设，而在于网络的建设和信息的沟通。泸州老窖确定采用合同物流项目后，首先进行信息化的投资与建设。合同物流有利于节约投资，降低物流成本；有利于实现物流现代化，提高企业的综合效益；有利于为物流网络更新升级奠定基础。

案例4 顺丰“快递+”的云原生“密码”

案例概述

顺丰“快递+”通过云原生的能力，走向了业务快速发展的大道。其成功的背后，是物流行业数字化的共性需求。

2009 年成立的顺丰科技，是顺丰速运旗下的科技公司，它承担着顺丰从专注做快递到转型成一体化综合物流解决方案商、进行技术赋能的技术支持工作。

经过十几年的技术积累，顺丰科技已实现了顺丰全流程的线上化、数据化，智能化，实现智能调度、智能决策、智能服务。构建智慧大脑，建设智慧物流服务，成为顺丰科技的未来愿景。

物流行业的应用场景非常复杂，各个链条都有原生系统，物流与电商对接之后，系统就会变得更加复杂。为了提高系统能力，并支撑个性化的物流服务，顺丰科技“快递+”项目，通过云原生的能力，走向了业务“敏捷”之路。

顺丰科技“快递+”面向物流个性化服务的新需求。以顺丰快递为基础的高端物流服务，包括快递、仓储、配送、冷链、跨境物流等，讲究时效、服务、综合成本控制。项目为现代产业企业提供优质的高端物流服务，解决企业的后顾之忧，同时充分利用顺丰的物流行业经验，为中小客户提供综合的物流解决方案。

业务模式连续升级之后，顺丰的直营电商渠道从“一元”转变为“多元”，针对直营电商行业打造出“快递+”个性化服务能力，运用科技为客户提供多场景的个性化解决方案。但面对业务场景的多变化、定制化，对研发也提出了更高的要求，面临着以下问题：

第一，多个服务同时并发，团队协作效率如何提高，需求、进度、质量如何把控。

第二，流程及标准比较多，开发过程不透明，在开发过程中，需要实时进行监督把控。

第三，由于大量工作需要人工完成，从需求提出到代码开发再到上线的周期被无限拉长，其中接口测试和安全测试，依赖人工操作，平均耗时 1～3 天，这导致应用上线的速度变得异常缓慢。

第四，传统开发流程缺少安全管控、安全测试和可信构建，导致整个开发环境缺乏安全保护。

为应对挑战，顺丰“快递+”通过研发上云，关注质量和效率，并同时带动生产上云。

2020 年 12 月 22 日，在华为云 TechWave 云原生 2.0 技术峰会上，顺丰科技“快递+”教练尹佳分享了顺丰“快递+”的智慧物流 DevOps 实践。

顺丰“快递+”的核心理念是，搭载云平台，有效提升业务研发效能。这就意味着，开发流程要全面云化，并通过 DevOps 的升级，来实现业务“敏捷”。

虽然走向 DevOps 目标明确，但成功实践 DevOps 依然是一个难题。因为 DevOps 在开发和部署周期中，设计开发人员需要环境自动化，以提高开发效率和支持快速迭代。90% 的企业会选择云来助力 DevOps 实践落地，而国内软件开发一体化的 DevOps 平台中，华为云一直是领跑者，并在 DevOps 的理念上推出了 DevCloud。所以，华为云成为顺丰“快递+”的云上合作伙伴，华为云通过 DevCloud 的全面赋能，帮助“快递+”应对挑战。

第一，基于 DevCloud，实现了云上敏捷 DevOps 开发，覆盖软件开发全流程：需求规划—迭代管理—代码托管—CICD 流水线—测试，提升了研发、部署、运维的效率。

第二，基于 DevCloud 流水线，实现了云上调度线下风洞系统（安全测试服务），也实现了线上线下协同；同时，基于 DevCloud API 还打造了研发度量体系。

据了解，为满足业务敏捷性和时效性的需求，顺丰“快递+”使用华为云云原生解决方案之后，保障了120套应用系统全面上云，实现了研发效率提升，落实了应用生命周期管理，满足了融合研发管理需求，并做到了自动化运维监控。

在端到端流水线交付方面，基于华为云 DevCloud，研发系统从需求设计到上线端，全流程上线时间从平均2天缩短到最快1小时，效率提升了40倍以上。

据2019年IDC发布的《IDC MarketScape：中国 DevOps 云服务市场 2019 厂商评估》报告，华为云位于“中国 DevOps 云服务 2019 年厂商评估报告”榜首。而华为云 DevCloud 本身就是孵化于华为内部的软件研发能力中心，在可用、可靠、安全性方面都经过了实践应用的检验，所以能够帮助顺丰“快递+”解决研发上云的难题，实现业务“敏捷”。

案例思考与评析

一、思考

结合案例，谈谈顺丰“快递+”有何启示。

二、评析

答：顺丰“快递+”成功的背后，是物流行业数字化的共性需求。云原生时代，企业应用要实现敏捷高效的交付，并在规模化扩展的同时，兼顾可靠性、灵活性，就需要积极拥抱 DevOps，拥抱云原生。顺丰“快递+”的云原生“密码”代表了很多传统行业的现状和选择，是企业走向数字化转型的路径。

练习与思考题

一、单项选择题

1. 物流系统设计的核心是（　　）。

A. 概略设计　　B. 系统分析　　C. 方案确定　　D. 详细设计

2. 物流成本交替损益的特性是由于物流系统具有（　　）。

A. 层次性　　B. 相关性　　C. 整体性　　D. 目的性

3. 物流系统的模式包括物流系统的输入、处理、输出、（　　）等功能。

A. 限制　　B. 管理　　C. 反馈　　D. 调整

4. 研究系统的中心问题是（　　）。

A. 研究各元素之间的关系　　B. 研究系统如何优化

C. 研究系统建立可应用的模型　　D. 研究系统可判别性能的标准

5. 物流系统的输出是（　　）。

A. 人物流情报　　B. 流通加工　　C. 产品配送　　D. 物流服务

6. 下列选项中，不属于物流系统建立过程的是（　　）。

A. 系统规划　　B. 系统设计　　C. 系统仿真　　D. 系统实施

7. 下列运输方式中，运输成本相对较高的是（　　）。

A. 陆路运输　　B. 水路运输　　C. 航空运输　　D. 管道运输

8. 下列运输方式中，运输速度相对较快的是（　　）。

A. 陆路运输　　B. 水路运输　　C. 航空运输　　D. 管道运输

9. 下列运输方式中，适用于长途货运、体积小、价值高、时间性强的物资的是（　　）。

A. 陆路运输　　B. 水路运输　　C. 航空运输　　D. 管道运输

二、多项选择题

1. 系统的特征包括（　　）。

A. 相关性　　B. 层次性　　C. 整体性　　D. 目的性

E. 对环境的适应性

2. 物流系统的治理结构包括（　　）。

A. 多边治理　　B. 五边治理　　C. 双边治理　　D. 三边治理

E. 单边治理

3. 物流系统网络结构的构成要素包括（　　）。

A. 点　　B. 线　　C. 面　　D. 网

E. 节点

4. 物流点的分类有（　　）。

A. 单一功能点　　B. 多功能点　　C. 复合功能点　　D. 枢纽点

E. 节点

5. 物流节点的功能包括（　　）。

A. 流通功能　　B. 管理功能　　C. 调度功能　　D. 衔接功能

E. 信息功能

6. 根据载体类型，可将物流线划分成（　　）。

A. 铁路线　　B. 公路线　　C. 水路线　　D. 航空线

E. 管道线

7. 物流的流向类别包括（　　）。

A. 自然流向　　B. 计划流向　　C. 市场流向　　D. 实际流向

E. 理论流向

8. （　　）是系统的三要素。

A. 输入　　B. 干扰　　C. 处理　　D. 反馈

E. 输出

9. 物流系统合理化措施包括（　　）。

A. 规模化　　B. 计划化　　C. 最优化　　D. 共同化

E. 标准化

10. 物流系统分析的基本内容包括（　　）。

A. 系统目标　　B. 替代方案　　C. 模型　　D. 费用与效益

E. 评价标准

三、填空题

1. ________是形成系统的基础，______________是构成系统的不可或缺的条件。

2. 物流系统的六个流动要素包括________、________、________、________、

________、________。

3. ________指物流中的“物”，即物质实体。

4. ____________________指按照计划为达成物流目的而设计的相互作用的要素的统一体。

5. 从物流系统结构看，企业物流系统大致可以分为________和________________。

6. ________________是多边治理结构中物流服务的主要形式。

7. 三边治理是通过________________、________________、________________来共同治理的模式。

8. 物流系统内部结构的原理有三个：____________________、____________________、____________________。

9. 求解最优化问题的方法称为________________。

10. 流体具有______________属性和______________属性。

11. 物流系统的基本结构包括__________、__________、__________、__________。

四、判断题

1. 流量即通过载体的流体在一定流向上行驶路径的数量表现。（　　）

2. 系统是由相互依赖的若干组成部分结合而成的具有特定功能的有机整体，这些组成部分便称为系统的要素。（　　）

3. 人们把环境对系统的影响称为反响，而系统对环境的反应称为刺激或冲击。（　　）

4. 效益背反是一个环节成本的降低或效益的提高会因另一个环节的高成本而抵消，这种相关活动之间的相互制约关系。（　　）

5. 单边治理也称一体化治理。（　　）

6. 物流过程就是由多次的运动—停顿—运动—停顿组成。（　　）

7. 系统模型是由实体系统经过变换而得到的一个映像，是对系统的描述、模仿或抽象。（　　）

8. 单一的运输或单一的包装等可以称为物流。（　　）

9. 在物流过程中，物流的六个流动要素，可以不全。（　　）

10. 物流网络组织者和物流网络被组织者是物流网络组织过程中不可缺少的两个主体，一个物流要素的拥有者可能兼有两种主体的身份。（　　）

五、简答题

1. 物流系统在设计过程中，系统设计的目标简称为5S，具体指什么？

2. 简述物流系统的特征。

3. 在物流系统中，存在哪些关系？

4. 谈谈物流系统的组成要素。

5. 企业的物流组织网络化可以带来哪些好处？

6. 谈谈你对物流系统化的认识。

7. 物流系统化过程中应达到哪些目标？

8. 在进行物流系统分析时应遵循哪些原则？

六、论述题

1. 谈谈物流系统的一般模式。

2. 结合所学知识，谈谈系统分析的基本步骤。

3. 家助公司是一个大型家庭装潢零售商，在美国18个州经营了200多家仓储式店铺，平均每个店铺面积10万平方英尺（约9 290平方米），售卖2.5万种不同的产品，其销售明细如下：墙纸和装饰布料50%，装饰辅助品25%，灯光和电子装置20%，家具5%。家助公司是该行业的领袖企业，在800亿美元的家庭装潢零售市场中占有10%的份额。据推测，2023年，该市场销售额将达到1 000亿美元，而家助公司将享有整个行业销售额的20%。家助公司的主要消费者构成是：专业装修公司40%，自主装修个体60%。家助公司与专业装修公司的联系密切，但目前专业装修公司仅购买家助公司10%的家具用品，主要原因是：

（1）家助公司的递送服务外包给当地的运输公司，运输公司每递送一件家具，通常要在家助公司的售价上增加10～30美元，虽然价格不高，但对装修公司来说，免费送家具更容易得到心理上的认可，因此，装修公司更愿意到别处购买家具。

（2）家助公司每一个店铺的存货都受到限制，无法展示各种产品。所有订货中，通常只有7%能够从存货储备中得到满足。如果一个店铺没有存货，订单将被转移到家助公司的地区仓库，从地区仓库存货中提取家具，第二天运至店铺，顾客在原始订货后的3～7天后收到家具。若地区仓库也无存货，顾客等待的时间更长。由于递送时间的延长和不确定，装修公司主要向独立的配送商购买，以满足家具递送时间和安装时间的衔接，保证按计划装修。

威特摩尔是一家家具制造公司，其主要顾客是零售层次的经销商，目前有2个制造工厂和6个地区配送中心。6个配送中心遍布整个美国，40%的顾客利用电子手段进行订购。威特摩尔公司的制造厂通过销售预测来制订生产计划，预测在装配前6个星期锁定，3个配送中心承担全部的产品库存并维持最低的库存水平，其余的3个配送中心储备一些周转快的产品。当库存下降到预定的最低限度时，进货订单就送往相应制造工厂。当接到顾客订单时，订单将被分配到离顾客最近的配送中心，如果该中心缺货，缺货产品就会从离该中心最近的配送中心中调拨或向制造工厂订购。如果预定的产品是多品种，那么就要到所有产品备齐后再装运，以保证一次递送，顾客可以得到所需全部产品。所有订单都经过配送中心处理，配送中心每晚检查汇总订单，设法进行整合装运，并选择合适的递送路线。当最初被指定的配送中心的存货可得时，通常订货周期时间为3～6天。内部配送中心之间的存货调拨通常需要2～3天，当一种产品向制造工厂延长订货时，则需要在6～12天。威特摩尔公司的原主要伙伴是幸福家具公司，其销售额曾达到威特摩尔公司的25%，但是，由于幸福家具公司出现了财务危机，其不稳定的订购量造成威特摩尔公司开工不足。

目前，威特摩尔公司急需新的合作伙伴。你觉得威特摩尔与家助公司有合作的可能吗？说出理由。如果合作，威特摩尔公司现有的物流系统哪些方面需要改进，请设计出物流运作方案。

4. 经销商A把市区划分为多个业务区域，每个业务员配备一辆送货车，全权负责一个区域的业务。公司每月给业务员下达任务指标，工资为底薪加提成，全额报销燃油费、车辆保养费。

经销商 A 的这种方式提升了公司的业绩，但各种问题也不断出现：买车、燃油费用太高，业务员借机多报油费，甚至依托客户资源另起炉灶。

（1）结合案例，A 企业的物流经营存在哪些问题？

（2）请为该企业的物流经营提出改进意见。

第三章 运输与配送

学习目标与要求

运输实现物品空间位置的转移，并创造物流的空间效用。加强运输活动的研究，实现运输合理化，无论是对物流系统整体功能的发挥，还是对促进国民经济持续、稳定、协调发展，都有极为重要的意义。

本章主要围绕运输与配送的定义和作用，介绍运输的几种方式和特点、运输合理化和配送合理化的内容，以及配送中心。

1. 理解物流与配送的含义。
2. 会利用常见算法进行运输与配送路线规划。
3. 建立物流人的经济意识。

知识回顾

一、运输的分类及表现形式

运输方式包括铁路运输、公路运输、水路运输、航空运输、管道运输和综合运输。各种不同的运输方式各有其特点。企业应该根据自身的要求，综合考虑各方面的因素，选择合理的运输方式。

不合理的运输主要有以下表现形式：空驶、迂回运输、过远运输、对流运输、倒流运输、亏吨运输、重复运输、无效运输、运力选择不当、托运方式不当。

不合理的运输方式影响运输效率，增加运输成本，所以应根据实际需要选择合理的运输方式和运输路径，提高运行效率。

二、节约里程法

节约里程法是解决运输车辆数目不确定这一问题的启发式算法，核心思想是依次将运输问题中的两个回路合并为一个回路，每次使合并后的总运输距离减小的幅度最大，直到达到一辆车的装载限制时，再进行下一辆车的优化，用几何方法解释就是三角形的两边之和大于第三边，如图 3-1 所示。

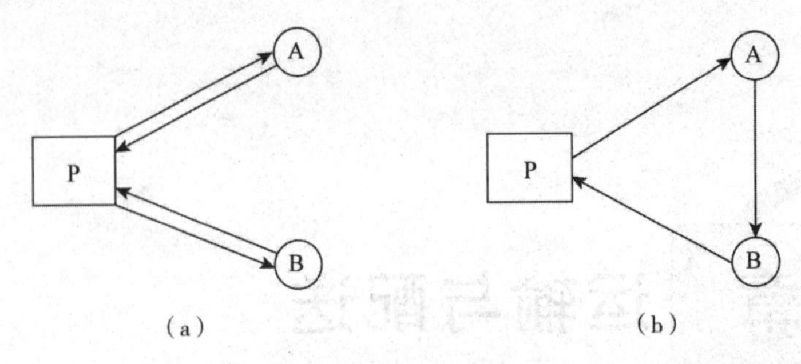

图3-1　节约里程法核心思想

(a) 分别往返送货；(b) 同时巡回送货

设P为配送中心，需要向客户A和客户B送货。P到A和B的距离分别为a和b，两个客户之间的距离为c，共有两种送货方案。

方案1：从配送中心P向客户A和B分别往返送货，如图3-1（a）所示，配送路线为P→A→P→B→P，总配送距离为$d_1=2a+2b$；

方案2：从配送中心P向客户A和B同时巡回送货，如图3-1（b）所示，配送路线为P→A→B→P，总配送距离为$d_2=a+c+b$；

很显然，$d_1>d_2$，即方案2优于方案1。因此，如果一个配送中心分别向多个客户进行配送，在配送车辆载重量允许的情况下，可以将它们按照节约量的大小一次连入巡回线路，直至配送车辆满载为止。

按照节约里程法的求解过程如下。

第一步，计算各物流网络节点之间的最短距离。

第二步，根据最短距离结果，计算出各个客户之间的节约里程，$S=a+b-c$。

第三步，按照节约里程组合配送路线，即P→A→B。

三、计算机计算法

面对复杂配送需求，利用计算机系统能快速将海量订单分单、配载、生成最优路线，大幅提升配送时效。具体来说，就是信息系统依托大数据和机器学习，将订单导入后选择所需车辆，系统以邻近算法按区域聚集配送任务，瞬间完成订单与车辆的最优匹配；或采用聚类算法，基于总里程最短，瞬间完成拼单。

四、配送

国家标准《物流术语》（GB/T 18354—2021）对配送的定义是：根据客户要求，对物品进行分类、拣选、集货、包装、组配等作业，并按时送达指定地点的物流活动。配送的作用如下：

（1）有利于实现物流社会化和合理化。

（2）有利于实现物流资源的合理配置。

（3）有利于开发和应用新技术。

（4）有利于创造物流效益。

配送可以按配送组织、配送时间和数量、配送商品种类、加工程度、经营形式、配送企业专业化程度等进行分类。

从一般意义上考察，一个较为完整的配送工作流程包括集货、储存、分拣、配货、配装、配送运输和送达服务以及按照客户需要进行的流通加工。

配送的服务模式有：

（1）商流、物流一体化配送模式。

（2）商物分离的配送模式。

（3）独立配送模式。

（4）共同配送模式。

（5）集团配送模式。

五、配送合理化

1. 配送合理化标志

（1）库存标志。库存是判断配送合理性的重要标志，具体指标包括两个方面。

①库存总量：在一个配送系统中，库存是从各分散用户转移到配送中心后进行一定程度的集中库存。在实行配送后，配送中心库存数量加上各用户在实行配送后库存数量之和，应低于实行配送前各用户库存量之和。

②库存周转：由于配送企业的调剂，可实现低库存高供应能力，库存周转一般快于原各企业库存周转。此外，从各用户角度判断，在实行配送前后的库存周转快慢，也是判断其合理与否的标志。

（2）资金标志。总的来讲，实行配送应有利于资金占用率的降低及资金运用的科学化。

①资金总量：用于资源筹措所占用流动资金总量，随储备量的下降及供应方式的改变有较大的降低。

②资金周转：由于整个节奏加快，资金充分发挥作用，同样数量的资金，过去需要较长时间才能满足一定供应要求，集中配送之后，在较短时期内就能达到此目的。所以资金周转是否加快，是衡量配送合理与否的标志。

③资金投向的改变：资金分散投入还是集中投入，是资金调控能力的重要反映。实行集中配送后，资金必然从分散投入改为集中投入，以提升调控能力。

（3）成本和效益标志。总效益、宏观效益、微观效益、资源筹措成本都是判断配送是否合理的重要标志。对不同的配送方式，可以有不同的判断侧重点，例如，配送企业、用户两者都是独立的以利润为中心的企业，则不但要看配送的总效益，还要看对社会的宏观效益及两个企业的微观效益。不顾及任何一方，都会出现不合理的情况；如果配送是由用户集团组织，配送主要强调保证能力和服务性，则主要从总效益、宏观效益和用户集团企业的微观效益来判断，不必过多顾及配送企业的微观效益。

由于总效益及宏观效益难以计量，在实际判断时，常按国家政策进行经营，通过完成国家税收和配送企业及用户的微观效益来判断。

对于配送企业而言，在满足用户要求，即投入确定的情况下，企业利润的高低反映配送的合理化程度。

对于用户企业而言，在保证供应水平或提高供应水平的前提下，供应成本的高低反映配送的合理化程度。

(4) 保证供应标志。配送的宗旨必须是提高而不是降低对用户的供应保证能力，可通过以下方式判断：

①缺货次数：配送必须使缺货次数下降。

②配送企业集中库存量：对每一个用户来讲，集中库存量所形成的保证供应能力高于配送前单个企业的保证程度。

③即时配送的能力及速度：这一能力必须高于实行配送前用户紧急进货能力。

供应保障能力也不应过高，超过实际需要也不合理。

(5) 社会运力节约标志。末端运输是目前运能、运力使用不合理、浪费较大的领域，用户寄希望于配送来解决此问题。

运力使用的合理化依靠送货运力的规划、整个配送系统的合理流程及与社会运输系统的合理衔接，送货运力的规划是任何配送中心都需要花力气解决的问题，可以简化如下：车辆总数减少，而承运量增加；车辆空驶减少；一家一户自提自运减少，社会化运输增加。

(6) 用户企业仓库、供应、进货人力物力节约标志。配送的重要作用是以配送服务用户。因此，实行配送后，各种库存量、仓库面积、仓库管理人员减少为合理，用于订货、接货、供应的人减少为合理。

(7) 物流合理化标志。配送必须有利于物流合理，可通过以下几个方面判断：是否降低了物流费用；是否减少了物流损失；是否加快了物流速度；是否发挥了各种物流方式的最优效果；是否有效衔接了干线运输和末端运输；是否减少了实际的物流中转次数；是否采用了先进的管理方法及技术手段。

物流合理化问题是配送要解决的大问题，也是衡量配送价值的重要标志。

2. 配送合理化措施

(1) 推行一定综合程度的专业化配送。通过采用专业设备、设施及操作程序，取得较好的配送效果并降低配送过分综合化的复杂程度及难度，追求配送合理化。

(2) 推行加工配送。通过加工和配送结合，充分利用本有的中转实现配送合理化；同时，加工借助于配送，目的更明确，减少了盲目性，更能满足消费者需求。投入不增加太多，却可追求两个优势、两个效益。

(3) 推行共同配送。通过共同配送可以以最短的路程、最低的配送成本完成配送，从而追求合理化。

(4) 实行送取结合。配送企业与用户建立起稳定、密切的协作关系。配送企业不仅是用户的供应代理人，发挥着储存据点的作用，也可以成为产品代销人。在配送时，配送企业将用户所需物资送到，再将用户生产的产品用同一车运回，这种送取结合的方式，使运力充分利用，也使配送企业功能有更大的发挥，从而提高配送效率。

(5) 推行准时配送系统。配送做到了准时，用户才有条件实施低库存或零库存，并有效地安排接货的人力、物力，以追求高效率的工作。另外，要想保证供应能力必须做到准时供应。从国外的经验看，准时供应配送系统是现在许多配送企业追求配送合理化的重要手段。

(6) 推行即时配送。作为计划配送的应急手段，即时配送是最终解决用户企业断供之忧、大幅度提高供应保证能力的重要手段。即时配送是配送企业快速反应能力的具体化，是配送企业能力的体现。

即时配送成本较高，但它是使整个配送合理化的重要保证手段，尤其是在用户实行零库存时。

3. 配送路线的选择

（1）配送路线的确定。配送路线是根据配送的具体要求、配送中心的实力及客观条件确定的。由于目标不同，因此有不同的选择方法：

①以效益最高为目标的选择，就是以利润数值最大为目标值。

②以成本最低为目标的选择，实际上也是以效益为目标。

③以路程最短为目标的选择。

④以吨公里最小为目标的选择。

⑤以准确性最高为目标的选择，它是配送中心重要的服务指标。

还有以运力利用最合理、劳动消耗最低等为目标。

（2）配送路线约束条件的确定。一般配送的约束条件有：

①满足所有收货人对货物品种、规格、数量的要求。

②满足收货人对货物发到时间范围的要求。

③在允许通行的时间内进行配送。

④在配送中心现有运力允许的范围内配送。

（3）配送路线的优化。随着配送的复杂化，一般要结合数学方法及计算机求解的方法来制定合理的配送方案，目前确定优化配送方案的一个较成熟的方法是节约法，也叫节约里程法。利用节约法确定配送路线的主要出发点是：根据配送中心的配送能力和配送中心到各个用户以及各个用户之间的距离，来制定使总的车辆运输的吨公里数最小的配送方案。利用节约法制定的配送方案除了使配送总吨公里最小外，还满足以下条件：

①方案能满足所有用户的要求。

②不使任何一辆车超载。

③每辆车每天的总运行时间或行驶里程不超过规定的上限。

④能满足用户到货时间的要求。

实际上，配送路线的优化就是采用最优化理论和方法，如线性规划的单纯形法、非线性规划、动态规划等方法建立相应的数学模型，再利用计算机进行求解，最后得出最优方案。

案例与评析

案例1　西安高校蔬菜的物流与配送

案例概述

随着经济的发展、生活节奏的加快、居民生活水平的提高和其对更高生活品质的追求，新鲜蔬菜销售走出传统模式，通过现代配送方式走进家庭。由于高校人口密度大，网络普及率高，容易接受新事物，所以选择高校作为蔬菜配送的起点非常合适，对积累家庭用户的蔬菜配送经验有益。

一、国内外蔬菜配送的现状

国外蔬菜配送已经很发达。在欧洲，集体订购和家庭订购量已占40%，其余需求一般由超市供应，而超市的配送中心也可提供配送服务。日本由于生活节奏快，在蔬菜配送上更为出色。

我国沿海发达地区，近年蔬菜配送业务飞速发展，北京、上海等地很多小区内都有配送中心。深圳的蔬菜配送公司万家欢，从1995年成立至今，已合并30多家蔬菜配送公司，不仅占据了广东市场，还扩展到海南、云南、福建，仅广州市场2003年蔬菜配送就达60亿元产值。

西安是高校密集的省会，高校分布比较集中。随着招生规模的扩大，各高校的学生规模一般在万人以上，再加上教职员工，形成了一个庞大的消费群体。目前，各高校食堂所需蔬菜，每天需派专人采购，还需配备专用货车，费事费力，且对蔬菜的来源不了解，蔬菜品质与质量难以保证。如果采用蔬菜配送的模式，以上问题都能有效解决。

二、西安高校采用蔬菜配送的优点

每天傍晚，各高校通过网站了解各种蔬菜的信息，按需求给物流中心发送订单，物流中心把各高校的订单汇总、调整后，按照订单要求及供需方的具体情况准时配送，其优点如下。

(1) 订货方便，省时省力。通过网络下单就可采购到所需的各种蔬菜，不必派专人采购，也不用自己准备运货工具。

(2) 价格便宜。配送的优势之一是通过集货形成规模效应，减少中间环节，使蔬菜的成本大大降低。

(3) 保证蔬菜品质。配送中心拥有自己的蔬菜基地，对蔬菜的种植、农药的使用和蔬菜质量均有严格要求。为使客户放心，配送中心对蔬菜的清洗、消毒、加工工作也有严格的规定，并承诺蔬菜保存时间少于24小时，保证蔬菜安全、卫生、新鲜。

配送时间准确。每天上午8—9点和下午2—3点将蔬菜送达各高校。

三、高校蔬菜物流与配送计划

1. 配送的基本功能

配送实际上是一个物品集散过程，包括集中、分类和散发三个步骤，这三个步骤由一系列配送作业环节组成。配送的基本功能要素主要包括集货、分拣、配货、配装、送货等。

集货：集货是配送的首要环节，是将分散的、需要配送的物品集中起来，以便进行分拣和配货。西安各高校主要集中在南郊，故可在南郊设立蔬菜基地，采用规模生产方式，每天按照订单要求，把一定量的蔬菜送到配送中心。

分拣、配货：配送中心收到蔬菜基地的蔬菜后马上按类、按质、按各高校的要求拣取、配备，并贴上标签，以减少差错，提高配送质量，并力求树立品牌。

配装：充分利用运输工具的载重量和容积，采用先进的装载方法，合理安排货物的装载。

送货：将配好的蔬菜按计划配送路线送达各高校，并进行交接。

2. 配送网络结构的确定

配送网络结构一般分为集中型、分散型、多层次型，选用哪种配送网络取决于外向运输费用和内向运输费用的高低。外向运输费用是从配送中心到顾客的运输费用，内向运输费用是货物供应方到配送中心的运输费用。

（1）集中型配送网络：这种配送网络只有一个配送中心，所以库存集中，有利于库存量的降低和规模经济的实现，但存在外向运输成本增大的趋势；其特点是管理费用少、安全库存低、用户提前期长、运输成本中外向运输成本相对较高。

（2）分散型配送网络：这种配送网络根据用户的分布情况，设置多个配送中心；其特点是外向运输成本低，而内向运输成本高，且管理费用增多，库存分散，但是用户的提前期可以相对缩短。

（3）多层次型配送网络：这种配送网络是集中型和分散型配送网络的综合。

通过对西安高校地理位置、蔬菜基地位置和各节点交通状况、运输费用的综合性考虑，配送中心决定采用集中型配送网络。

3. 配送模式与服务方式的确定

蔬菜配送方式属于城市配送中心，并且是加工型配送中心。配送网络确定后，配送模式与服务方式就成为降低配送成本，提高服务水平的关键。由于蔬菜配送的特殊性，宜选用直通型配送模式，即商品从蔬菜基地到达配送中心后，迅速分拣转移，在 12 小时内准时配送。准时配送的特点是按照用户的生产节奏，在规定时间将货物送达，可以完全实现“零库存”。为实现整个物流信息系统的高效性、准确性，有必要采用电子商务与配送系统相结合的配送方式，蔬菜配送网络成为物流中心、蔬菜基地、各高校商务和信息交流平台。

4. 配送路线的确定

在讨论蔬菜配送的路线问题之前，先来讨论一个旅行商问题：一个旅行者从出发地出发，经过所有要到达的城市之后，返回到出发地。要求旅行商合理安排其旅行路线，使总旅行距离（或旅行时间、旅行费用等）最短或最少。如果把配送中心看成配送路线的起点和终点的话，配送路线问题就是一个旅行商问题。

方案 1：从配送中心 P_0 出发，先到 P_1，然后返回配送中心，继续到 P_2。方案 2：从配送中心 P_0 出发，到达 P_1 和 P_2 后，返回 P_0。显然，方案 2 比方案 1 更经济合理。不过这个节约公式的前提条件是各节点之间可直接相连，即有最短路线。

分析西安高校的地理分布情况，可以发现西安各高校交通路线基本是横平竖直，不满足以上要求。所以最优路线设计意义不大，但对于别的配送问题很有意义。

四、网站的建立

作为一个纯商业网站，蔬菜配送中心的网站主要是为顾客提供最方便快捷的途径，真正做到让网民足不出户，就能买到质优价廉的蔬菜。当消费者浏览网页时，可以看到网站提供的各种时新蔬菜的图片和详细资料。网站还为不同的客户提供专业的营养菜谱，满足其需求。

五、结语

高校蔬菜的物流与配送只是一个“试点”，随着人们消费观念的改变，针对家庭的主动型蔬菜配送，将以其价格合理、省时高效、销售期短、质量稳定等优势，在未来成为农产品销售的主要形式之一，有巨大的潜在商机。

案例思考与评析

一、思考

1. 西安高校蔬菜配送的基本步骤有哪些？

2. 假设某配送中心辐射范围内有 5 个客户，分别是客户 1、客户 2、客户 3、客户 4、客户 5，配送中心 0 到各客户的距离以及客户与客户之间的距离如表 3-1 所示。

表 3-1 配送中心到各客户的距离及客户与客户之间的距离 单位：千米

项目	配送中心 0	客户 1	客户 2	客户 3	客户 4	客户 5
配送中心 0	0					
客户 1	8	0				
客户 2	5	8	0			
客户 3	9	15	7	0		
客户 4	12	17	9	3	0	
客户 5	13	7	10	17	18	0

请计算出为 5 个客户配送蔬菜时，采用优化路程后两两之间的路程节约量。

二、评析

1. 基本步骤。

首先，各高校客户通过网站，了解各种蔬菜的信息，按需求给物流中心发去订单，物流中心把各高校的订单汇总、调整后，按照订单要求及供需方的具体情况准时配送。具体步骤如下：

（1）在西安南郊设立蔬菜基地，采用规模生产方式，每天按照订单要求，把一定量的蔬菜送到配送中心。

（2）配送中心收到蔬菜后马上按类、按质、按各高校的要求拣取、配备，贴上标签，以减少差错，提高配送质量，并力求树立品牌。

（3）配送中心充分利用运输工具的载重量和容积，采用先进的装载方法，合理安排货物的装载。

（4）将配好的蔬菜按计划配送路线送达各高校，并进行交接。

2. 路程节约量。

两客户间的配送距离节约量计算如下：

S_1 与 S_2 间配送距离节约量=8+5-8=5（千米）

S_1 与 S_3 间配送距离节约量=8+9-15=2（千米）

S_1 与 S_4 间配送距离节约量=8+12-17=3（千米）

S_1 与 S_5 间配送距离节约量=8+13-7=14（千米）

S_2 与 S_3 间配送距离节约量=5+9-7=7（千米）

S_2 与 S_4 间配送距离节约量=5+12-9=8（千米）

S_2 与 S_5 间配送距离节约量=5+13-10=8（千米）

S_3与S_4间配送距离节约量=9+12−3=18（千米）

S_3与S_5间配送距离节约量=9+13−17=5（千米）

S_4与S_5间配送距离节约量=12+13−18=7（千米）

案例2 百胜物流控制连锁餐饮企业运输成本之道

案例概述

对连锁餐饮行业而言，靠物流手段降低成本并不容易。然而，百胜物流公司抓住运输环节，通过合理的运输安排，降低配送频率，实施歇业时间送货等优化管理方法，有效实现了物流成本的“缩水”，给业内管理者指出了一条低物流成本之路。由于连锁餐饮业的原料价格相差不大，物流成本始终是企业竞争的焦点之一。据有关资料显示，在一家连锁餐饮企业的总体配送成本中，运输成本占60%左右，而运输成本中的55%到60%又可控。因此，降低物流成本应当紧紧围绕运输这一核心环节。合理安排运输排程，尽量使车辆满载，减少总行驶里程。

由于连锁餐饮业进货时间可提前确定，需要配送中心根据餐厅的需要，针对连锁餐饮餐厅的进货时间和路线详细规划配送方案。餐厅营业存在季节性波动，因此主班表至少有旺季、淡季两套方案。在主班表确定以后，就要进入每日运输排程，也就是根据每天的实际运货量对配送路线进行安排、调整。

减少不必要的配送对于产品保鲜要求很高的连锁餐饮业非常重要。和餐厅沟通，在不影响产品品质的前提下，尽量减少不必要的配送，这可以有效地降低物流配送成本。配送频率提高会影响配送中心的职能，进而造成运费上升。

提高车辆的利用率也是值得关注的，可从增大卡车尺寸、改变作业班次、二次出车和增加每周运行天数四个方面着手。

尝试歇业时间送货，避开城市交通高峰时间，提高车辆利用率。

案例思考与评析

一、思考

1. 百胜物流公司如何有效实现了物流成本的“缩水”？

2. 配送频率对配送中心有什么影响？

3. 结合本案例，谈谈百胜物流公司带给你的启示。

二、评析

1. 百胜物流公司节约物流成本的方式。

百胜物流公司抓住运输环节，通过合理安排运输，降低配送频率，实施歇业时间送货等优化管理方法，实现了物流成本的有效降低。

2. 配送频率对配送中心的影响。

配送频率提高会影响配送中心的职能，进而造成运费上升。减少不必要的配送，对连锁餐饮企业尤其关键。

3. 百胜物流公司物流的启示。

不论是传统储运，还是现代物流，运输都是核心职能，本案例中的百胜物流在为连锁餐饮业提供物流配送服务时，通过抓好配送中的运输环节，在其他环节相差无几的情况下，实现了物流成本“缩水”。

案例3 卜蜂莲花的配送“法宝”

案例概述

2008 年 6 月 20 日起，汽油、柴油价格每吨提高 1 000 元。7 月 1 日开始，北京限制黄包车行驶，7 月 20 日，北京开始实施两个月的单双号限行。一系列的政策让零售企业不得不面对物流难的现实，这也是对零售业物流配送的一场大考验。

配送在物流活动中有举足轻重作用：提高了末端物流的效益；通过集中库存使企业实现了低库存或零库存；提高了物流系统的效率；提高了供应保证程度；促进了流通的社会化。

连锁零售业在新形势下呈现规模扩大化、经营业态多样化、组织形式网络化、治理方式规范化等特点。然而，连锁零售业配送在人才建设、信息化建设和物流配送方式选择等方面存在若干亟须解决的问题。

一些中小型超市的配送模式普遍存在的问题有：货物比较混乱，分配不够明确；客户退货没有即时记录，导致处理非常缓慢，造成不良影响；送货人员分配比较混乱，没有专人负责专区；物流配送中心不规范，管理方式单一。

面对新的政策和零售业配送所存在的问题，卜蜂莲花物流配送中心副总经理在接受《中国商贸》记者采访时如是说：“运输的车辆受到限制，白天货车禁行，夜间卸货又存在扰民问题，所以我们采用了甩挂运输方式，从根本上解决了这些问题。”

一、搭建供应商与卖场的中转平台

大型零售企业的“抗风险”能力，与企业对物流配送的重视程度有很大关系，完备的物流配送体系是经得起“风浪”的。

作为一家跨国零售企业，卜蜂莲花在华发展迅速。据统计，截至 2007 年，卜蜂莲花已经在华开设了 75 家卖场，销售额以每年 20% 以上的速度增长。卜蜂莲花的业务之所以能迅速增长，很大程度上是因为其在节省成本，物流配送、配送系统方面有很大优势。

“与其他竞争者相比，卜蜂莲花能够给客户提供更好的价值，这是因为卜蜂莲花把注意力放在物流运输和配送系统方面。”卜蜂莲花物流配送中心副总经理表示，“物流和配送在公司的地位非常重要。”

卜蜂莲花物流配送中心副总经理告诉记者：“卖场配送中心是在供应商和卖场之间搭建的一个中转平台，目的是减少整个供应链的运作成本及保证商品快速、及时地运送到卖场进行销售。在整个供应链环节中，配送中心是一个很重要的组成部分。”

据介绍，卜蜂莲花先后在上海、广州、北京建立了三个大型干货配送中心及一家生鲜配送中心，负责对全国的卖场进行商品配送，目前卜蜂莲花卖场的绝大部分商品是通过这四家配送中心进行配送的。

卜蜂莲花北京配送中心位于北京城南的大兴区，是一座面积为 10 000 平方米的货架式立体仓库，可存放 7 000 个标准托盘的商品，每天进出货量约 20 000 箱，目前只负责干货的配送。另外，卜蜂莲花在上海和广州各设立了一个干货配送中心，面积分别是 48 000 平方米和18 000平方米。

“卜蜂莲花的配送中心实行划区域配送，即每个配送中心只负责配送本区域内的卖场，但三个配送中心之间也会进行商品的配送，即区域间的商品调拨。”卜蜂莲花物流配送中心副总经理表示。

二、低成本与高效率

在完善的系统支持下，卜蜂莲花的物流以配送为主，仓储为辅，商品周转快。配送的职能就是将商品集中起来，配送给门店，同时可以储存部分促销商品。

“就配送中心而言，通过采购和门店订货，我们有专门的订单管理部门向供应商发出订单，供应商接到订单后，按照订单的要求备货，并将商品直接送到配送中心，而不用配送到每个门店，这样既节省了供应商的配送费用，又加强了我们对商品的掌控力度，可以保证商品及时到店，降低商品的缺货概率，这一点是没有配送中心的零售企业无可比拟的。”卜蜂莲花物流配送中心副总经理表示。

卜蜂莲花物流配送中心副总经理向记者介绍了整个配送的流程：顾客到卜蜂莲花的卖场买了一些产品，比如毛巾。如果物流循环比较成功，那么在他买了之后，系统就开始自动进行供货，这个系统当中的可变性，可促使卖方和买方（工厂与商场）对顾客所买的产品及时补货。

“不过，卜蜂莲花真正的挑战是能够提供顾客所需要的服务。”卜蜂莲花物流配送中心副总经理表示，“物流业务要求比较复杂，如有时可能会有一些产品出现破损，因此在包装方面就需要一些特别的改进。不过，我们已经能够寻求到这种高质量与多品种结合的包装，而且对商场来说，它的成本也是最低的。”

三、无缝的补货系统

卜蜂莲花物流配送的成功，在于它有一个无缝的补货系统，且每一个卖场都有这样的系统。这使卜蜂莲花在任何一个时间点都知道某个商店当中有多少货品在卖场、有多少货品在运输过程当中、有多少货品在配送中心。与此同时，卜蜂莲花也可以了解某种货品上周卖了多少、去年卖了多少，而且可以预测将来可以卖多少。

“卜蜂莲花所有的货品都有一个统一的产品代码，可以对它进行扫描和阅读。”卜蜂莲花物流配送中心副总经理表示，“这个自动补货系统，可以自动向商场经理订货，这样就可以非常及时地对商场进行补货。”

另外，供货商也可以进入卜蜂莲花的零售链接中，了解他们的商品卖得如何，从而决定生产，使整个过程无缝衔接。

四、“精准”是硬道理

在卜蜂莲花的物流当中，有一点非常重要：卜蜂莲花必须确保卖场所有产品与发货单上完全一致，从而确保物流配送过程的精确。

“做好这一步，将为我们节省很多时间和成本。”卜蜂莲花物流配送中心副总经理介绍，“卖场把整车的货品卸下来就好了，不用再逐一去检查每个产品，因为他们相信配送过来的产品是没有任何问题的。”

良好的服务让卜蜂莲花赢得消费者的信任，也为卜蜂莲花赢得了大量的时间和金钱。

这些货品直接可以摆上货架，并让消费者满意。

“当消费者买了某产品的时候，系统会精准地设定需要补货的情况，所以整个物流配送是个循环的过程，每个环节都能做到精准。”卜蜂莲花物流配送中心副总经理表示，“我们还追求消费者对产品需求的精准化配送，这是比较难的一件事，因为各地的消费习惯不同，卖场配送什么产品要经过调研，如燕京啤酒在北京销售得非常好，但是到了其他城市，它的销量可能就不高。卜蜂莲花已经考虑到了这方面的问题，并针对这种问题进行了相应的变通，比如增加地方采购等。”

案例思考与评析

一、思考

1. 试分析卜蜂莲花的配送流程。
2. 本案例中，配送中心有哪些作用？
3. 简要谈谈卜蜂莲花配送成功的秘诀。

二、评析

1. 卜蜂莲花的配送流程。

卜蜂莲花的配送流程如图 3-2 所示。

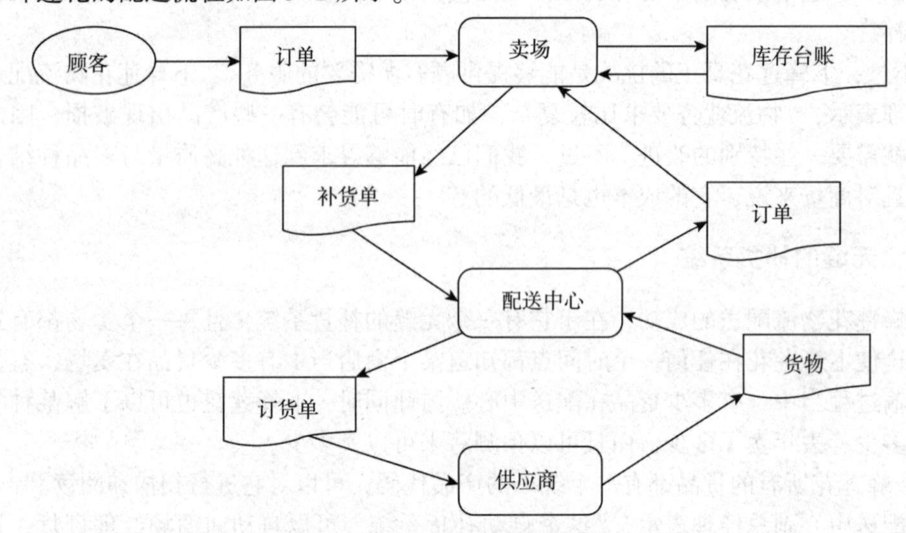

图 3-2　卜蜂莲花的配送流程

在整个配送的流程中，配送中心是位于供应商和卖场之间的一个中转平台。顾客到卜蜂莲花的卖场购物后，系统就自动进行供货。同时，卖场将补货单交给配送中心，由专门的订单管理部门向供应商发出订单，供应商按照订单的要求备货，将商品直接送到配送中心，由配送中心将货物送到各个卖场。

2. 卜蜂莲花配送中心的作用。

(1) 卜蜂莲花的配送中心是供应商和卖场之间的一个中转平台，目的是减少整个供应链的运作成本及保证商品快速、及时地运送到卖场。

(2) 卜蜂莲花的配送中心划区域配送，即每个配送中心只负责配送本区域内的卖场，但三个配送中心之间也会有商品的配送，即区域间的商品调拨。运用配送中心进行配送，减少了供应商直接配送的成本，而进行区域间的商品调拨，提高了库存周转率，消除了不必要的库存，从而降低了总库存成本。

（3）供应商将商品直接送到配送中心，不用配送到每个门店，这样既节省了供应商的配送费用，又加强了卜蜂莲花对商品的掌控力度，可以保证商品及时到店，降低商品的缺货率，这是没有配送中心的零售企业无可比拟的。

3. 卜蜂莲花配送成功的秘诀。

（1）卜蜂莲花通过配送中心搭建供应商与卖场的中转平台。通过这种方式，减少了整个供应链的运作成本，并保证了商品能快速、及时地运送到卖场进行销售。

（2）低成本、高效率的订货系统支持。卜蜂莲花有专门的订单管理部门向供应商发出订单，供应商将商品直接送到配送中心，这样既节省了供应商的配送费用，又加强了卜蜂莲花对商品的掌控力度，可以保证商品及时到店，降低商品的缺货率。

（3）无缝的补货系统。这一系统使卜蜂莲花在任何一个时间点都能准确掌握商店中的存货——有多少货品在运输过程中，有多少在配送中心。此外，通过零售链接，供货商可以了解货品销售情况，从而安排生产。

（4）物流配送要求精确。确保卖场所收的产品与发货单上完全一致，能够节省时间和成本，而且可以将这些货品直接摆上货架，满足市场需求。此外，根据精准的系统情况，可针对某些问题进行相应变通。

案例4　西门子（杭州）高压开关有限公司配送中心规划

案例概述

一、企业背景

西门子（杭州）高压开关有限公司位于杭州，成立于1995年年底，是由西门子输配电集团、浙江宏发能源投资有限公司和中国华电工程（集团）有限公司三方出资组建的合资企业。西门子作为世界电气技术的领导者之一，其年销售额达680亿美元，电气产品年销售量排名世界第2，与世界上192个国家有业务往来，并在其中的100多个国家建有生产基地。西门子（杭州）高压开关有限公司是西门子SF6开关产品在亚洲的唯一生产基地，也是西门子继德国柏林开关厂和美国杰克逊开关厂后投资的第3个高压开关厂，其生产能力仅次于柏林开关厂。西门子（杭州）高压开关有限公司与柏林开关厂有极密切的联系，在材料、设备、人员和技术方面进行最充分的交往。西门子（杭州）高压开关有限公司主要为亚洲市场提供产品和服务，在过去10年发展迅速，客户遍布中国26个省、市、自治区。

二、西门子物流发展阶段及发展战略

第一阶段：物流资源重组阶段。以零配件配套中心库建设为突破口，向两翼推进，带动工业园区内企业的快速发展。

第二阶段：供应链服务阶段。逐步以供应链管理的观点来整合园区外部资源，开始大规模引入VMI战略，将企业的ERP管理系统和JIT物流管理模式相结合，向园区内企业的生产车间进行物料的JIT配送，并涉足产品的后期服务物流和反向物流。在此阶段，以提高服务水平为重点目标。两个阶段发展内容、目标及功能如表3-2所示。

表 3-2　西门子物流发展阶段

阶段	内容	目标市场及服务客户	服务功能
第一阶段	资源整合阶段	园区内企业	主要负责园区内基础配送服务，主要包括物料统一接收、穿梭运输管理、集中存储、分类拣选和 JIT 配送等服务
第二阶段	供应链服务阶段	以西门子企业为核心的整个供应链，服务范围延伸至园区外企业及园区内企业生产工厂内部物流管理	导入部分物流增值服务内容，主要包括部件预装配、部分质量控制、VMI 供应商库存管理、反向物流服务等

杭州西门子物流在西门子集团总体发展战略的指导下，将物流能力定位为企业核心能力，整合企业内部物流资源，建设现代一体化物流管理体系，以最低物流总成本向客户提供最大附加价值的服务。西门子组建物流配送中心的利润是通过资源配置优化、提高运作效率、实现客户运作整合及先进的物流管理模式等途径，实现降低物流运作成本的目的，并与工业园区内企业共享总体物流运作成本降低的红利。

三、西门子物流配送中心选址与物流网络

1. 配送中心建设的外部条件

园区内外交通和物流条件有利于物流配送中心业务的开展：交通条件便利，有利于第三方物流公司扩大服务半径；杭州市规划建设杭州经济开发区的工业物流园，可为第三方物流业务发展提供支持；园区内部物流配送点之间的距离较近，物流动线清晰，可为物流配送中心提高服务能力和进一步降低总体运作成本奠定良好的基础；政府部门也对第三方物流企业提供资金、税收等方面的政策扶持。此外，西门子集团领导对物流项目高度重视。

物流配送中心市场前景看好：预计未来三年内，杭州工商企业物流外包的比例将由现在的 12. 2% 增长到 20% 以上。杭州地区的物流业尚处于发展初期，物流服务集中于以货运为核心的领域，西门子在此时进入物流配送领域的时机良好。

2. 配送中心选址评价与建议

杭州地处经济发达的长江三角洲，同时是浙江省的省会，是全省政治、经济、科教和文化中心，是浙江铁路网和公路网的中心，还有长三角第三大的萧山国际机场。虽然杭州不靠海，但其地理位置特殊——位于杭州湾西端、钱塘江下游、京杭大运河南端，具有良好的水运条件。杭州地处长江下游，形成了广阔的经济腹地，辐射范围包括省内的嘉兴、湖州、绍兴、宁波、温州等城市，以及上海、江苏、安徽、山东、长江沿岸主要省市及广东、福建、海南等沿海港口，这使杭州湾成为全国内河主枢纽港。因此，从全国运输网，特别是长江三角洲综合运输网的建设出发，正确认识杭州港在大交通格局中的地位和作用，统筹设计其与周边港口、公路主干道、水运主通道、港站主枢纽及支持保障系统的关系，通过互联互动、资源共享，确保港口功能和优势得到最大限度的发挥。

3. 供应链网络分析

西门子物流将企业地址选在杭州经济技术开发区。一方面是从西门子的发展战略出发，迅速占领长江三角洲市场；另一方面是杭州经济技术开发区的区位优势明显，交通便利，能满足西门子对物流的要求。

4. 西门子物流网络网点

物流系统是一个网络系统，既包括由物流线路与物流节点组成的实体网络，也包括由计算机和通信系统组成的虚拟网络。无论是实体网络还是虚拟网络，仅仅起到传输的作用，而承担发出与接收、转换与控制物流和信息功能的则是物流节点，以及物流节点中最能体现现代物流内涵的物流中心。物流中心是物流网络中最具影响力的节点，是物流系统的重要基础设施，不仅自身承担多种物流功能，而且执行指挥调度、信息处理等神经中枢的职能，是整个物流网络的核心。所以，合理选择物流中心对于物流系统的规划至关重要。西门子首先要解决的问题是物流中心的选址，其参考因素包括确定所用设施的数量、位置和规模，这些设施包括物流网络中的节点，如工厂、港口、仓库、零售店和服务中心。

四、配送中心功能及业务流程

1. 总体功能定位

西门子配送中心主要满足企业物流配送需要，该配送中心的功能模块如表 3-3 所示。

表 3-3　西门子配送中心功能模块表

功能	服务模块
物料检验收发	出入库装卸作业，入库物料检验等
存储	各种原材料，标准件，备品配件，标准刀具工具，配套件劳保用品，各种油料及化工产品的存储、保管等
拣选	正常拣选出货作业；紧急拣货作业；依据客户要求，对出货收件物料重新进行包装等
运输	中心仓库—生产工厂，原材料—生产工厂，生产工厂—生产工厂间的运输工作
增值服务	部件预装配，部件清洗，零部件控制，线棒加工，零部件加贴条码等
信息处理	物料品项分析报告，库存分析报告，需求预测报告等
结算	物流费用的结算及替货主向收货人结算货款等
物流管理经验输出	供应链优化，物流网络设计，物流咨询，物流培训等

2. 配送中心分区规划

西门子配送中心作业区域大致可分为进货出货模块、暂存模块、存储及拣选模块、补货模块、增值服务模块、退货模块、设备停放模块等，具体作业区分如表 3-4 所示。

表 3-4　西门子配送中心作业分区

区域	面积/平方米	区域	面积/平方米
进货出货卸载作业 KA	1 200	进货出货卸载作业区 B	32
进货暂存及检验区 A	600	进货暂存及检验区 B	500
托盘货架上架暂存区	100	托盘货架存储及拣选 K	1 250
散件入库整理作业 K	15	散件补货暂存区	20
格板散件存放及拣选区	2 700	室内大件平置存储区	2 560

续表

区域	面积/平方米	区域	面积/平方米
仓库笼存储拣选区	290	增值服务作业区	145
空托盘及容器存储区	60	废弃物暂存区	55
散件出货复核区	65	出货集货区	220
紧急出货自提暂存区	10	退货及不合格品暂存区	30
悬臂货架存储区	10	叉车停放及充电区	120
现场办公室	200	通道及其他区域	3 200

3. 主要设备

西门子配送中心所需的设备可分为存储设备、物料搬运设备、RF 数据采集与传输设备，具体清单分别如表 3-5、表 3-6 和表 3-7 所示。

表 3-5　西门子配送中心存储设备清单表

存储设备清单表	说明
托盘货架	用于整箱存储及拣选区部分货品的存储，高 5 层（含地面层）。第五层为预留层，先期不采购横梁。货架最上层横梁高度为 5 000 毫米，地面层高 1 250 毫米，每层横梁承重 1 300 千克，横梁为可调节的组合式货架 配置数量：1 400 托盘
格板货架	不适合用托盘存放的货品的存储及拆零拣选作业区，单组货架长 1 800 毫米，高 800 毫米，层高 4 层，单层承重 200 千克 配置数量：753 组（其中 341 组可利用原有货架）
悬臂式货架	存放需悬挂的货品，单组货架宽 500 毫米，悬臂长 600 毫米，承载能力不小于 200 千克，悬臂层数 5 层 配置数量：16 组

表 3-6　西门子配送中心物料搬运设备清单表

设备名称	主要应用区域	技术参数需求	数量配置/台
电动前移式叉车	托盘存储区上下架作业（高位），托盘货架存储区向散件拣货区二层的补货作业	提升高度>5 500 毫米 承载能力>1 500 千克 门架回缩高度<3 300 毫米 直角堆垛宽度<2 800 毫米	2
电动托盘搬运车	物流中心内部转运	提升高度>125 毫米 承载能力>1 000 千克 货叉外间距 560 毫米	2
牵引车	物流中心至各工厂部分物料配送	牵引力不小于 6 吨，考虑到室外露天作业，动力能源为内燃式	2

表 3–7　西门子配送中心 RF 数据采集及传输设备清单表

设备名称	数量/台
手持终端	18
无线接入点	8
工业型条码打印机	2

4. 作业流程与分拣配货方法

一般而言，物流中心的具体作业流程和采用的信息系统有直接关系，也与物流中心的平面布置和设备规划紧密联系，作业流程需适应物流中心物料储存的特性与要求，结合物流中心的平面布置和设备规划，高效利用信息系统。

西门子配送中心的作业可分为收货、上架、补货、拣选、发货五大流程，各流程高效运转，相互配合，实现物流中心的合理化作业。其中，收货作业流程如图 3–3 所示。

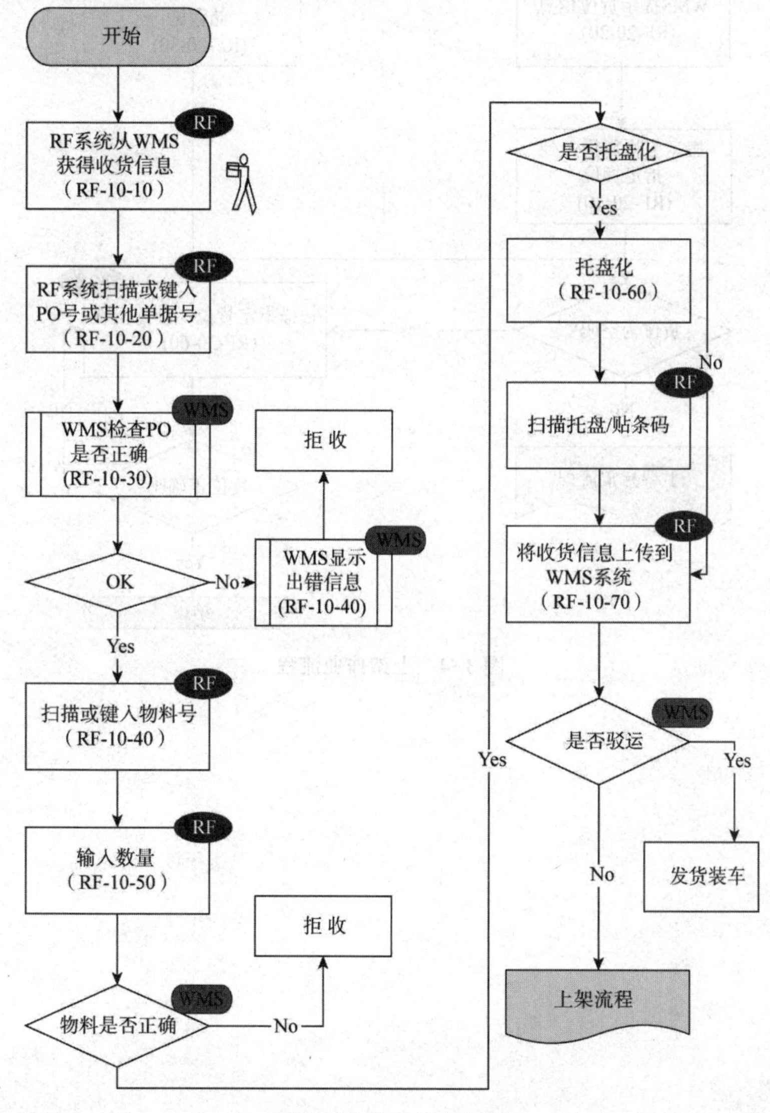

图 3–3　收货作业流程

上架作业流程如图 3-4 所示。

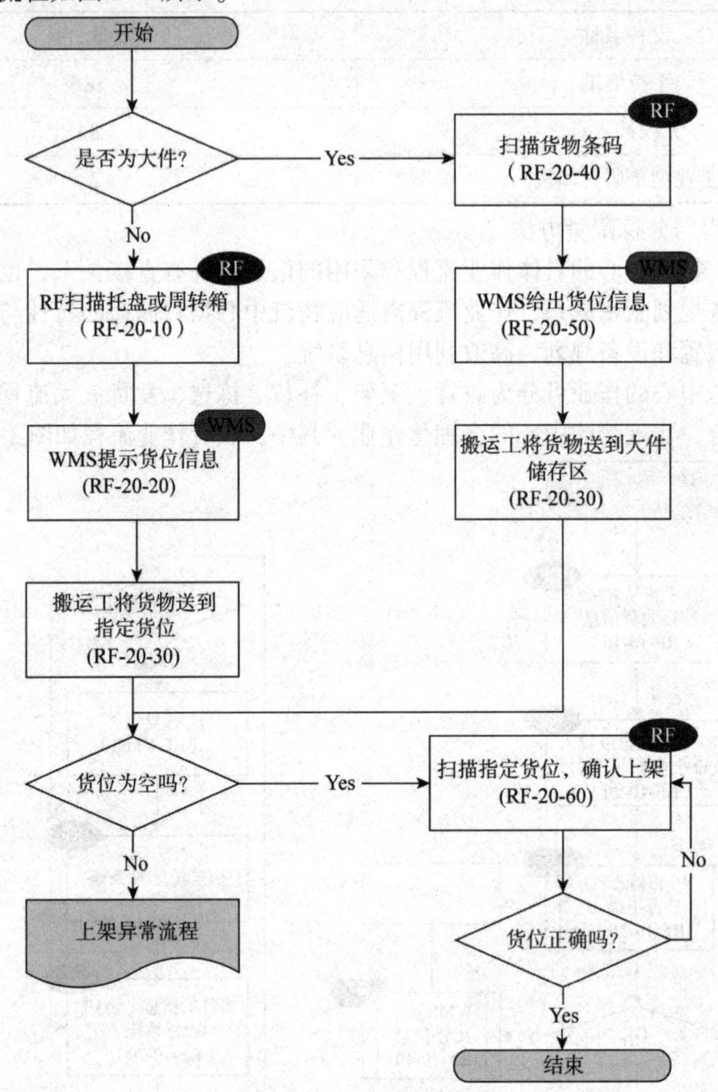

图 3-4　上架作业流程

补货作业流程如图 3-5 所示。

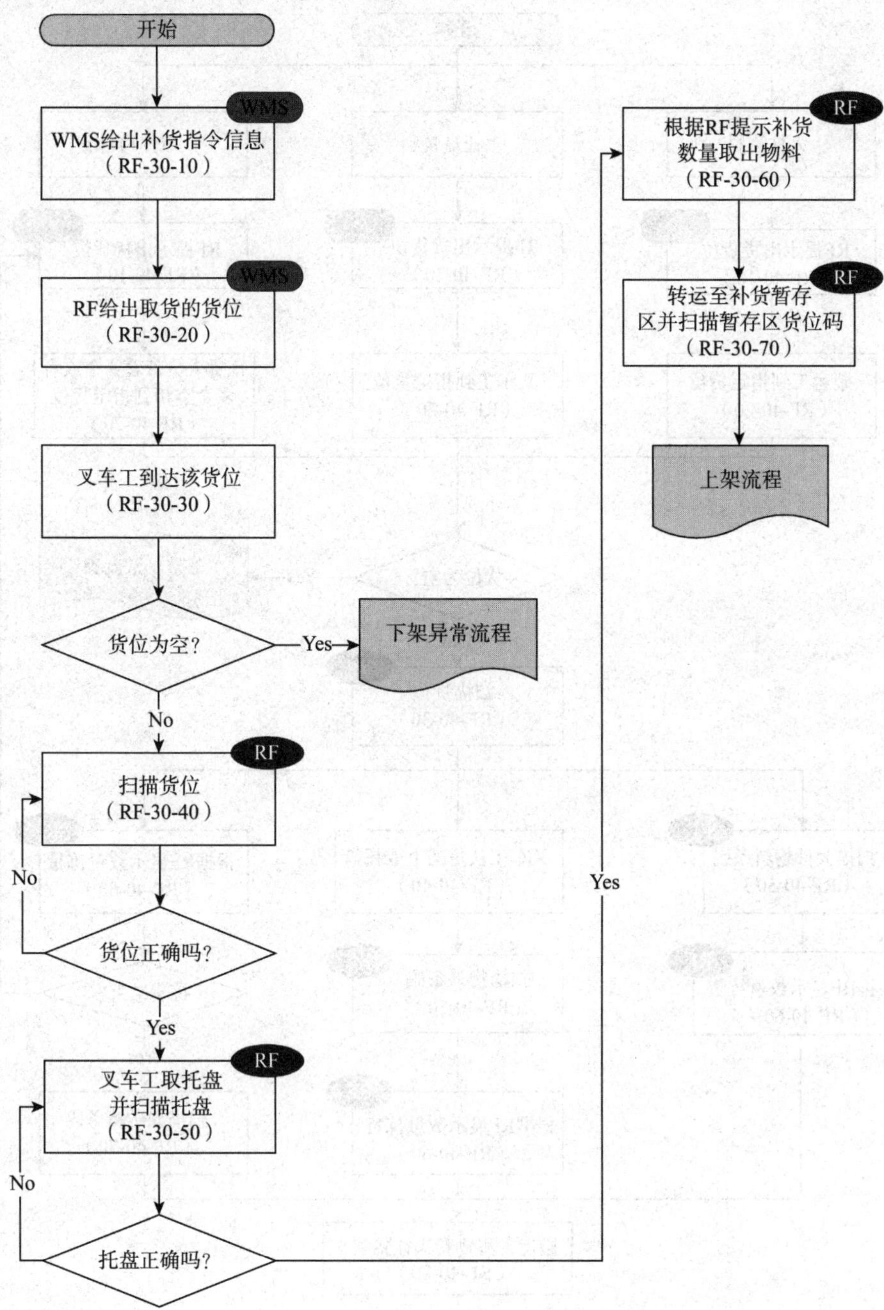

图 3-5　补货作业流程

拣选作业流程如图 3-6 所示。

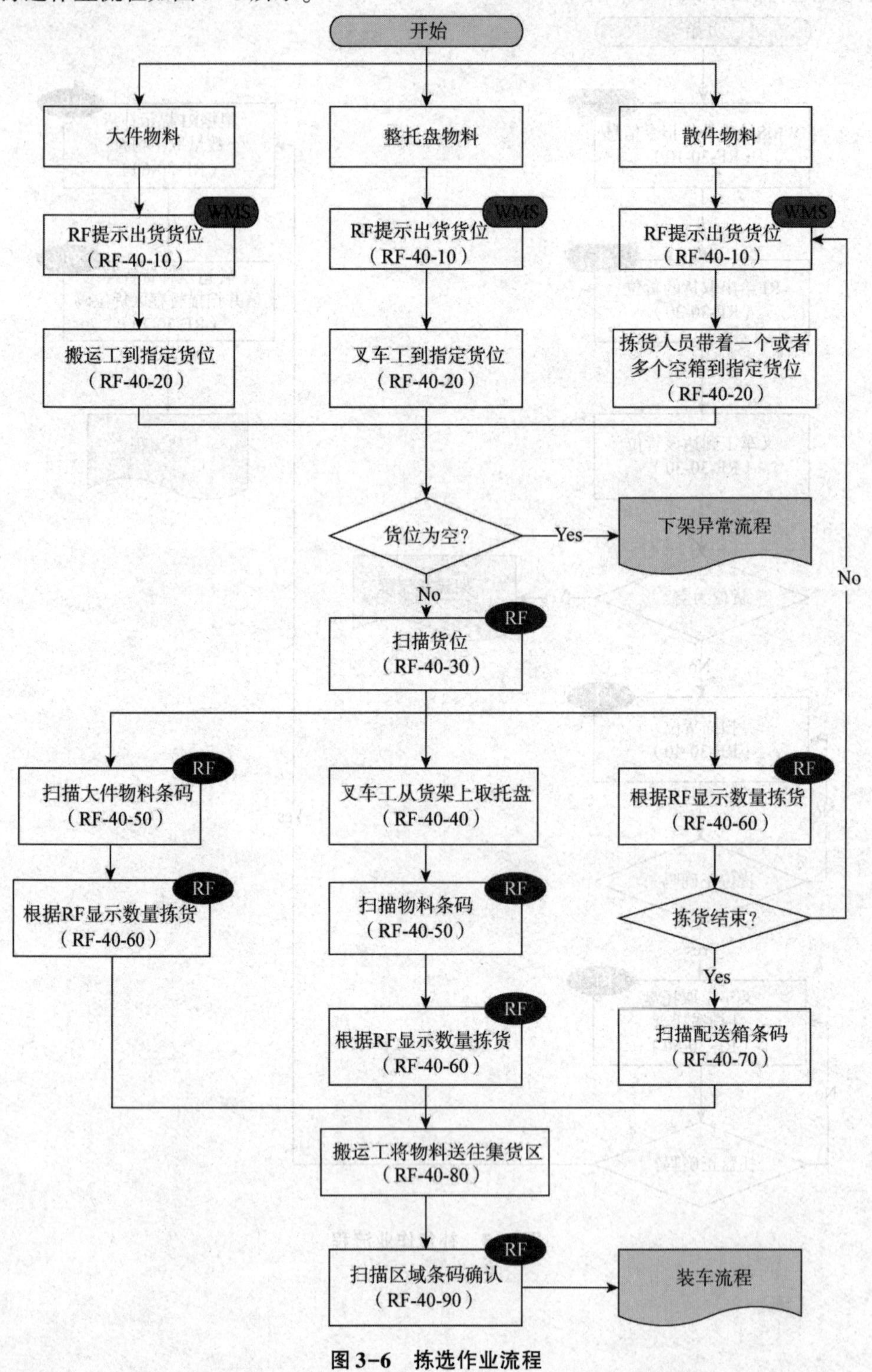

图 3-6　拣选作业流程

发货作业的流程如图 3-7 所示。

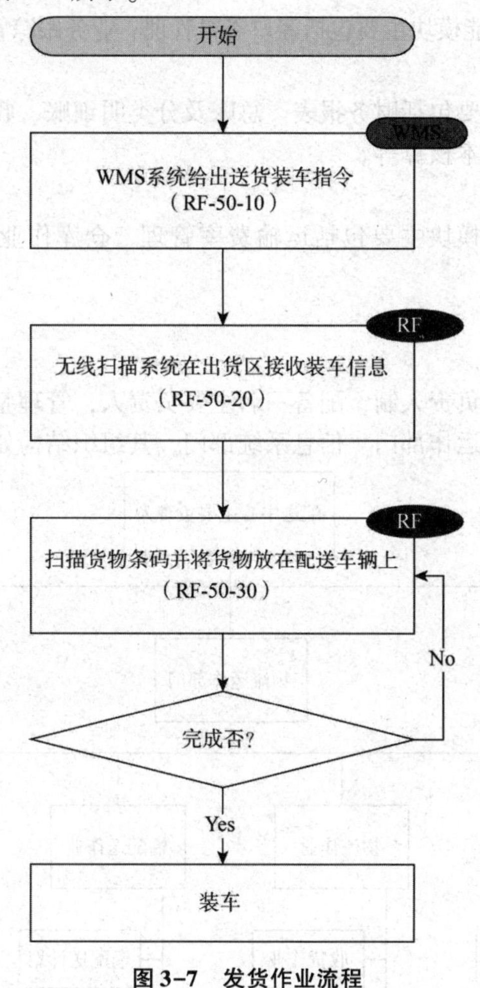

图 3-7　发货作业流程

五、物流信息系统

西门子配送中心的物流信息系统在功能方面主要包括以下系统。

1. 物流执行系统

（1）仓库管理系统。仓库管理系统具有内向功能和外向功能，内向功能主要包括收货、质检、上架、直驳等，外向功能主要包括库存控制、循环和物流盘点、补货、移货、内部选路、报表和查询等。

（2）运输管理系统。其功能模块主要包括运输单据、运输计划、车辆管理、城市地理管理、运输信息查询、数据接口、报表单据等。

（3）人力资源管理系统。其功能模块主要包括作业人员排程、作业设备分配、维护、开启、出勤管理、任务分配管理、作业量与作业效率评估等。

2. 月台管理系统

月台管理系统功能模块主要包括任务分配、系统指导作业任务安排、系统路线安排、车辆状态管理、单位作业状态管理、图形化库存管理、车辆信息管理等。

3. 客户关系管理系统

客户关系管理系统功能模块主要包括客户资料管理、业务跟踪管理、客户服务管理等。

4. 财务模块

财务模块功能模块主要包括财务报表、总账及分类明细账、收入与成本会计、订单与项目会计、产品与服务成本核算等。

5. 单据及结算系统

单据及结算系统功能模块主要包括运输费率管理、仓库作业费率管理、客户结算设定、付款方式设定等。

六、组织结构

西门子配送中心采取负责人制，配备一名主要负责人，管理整个配送中心，并领导财务及行政支持部门、物流运作部门、信息系统部门，其组织结构如图 3-8 所示。

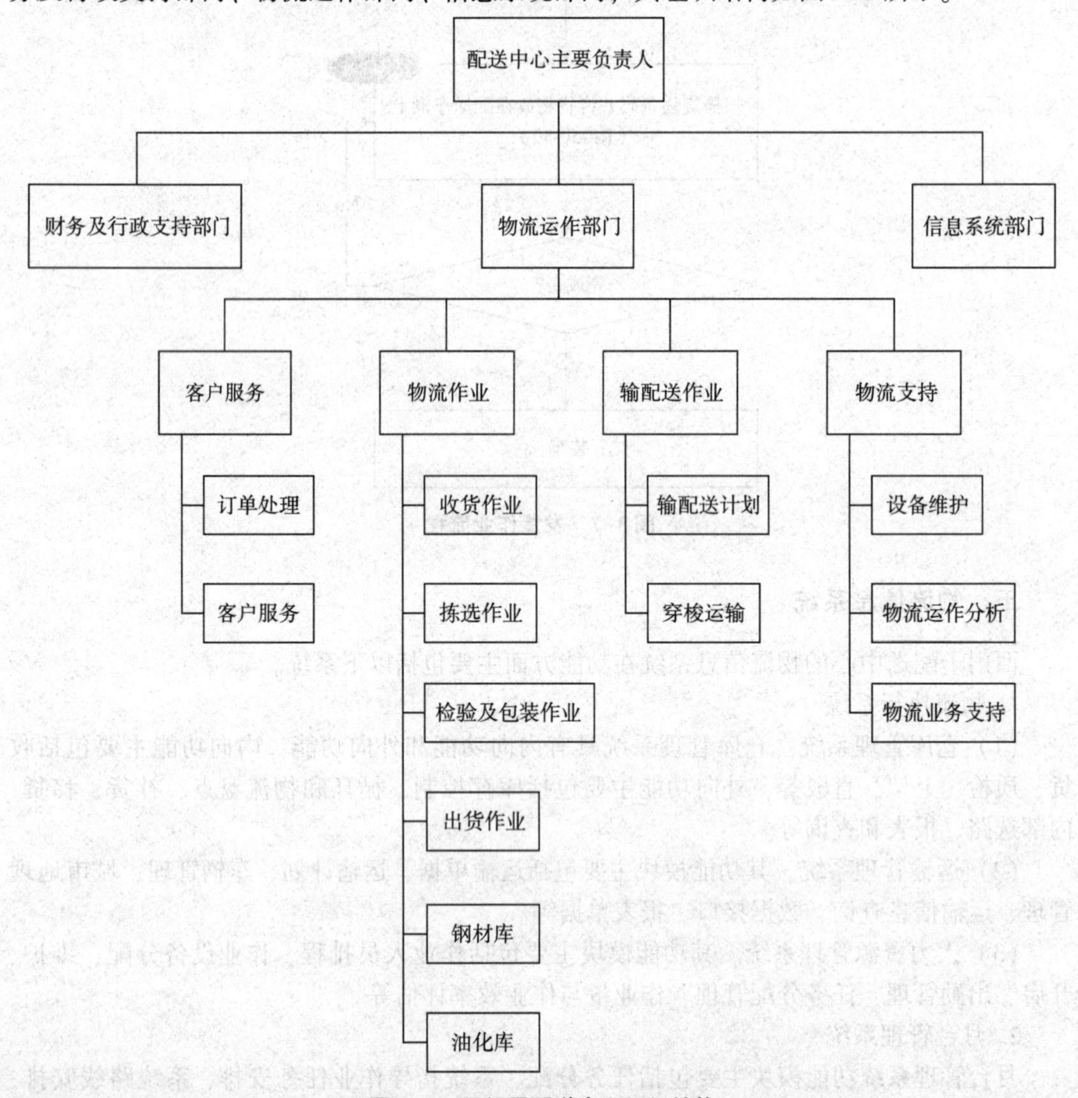

图 3-8　西门子配送中心组织结构

案例思考与评析

一、思考

1. 对于制造企业西门子来说，配送中心建设的意义何在？

2. 根据案例，分析杭州西门子配送中心可实现哪些目标。

二、评析

1. 西门子配送中心建设的意义。

（1）提升企业核心竞争能力，落实企业发展战略；

（2）达到物流活动协调一致的要求；

（3）完善西门子企业物流配送系统；

（4）优化工业园总体物流线路；

（5）优化仓库资源配置；

（6）促进单元化、标准化工作的实施；

（7）提高物流管理协调性；

（8）有利于导入物流设施；

（9）提高配送作业的效率；

（10）有利于库存控制达到最佳状态；

（11）有利于信息管理。

2. 杭州西门子配送中心的目标。

（1）配送业务管理集中化；

（2）供应商供货的标准化；

（3）高效、快速响应的物流运作系统；

（4）降低物流成本费用；

（5）最优化使用空间；

（6）实现物流配送的信息化、自动化、网络化、智能化、标准化、柔性化，从而推动企业资源管理计划 ERP 的实施。

案例5 华联超市配送系统

案例概述

近年来，华联超市已从江、浙两省向全国辐射，华联也将配送中心的建设放在了业务扩张首位。华联超市新建的配送中心有较高的技术含量：①仓储立体化；②装卸搬运机械化；③拆零商品配货电子化；④物流功能条码化与配送过程无纸化；⑤组织“越库中转型物流”“直送型物流”和“配送中心内的储存型物流”，完善虚拟配送中心技术在连锁超商品配送体系中的应用；⑥建立自动补货系统。

华联超市的成功，关键在于实行统一采购、统一配送、统一价格、统一品牌，并具有实现以上功能的高效商品配送中心，从根本上实现了决策权向连锁超市总部的集中，物流活动向商品配送中心的集中。连锁经营必须实行商品供货的配送中心化，有了配送中心，才可能实现统一采购、集中库存、统一配送、各店分销的连销经营方式，才可能实现直接的产销衔接，增强企业对市场信息的反应能力。华联超市管理者认为：影响顾客满意度的物流因素包括商品结构与库存服务，配送过程确保商品质量，门店紧急追加或减货，根据实际情况确定配送时间，控制缺品率，处理退货问题，优化流通加工中的拆零工作，扩大配送中心的服务半径，实行废弃物的处理与回收，建立客户服务窗口等方面。合理规划配送流程是构筑配送体系的重要前提，华联超市根据经营商品进销的不同情况和商品的 ABC 分析，采用三种物流运作模式：①储存型物流。这类商品进销频繁，整批采购、保管，经过拣选、配货、分拣，配送到门店。②中转型物流（越库配送）。通过计算机网络，汇总各门店的订货信息，然后整批采购，直接在配送中心进行拣选、组配和分拣，再配送到门店。③直送型物流。供货商不经过配送中心，直接组织货源送往超市门店，而配货、配送信息由配送中心集中处理。

案例思考与评析

一、思考

1. 华联超市成功的关键是什么？

2. 配送在连锁超市经营中有哪些作用？

3. 华联超市管理者认为影响客户满意度的项目主要有哪些，他们是怎么解决的？

二、评析

1. 华联超市成功的关键。

华联超市的成功，关键在于实行统一采购、统一配送、统一价格、统一品牌，并具有实现以上功能的高效商品配送中心，从根本上实现了决策权向连锁超市总部的集中，物流活动向商品配送中心的集中。

2. 配送在经营中的作用。

配送在经营中的作用可归纳为两个方面：一是通过统一配送保证各经营点商品的一致，二是降低成本。

3. 影响客户满意度的项目及解决措施。

（1）华联超市管理者总结的影响顾客满意度的物流因素包括：商品结构与库存服务；配送过程确保商品质量；门店紧急追加或减货的弹性；根据实际情况确定配送时间；控制缺品率；处理退货问题；优化流通加工中的拆零工作；扩大配送中心的服务半径；实行废弃物的处理与回收；建立客户服务窗口等。

（2）配送中心的服务效率。华联超市新建有较高的技术含量配送中心：①仓储立体化；②装卸搬运机械化；③拆零商品配货电子化；④物流功能条码化与配送过程无纸化；⑤组织“越库中转型物流”“直送型物流”和“配送中心内的储存型物流”，完善虚拟配送中心技术在连锁超商品配送体系中的应用；⑥建立自动补货系统。

通过以上方式提高配送效率和客户满意度。

练习与思考题

一、单项选择题

1. 在物流过程的各项业务活动中，（　　）是关键。

A. 运输　　B. 储存　　C. 装卸　　D. 配送

2. （ ）是货物运输的主要形式。
A. 铁路运输 B. 公路运输 C. 水路运输 D. 航空运输
3. 按加工程度不同，物流分为加工配送和（ ）。
A. 综合配送 B. 定时配送 C. 商店配送 D. 集疏配送
4. 下列运输方式中，（ ）运输方式能实现门到门的运输服务。
A. 铁路运输 B. 公路运输 C. 水路运输 D. 航空运输
5. （ ）是影响运输成本的主要因素。
A. 搬运方式 B. 产品密度 C. 积载能力 D. 距离
6. 下列运输方式中，成本最低的是（ ）。
A. 铁路运输 B. 航空运输 C. 水路运输 D. 公路运输
7. 下列选项中，属于运输市场中介方的是（ ）。
A. 信息咨询公司 B. 运输公司 C. 物价局 D. 省交通厅
8. 运输成本主要由四项内容构成，即基础设施成本、运转设备成本、营运成本和（ ）。
A. 公共成本 B. 作业成本 C. 固定成本 D. 变动成本
9. 按订单或出库单的要求，从储存场所选出物品，并放置在指定地点的作业是（ ）。
A. 分货 B. 拣选 C. 流通加工 D. 保管
10. 下列选项中，不属于配送中心主要功能的是（ ）。
A. 储存功能 B. 分拣功能 C. 配送功能 D. 计划功能

二、多项选择题

1. 物流的基本运输方式有（ ）。
A. 铁路运输 B. 公路运输 C. 水路运输 D. 航空运输
E. 管道运输
2. 汽车货物运输业又可分为（ ）。
A. 普通货物汽车运输业 B. 特殊货物汽车运输业
C. 特种货物运输业 D. 无偿货物汽车运输业
E. 零担货物运输业
3. 根据运输的组织形式，水路运输可分为（ ）。
A. 定期运输 B. 包船运输 C. 租船运输 D. 不定期运输
E. 定航运输
4. 货物运输性能主要通过（ ）指标进行衡量评价。
A. 经济效益 B. 社会效益 C. 生产力 D. 服务质量
E. 反应时间
5. 配送按组织者不同可分为（ ）。
A. 配送中心配送 B. 第三方配送 C. 商店配送 D. 生产企业配送
E. 仓库配送
6. 配送按配送时间及数量可分为（ ）。
A. 定时定量配送 B. 即时配送 C. 定时配送 D. 定时、定路线配送
E. 定量配送

7. 配送中心按承担的流通职能可分为（　　）。

A. 供应配送中心　　B. 销售配送中心

C. 采购配送中心　　D. 加工配送中心

E. 流通配送中心

8. 运输市场的选择功能不能被称为（　　）。

A. 交换功能　　B. 平衡功能　　C. 净化功能　　D. 自我服务功能

E. 开拓功能

9. 运输成本主要包括（　　）等。

A. 工资　　B. 燃料费　　C. 折旧费　　D. 运输管理费

E. 维修费

10. 运输及配送服务的要点有（　　）。

A. 时效性　　B. 可靠性　　C. 沟通性　　D. 便利性

E. 经济性

三、填空题

1. ________是物流过程的两大支柱之一，是物流各项业务活动的核心活动。

2. ________________是将两种或两种以上的运输方式或运输工具有机结合起来，实行多环节、多区段相互衔接的接力式运输。

3. 配送中心按内部特性可分为______________、______________和加工配送中心。

4. ________________是拣选人员或拣选工具巡回于各个储存点将所需的物品取出，完成货物配备的方式。

5. ________________是分货式、拣选式的一体化配货方式，是两种典型方式的中间方式。

6. 配送功能要素包括集货、储存、分拣、________、________、配送运输、送达服务、配送加工等。

7. ________是将物品按品种出入库先后顺序进行分门别类堆放的作业活动。

8. 在运输方式中，________运输成本最高。

9. ________________可以看成是隐蔽对流的一种特殊形式。

10. ________________指在城市里，为使物流合理化，在几个有定期运货需求的合作下，由一个卡车运输业者，使用一个运输系统进行的配送。

四、判断题

1. 无效运输，可以说是不合理运输的最严重形式。（　　）

2. 过远运输是指商品运输本来可以走直线或经最短的运输路线。（　　）

3. 配送是根据客户要求，对物品进行分类、拣选、集货、包装、组配等作业，并按时送达指定地点的物流活动。（　　）

4. 配送本身是一种商业行为。（　　）

5. 即时配送是有很高灵活性的一种应急方式。（　　）

6. 总效益、宏观效益、微观效益、资源筹措成本都是判断配送合理化的重要标志。（　　）

7. 配送是企业的一种营销手段。 ( )

8. 一般来说，航空运输能耗最高，其次是公路运输，水路运输通常能耗较低。 ( )

9. 一般来说，运输量越大，运输距离越远。运输的低速率会使运输成本降低。 ( )

10. 汽车、铁路、水路运输都是可实现门到门的运输方式。 ( )

五、简答题

1. 运输在物流过程中有哪些作用？
2. 在运输过程中，有哪些不合理的运输形式？
3. 如何实现运输合理化？
4. 在配送过程中，有哪些不合理配送的表现形式？
5. 运输在国民经济中有怎样的地位？
6. 哪些措施可以使配送合理化？
7. 你认为配送有哪些作用？

六、计算题

1. 设产地 A、B、C、D，产量分别为 700、400、900、500 单位；销地 a、b、c、d、e，需求分别为 300、700、500、600、400 单位，试求合理的运输方案。

2. 根据图 3-9 的信息，完成下面各题。

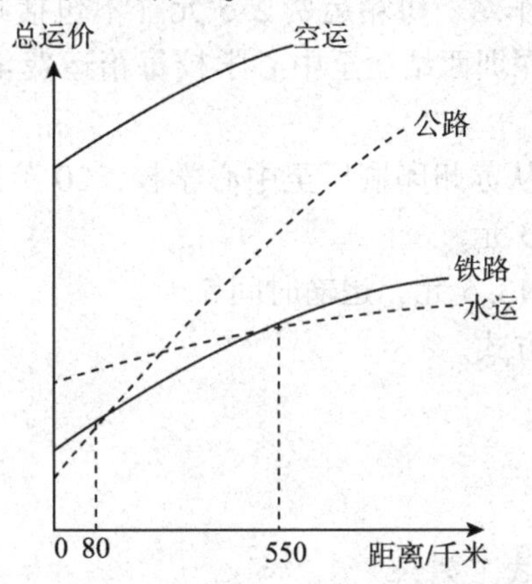

图 3-9 四种运输方式、运距与运费关系

（1）在公路、铁路、水运三种运输方式中，当运距小于 80 千米时，选择________运输最合适；当运距为 80 ~ 550 千米时，选择________运输最合适；当运距大于 550 千米时，选择________运输最合适。

（2）当物品贵重、急需、体积小，且运距长时，应采用________运输。

（3）将深圳的蔬菜运往香港，应采取的运输方式是________________，请说明选择的理由。

3. 有一批 56 吨的纺织品从上海火车站发往广州站，运输里程为 1 816 千米。其中 48 吨用标重 50 吨棚车以整车运输，剩余 8 吨以零担运输，运费如表 3-8 所示。

表 3-8　运费

类型	铁路运价分号表	铁路运价分号表
车辆	整车 5 号	零担 22 号
运价	92. 55 元/吨	1. 335 元/千克

请计算此批纺织品的运费总额。

4. 某公司计划将产品从 A 工厂运往公司自有仓库，年运量 D 为 700 000 件，每件产品的价格为 30 元，每年的存货成本为产品价格的 30%，两种运输方式下有关变量参数如表 3-9 所示。

表 3-9　两种运输方式下有关变量参数

运输服务方式	运输费率/(元 · 件$^{-1}$)	运达时间/天	每个存储点的存货/件
铁路	0. 10	21	100 000
驮背运输	0. 15	14	5 000

请计算：

两种运输方式的运输成本：在途存货成本、工厂存货成本、仓库存货成本，并计算其总成本。

5. 现将 50 000 册教科书从苏州某印刷厂发往深圳市中心学校，已知信息如下：

（1）教科书标准包装为每箱 48 册，计重 28. 8 千克，规格为 600 毫米×400 毫米×500 毫米。

（2）从苏州印刷厂运往车站，每箱运费 2. 5 元（不包括卸费），火车从苏州运至深圳西站，运费为每箱 6 元，从深圳西站运至中心学校每箱运费 4 元（不包括卸费），运输时间 2 天。

（3）汽车集装箱运费：从苏州印刷厂至中心学校，20 英尺集装箱每箱运费 4 500 元，40 英尺集装箱每箱运费 7 000 元。

（4）汽车零担运费每箱 13. 5 元，运输时间 5 天。

请综合考虑后选择运输方式。

七、论述题

1. 谈谈配送服务模式。

2. 请比较拣选式和分货式工艺。

3. 我国运输业长期以来缺乏面向综合效率和效益的协调管理，通常按运输方式进行分部门管理，水运和公路运输由交通部管理，民航由民用航空总局管理，铁路由铁道部管理。这种管理模式有其优点，却产生了多头管理和缺乏统一调度的问题，各运输管理部门都有本系统详细的近期和长远发展战略，但各种运输方式之间的衔接和协调却较差。与此同时，运输需求的明显增长、用户多品种、小批量、多频次的运输要求以及门到门的运输要求，使联合运输的需求大增。

（1）我国各种运输方式之间缺乏统一调度会产生什么后果？

（2）如何解决题目（1）的问题？

第四章 仓储与库存

学习目标与要求

商品的仓储活动是由商品生产和商品消费之间的客观矛盾决定的。商品在从生产领域向消费领域转移的过程中，一般要经过商品的仓储阶段，仓储作为物流的重要环节，起着重要的作用。

仓储会带来库存问题，库存是一种闲置资源，不仅不会在生产经营中创造价值，反而会因为占用资金而增加企业的成本。但是，在实际的生产经营过程中，库存又是不可避免的，有时还是十分必要的。在本章中，了解仓储的作用，深入探讨仓储作业中库存控制的常见方法及其应用。

1. 理解仓储作用及其基本管理要素。
2. 应用库存控制方法进行库存优化。
3. 培养物流从业人员的良好服务意识及成本意识。

知识回顾

一、仓储管理

仓储管理的对象是“一切库存物资”，管理的手段既有经济的，又有技术的，具体包括如下几个方面：

（1）仓库的选址与建筑问题。

（2）仓库机械作业的选择与配置问题。

（3）仓库的业务管理问题。

（4）仓库的库存管理问题。

良好的仓储管理不仅表现在它是社会再生产过程得以顺利进行的必要条件，是保存物资原有使用价值的必要环节，还表现在它是促进资源合理利用及配置的重要手段。

良好的仓储管理不仅能保证企业获得及时、准确、质量完好的物资供应，而且能通过较少流动资金的占有，降低产品成本，从而提高企业的经济效益和竞争力。

对企业的物流系统而言，仓储是选择自营还是外包，要从以下方面进行权衡，选择与企业的经营业务和核心竞争力最佳配合的仓储战略。

(1) 企业的仓储物流业务所占用的经营资金是否过多?

(2) 企业的仓储物流动能是否是支撑企业竞争力的主要部分?

(3) 仓储物流环节是否已成为企业经营成本的重担?

(4) 企业自身是否缺乏对仓储物流环节的管理能力?

二、仓储作业

商品仓储技术作业过程，是以保管活动为中心，从仓库接收商品入库开始，到根据需要把商品完好发送出去的全部过程。

仓储过程主要包括入库、保管、出库三个阶段。按其作业顺序来看，还可以详细分为卸车、检验、整理入库、保养保管、拣出与集中、装车、发运等七个作业环节。按其作业性质来看，可归纳为商品检验、保管保养、装卸与搬运、加工、包装和发运六个作业环节。

物资入库作业，按照工作顺序，大致可划分为两个阶段，一是入库前的准备，二是确定物资入库的操作程序。物资出库业务管理，是仓库根据出库凭证，将所需物资发放给需用单位所进行的各项业务管理。

三、库存

库存是处于储存状态的物品，主要是作为预定目的使用而当前处于闲置或非生产状态的物料。在生产制造企业，库存品一般包括原材料、产成品、备件、低值易耗品以及在制品；在商业流通企业，库存品一般包括用于销售的商品以及用于管理的低值易耗品。

常见库存控制系统的目标如下所示：

(1) 库存最低目标。

(2) 库存保证程度最高目标。

(3) 不允许缺货的目标。

(4) 限定资金的目标。

(5) 快速的目标。

库存控制方法：

(1) 经济批量订货的库存数量控制。

(2) 定量库存控制。

(3) 定期库存控制。

(4) ABC 库存分类管理法。

四、安全库存

安全库存是为了防止不确定因素（如供货时间延迟、库存消耗速度突然加快等）而设置的库存。安全库存的大小与库存安全系数或库存服务水平高低相关。从经济角度出发，安全系数应保持在一个合理的水平。

案例与评析

案例1　天下粮仓

案例概述

早在西周时期，中国人就意识到了仓储的重要性。《礼记·王制》中论述："国无九年之蓄，曰不足；无六年之蓄，曰急；无三年之蓄，曰国非其国也。"

中国人民在古代已经意识到仓储具有调节供需的重要作用，但在封建社会重农抑商大环境的影响下，仓储更重要的是承担着社会救济和保障的功能，而没有发挥出商业效益。各朝的粮仓，大都为"京城"服务，大都围绕"京城"或转漕的交通要塞而建。

一、西周——陇东粮仓

平凉、庆阳被称为陇东，是我国农业起源最早的地区之一，也是周朝先人开基立业的肇兴之地。

陇东的储粮方式有两类，一类是建于地面的，如方形、圆形的仓，这在《诗经》《国语》中都能找到它们的影子；另一类是窑洞储粮，有对窑洞进行一些处理，直接将粮食堆放在其地面上的，也有在窑洞里围上芦苇编成的席囤粮食的。从古籍记载以及大量出土的陶仓、陶模型，可以看到陇东对粮食种植和储藏的重视。

二、秦汉——敖仓

从秦开始，实施漕运，当时最主要的线路是运东方粮食到咸阳，从全局来看，最重要的转运中心在中原，因此秦政府建设了全国最大的粮仓——敖仓。这一粮仓已有物流中心的影子，开始实行统一配送。

在楚汉争霸之时，敖仓常常成为双方争夺的目标，这个粮仓对战争的进程产生了深刻的影响。刘邦先"军荥阳，筑甬道属之河，以取敖仓粟"，但随后"项王数侵夺汉甬道，汉王食乏，恐，请和，割荥阳以西为汉"。《史记》的记载，清楚表明了敖仓在战争中的重要性。

西汉定都长安后，每年也需从关东运输大量谷物至京城。在当时的漕运网络中，敖仓地位举足轻重。汉武帝宠幸的王夫人，曾请求将其子封到洛阳为王，被汉武帝拒绝，理由是"洛阳有武库、敖仓，当关口，天下咽喉，自先帝以来，传不为置王"。

东汉时置敖仓官，属河南尹管辖。

三、隋唐——洛口仓和含嘉仓

"尽道隋亡为此河，至今千里赖通波。若无水殿龙舟事，共禹论功不较多。"这是唐代诗人皮日休的《汴河怀古》。

公元605年，隋炀帝即位不久，就下令建都洛阳，同时开凿大运河。大运河以洛阳为起点，经洛河入黄河，然后分两路开凿，向南终点为余杭（今杭州），向北终点为涿州（今北京），而在大运河初具雏形之时，人们发现洛口成了这一庞大水运网的中枢。因此，在大运河开凿的第二年，隋朝就开始在洛口兴建粮仓。

大运河完工后，隋王朝在沿线重要节点设置了不少粮仓，主要用于中转漕粮。大运河长一千七百多千米，由于各地自然条件不同，不同河段的流量、含沙量以及河床特点各不相同，很难靠同一艘船一次运到，需要转换不同河段的船只和水工分段运输。因此需要在沿线节点兴建粮仓，以方便转运。如此，运河与粮仓形成了一个完整的漕运系统。而位于大运河庞大水运网三岔口的洛口，有了举足轻重的地位。

洛口仓筑有仓城，周围二十余里，“穿三千窖，每窖容八千石”“置监官并镇兵千人守卫”。全仓储米约二千四百万石，是隋朝最大的粮仓，也是大运河最大、最重要的物流中心。

洛口仓如一座大容量的水库，各地的漕粮通过庞大的水运网络在这里蓄积。由此往西可运往洛阳、长安，而用兵东北时，又可由此运粮渡黄河，经永济渠运往东北。

隋末天下大乱，这个粮仓成为影响天下大局的关键。谁拥有这一粮仓，谁就有了争夺天下的资本。当时赫赫有名的瓦岗军，就是在夺取洛口后，迅速发展壮大，而在失洛口后又迅速崩溃。

隋末东都洛阳的粮仓不集中，洛口、回洛等仓被占据后，洛阳终因严重缺粮被攻破。李世民看准了粮仓远离洛阳庇护的弊端，从隋末战乱中吸取了教训。唐代初年，洛阳城内出现了一座大粮仓，并逐渐取代洛口仓，成为天下第一大粮仓。这就是我国古代最著名的粮仓——含嘉仓。

唐前期规定，东都洛阳以东的租米都先集中在含嘉仓，由含嘉仓再陆运至陕州，再运至长安，新兴的含嘉仓因此成为全国最大的粮仓。原来位于洛阳城北七里的回洛仓，逐渐废弃不用，其作用被含嘉仓取代。据记载，唐玄宗天宝八年（公元749年），全国主要大型粮仓的储粮总数为一千二百六十五万六千六百二十石，含嘉仓就有五百八十三万三千四百石，占近二分之一。

含嘉仓的粮窖形制结构十分科学。粮窖都是口大底小的圆缸形，建造时先从地面向下挖成土窖，将窖底夯实，用火烧硬，然后铺一层用红烧土碎块和黑灰等拌成的混合物作为防潮层，防潮层上再铺一层木板层或木板和草的重叠混合层。含嘉仓的粮窖既能防潮防火，又能防鼠防盗。唐朝时窖内的谷子可藏9年，稻米可藏5年。160号窖内的谷子至今已有1 300多年，颗粒还可辨认。含嘉仓的管理也很科学，大部分窖内发现了砖刻铭文，记载着窖穴的位置、编号、储粮来源、品种、数量、入窖年月等。

含嘉仓的结构特点和规模，表明我国古代人民在隋唐时期就掌握了相当科学的储粮技术。现在，国家将已发掘的160号粮窖建屋保护，其成为我国现存的古代最大粮窖陈列馆。

案例思考与评析

一、思考

1. 谈谈中国古代各个时期仓储的作用。

2. 谈谈现代物流中仓储的作用。

二、评析

1. 中国古代各个时期仓储的作用。

中国人民在古代已经意识到仓储具有调节供需的重要作用，只是在封建社会重农抑商大环境的影响下，仓储更重要的作用是承担社会救济和保障的功能，而没有发挥出商业效益。

西周时期，陇东的储粮方式分为两类，一类是建于地面仓，另一类是窑洞。陇东古代仓储的建设，表明古人对粮食种植和储藏的高度重视。

秦汉时期，政府建立了粮仓，当时该粮仓已有物流中心的影子，开始实行统一配送。

隋唐时期，主要有洛口仓和含嘉仓，洛口仓是隋朝最大的粮仓，也成为大运河最大、最重要的物流中心。含嘉仓不仅有洛口仓的功能，还有转运站的作用。把租米全都集中在含嘉仓，由含嘉仓再陆运至陕州，循河、渭入长安。新兴的含嘉仓因此成为当时全国最大的粮仓。

2. 现代物流中仓储的作用。

（1）仓储是现代物流不可缺少的重要环节。从供应链的角度看，物流过程是由一系列的供给和需求组成的，当供给和需求节奏不一致，出现生产的产品不能即时消费或者需求没有产品满足时，就需要建立产品储备，将不能即时消费的产品储存起来，以满足后来的需求。

（2）仓储能保证进入下一个环节货物的质量。通过仓储保证产品质量主要通过两个环节：一是在货物入库时进行质量检验，看货物是否符合仓储要求，严禁不合格产品混入库场；二是在货物的储存期间，使产品不发生物理及化学变化，尽量减少库存货物的损失。

（3）仓储是保证社会再生产过程顺利进行的必要条件。货物的仓储不仅是商品流通过程顺利进行的必要保证，也是社会再生产得以进行的保证。

（4）仓储是加快商品流通，节约流通费用的重要手段。虽然货物在仓库中进行储存时处于静止的状态，会带来时间成本和财务成本的增加，但从整体而言，它不仅不会带来时间的损耗和财务成本的增加，反而能加快商品流通，并且节约运营成本。合理的仓储能够有效降低运输和生产成本，从而降低总成本。

（5）仓储能够为货物进入市场做好准备。仓储能够在货物进入市场前完成整理、包装、质检、分拣等程序，可以缩短后续环节的工作时间，加快货物的流通速度。

案例2　中小制造业企业自营仓库布局设计

案例概述

由于中小制造业企业的仓库大多使用频繁，将仓库设置在厂房附近，便于原材料和成品进库，合理布置仓库，一方面可以提高仓库平面和空间利用率；另一方面可以提高物料的保管质量，方便进出库作业。

目前，我国大部分中小制造业企业自营仓库的布局设计存在诸多问题，如仓库布局不合理、仓库空间利用率较低、仓管员素质不高等。这表明仓库布局的规划仍在理论研究阶段，改善企业物流发展状态还有很长的路要走。我们以Y厂的仓库布局为例，根据该企业自营仓库中存在的问题，提出适合中小制造业企业的区分拣货区和存储区的自营仓库布局设计方案。

一、自营仓库的传统布局设计

中小制造业企业自营仓库的布局设计，首先要根据企业自身仓储业务流程确定所需要的仓库空间类型，将仓库划分成不同的区域，如 Y 厂将仓库大体分为存储区、收货出货区、待检区、周转区以及仓管人员办公区等。这些区域中只有存储区真正具有存储功能，其他区域是根据需要设立的非存储空间，通常仓库总空间的 1/4 是非储存空间。

目前，大多数中小制造业企业自营仓库采用分拣、备货和存储场所混合的布局设计，即利用现有的存储区域，在必要时对堆码高度、出库站台的存货位置、货位的尺寸进行调节，提高效率。中小制造业企业自营仓库仅限于存储物料，而对于仓库的存储成本和空间利用率很少考虑，无形中增加了企业的库存成本。

实际上，对于中小制造业企业来说，生产车间每天都需要从仓库调取物料以维持正常的生产，仓库物料周转率必然处于较高的水平，造成仓库存储空间的不断变化。仓管员也只是以找物料为目的，行走于仓库的大多数地方，很少考虑行走路线的时间成本。由于货物在仓库内搬运的距离较长，耗费的时间也较长，这导致仓管员工作效率低，忙而低效。若履行订单时需要拆装，那么存储货位既要满足存储要求，又要满足拣货要求，导致存放物料的货位几乎平铺在地面上，必然出现物料搬运成本过高、仓容利用率过低的结果。

二、仓库布局设计的两种典型方法

中小制造业企业在进行仓库规划之前，要确定所需的仓储空间类型，将库存的物资按照一定的标准分区、分类。中小制造业企业仓库设计的基本原则是：使用高效的物料搬运设备及规范的操作流程；编制有效的存储设计方案；尽量减少通道所占空间；充分利用仓库的堆放能力。针对中小制造业企业的现状，可以采用以下两种仓库布局设计方法。

（1）存储区设计。如果仓库的周转率低，首先要考虑仓库存储区，企业要根据生产需要确定存储空间，这一空间将是物流仓库中占地最大的场所，必须尽可能有效利用。存储区的货位可以加宽加深，堆码高度可达天花板或者在货物稳定摆放所允许的范围内，货位间的通道在保证出货与安全的前提下可以收窄。

（2）拣货区设计。当货物入库时的单位大于出库的单位时，拣货就成为仓库布局的主要考虑因素，此时要根据存储货位在仓库里的主要功能来设计。设计时指定仓库的某区域为仓库区，指定另外一些区域为拣货区，拣货货位要比存储货位小，常常只有两个托盘的深度，或者货架大小仅有储藏区存储货架的一半，拣货区堆码的高度以工人方便拣货的高度为限。在拣货区内，可以将同一种供应商或者同一客户的物品集中存放，以便于分拣配货作业。

中小制造业企业如果能够在自营仓库的有限存储空间内合理划分存储区与拣货区，并精心设计两个区域内的布局，就可以提高物流作业效率和仓库利用率。

三、案例分析

Y 厂是一家外商投资的中小型企业，主要供应商和客户均在国外。该厂采用订单驱动的生产模式，产品品种多、批量小，所需的原材料品质要求高、种类繁杂，对仓库的利用程度高，仓库的日吞吐量较大，因此，该厂选择在距车间较近的地方建造自营仓库，仓库采用拣选区和存储区混合使用的方式。

1. Y 厂原仓库布局及存在的问题

Y 厂原仓库有三层，第一、二层分别存储主料、辅料，第三层主要用于存放成品，并根据车间划分存储区域。主料质量重，考虑到楼板的承载能力，将其置于一层是合理的选择。由于每单位主料的重量均不在人工搬运能力的范围内，一层的搬运设备主要是为平衡重式叉车。一层通道宽 3 ~4 米，车可以在仓库通道中行驶及调转方向。货区布置采用垂直式，主通道长且宽，副通道短，便于存取查拣，且有利于通风和采光。

二层仓库存放辅料，部分零散的物料使用货架存放，能节省空间。大部分物料直接放置于木质托盘上，托盘尺寸没有采用统一标准，物料采用重叠堆码方式，其高度在工人所及的范围之内。物料搬运借助手动托盘搬运车完成，操作灵活轻便，适合短距离水平搬运。通道比一层仓库窄，主通道大约宽 2 米。

Y 厂采用存储区与拣货区混合使用的布局方法，给仓管员及该厂的生产带来了诸多问题和不便。首先，Y 厂在确定所需仓库空间类型时，未充分考虑本厂整体工作流程，该厂仓库的库存物料始终处于变化之中，由于物料消耗速度不同，置于托盘的物料高度参差不齐，很多物料的堆垛高度不足一米，严重地浪费了存储空间。其次，仓管员和拣料员还是停留在以找到物料为目的的阶段，未设计合理行走时间、行走路径，未考虑提高工作效率等问题。

2. Y 厂仓库布局改进建议

首先，Y 厂对于从国外购进的部分不合格原材料，需要批退或者转入下一个订单时，不能与正常的物料混放，需要专门设立一个不良品隔离区，以区分不良品与正常品；其次，Y 厂客户对原材料的要求不同，可以根据客户的要求设置特定的区域分别存放。Y 厂仓库小部分空间用于半永久性或长期存储，大部分空间则暂时存储货物，因此，仓库布局应注重使物料流动更快速、更通畅。仓库一层可以部分设立半永久性存储区存放不经常使用的主料，部分用作拣货区，用来存储消耗快、进货频繁的大客户的主料。仓库二层增设不良品隔离区，放置检验不合格的原料和产品，并可在最深处设置半永久存储区存放流通量很低的物料。余下的空间作为拣货区，以方便仓管员快递拣货。

中小制造业企业的自营仓库主要用于存储生产过程中需要的原材料，由于每天的生产消耗速度快，仓库日吞吐量较大，因此，在对企业业务流程进行分析的基础上，将仓库划分出多个有效的区域，并采用适合于中小制造业企业的将拣货区与存储区分开的仓储设计方案，降低仓库内部的物流量与物流成本，进而提高企业效益。

案例思考与评析

一、思考

1. 一般企业的仓库主要有哪些区域？各区域的作用有哪些？

2. 针对案例中 Y 厂仓库布局存在的问题，对此进行规划。

二、评析

1. 仓库的一般组成区域如下。

收货区：对货物进行收货、验货、卸货、搬运及货物暂停的场所。

出货区：对物品进行检验、发货、待运的场所。

储存区：对暂时不必配送或作为安全储备的货物进行保管和养护的场所。

理货区：简单处理货物的场所，直接分拣配送、待加工、入库储存等。

分拣配货区：进行发货前的分拣、拣选和按订单配货。

办公区：仓管人员办公的场所。

2. 对 Y 厂仓库的规划。

根据案例信息，可将Y企业仓库大体分为存储区、收货出货区、拣货区、不良品隔离区以及仓管人员办公区。

因为Y厂客户对原材料的要求不同，可根据客户的要求设置特定的区域进行分类存放。仓库小部分空间用于半永久性或长期存储，大部分空间则暂时存储货物。仓库一层可以部分设立半永久性存储区存放不经常使用的主料，部分空间用作拣货区，用来存储消耗快、进货频繁的大客户主料。仓库二层设置不良品隔离区，放置检验不合格的原料和产品，并可在最深处设置半永久存储区存放流通量很低的物料。余下的空间作为拣货区，以方便仓管员快递拣货。

在货物堆码设计方面，一层用于存放主料，主料质量重、品种大，可采用直接就地码垛的方式；二层存放辅料，可将Y企业物料直接放置于木质托盘上，托盘上的物料采用重叠堆码方式，增加其高度，利用现代化设备进行装卸搬运，充分利用仓储空间，提高仓库利用率；三层存放成品，可采用货架堆码，保护货物不被挤压，也方便遵循先进先出原则进出货。

案例3 正泰集团的自动化立体仓库

案例概述

正泰集团是中国目前低压电器行业最大销售企业之一，主要设计制造各种低压工业电器、部分中高压电器、电气成套设备、汽车电器、通信电器、仪器仪表等，其产品有150多个系列、5 000多个品种、20 000多种规格。“正泰”商标被国家认定为驰名商标。该公司2002年销售额达80亿元，被国家评定为全国民营企业500强第5位。在全国低压工业电器行业中，正泰在国内建立了三级分销网络体系，经销商有1 000多家，同时建立了原材料、零部件供应网络体系，协作厂家有1 200多家。

正泰集团自动化立体仓库是公司物流系统中的一个重要部分。它在计算机管理系统的指挥下，高效、合理地储存各种型号的低压电器成品，准确、实时、灵活地向各销售部门提供所需产成品，并为物资采购、生产调度、计划制订、产销衔接提供准确信息。同时，它还具有节省用地、减轻劳动强度、提高物流效率、降低储运损耗、减少流动资金积压等功能。

正泰立体库占地面积达1 600平方米（入库小车通道不占用库房面积），高度近18米，有3个巷道（6排货架），作业方式为整盘入库、库外拣选。其基本工作流程如下。

（1）入库流程。仓库二、三、四层两端六个入库区各设一台入库终端，每个巷道口设两个成品入库台。需入库的成品经入库终端操作员输入产品名称、规格型号和数量。控制系统通过人机界面接收入库数据，按照均匀分配、先下后上、下重上轻、就近入库、ABC分类等原则，自动分配货位，并提示入库巷道。搬运工依据提示，将装在标准托盘上的货物由小电瓶车送至该巷道的入库台上，监控机指令堆垛将货盘存放于指定货位。

库存数据入库处理分两种类型：一种是需操作员在产品入库之后，将已入库托盘上的产品名称（或代码）、型号、规格、数量、入库日期、生产单位等信息在入库客户机上通过人机界面而输入；另一种是托盘入库。

（2）出库流程。底层两端为成品出库区，中央控制室和终端各设一台出库终端，在每一个巷道口设 LED 显示屏幕，用于提示本盘货物要送至装配平台的出门号。需出库的成品，经操作人员输入产品名称、规格、型号和数量后，控制系统按照先进先出、就近出库、出库优先等原则，查出满足出库条件且数量相当或略多的货盘，修改相应账目的数据，自动将需出库的各类成品货盘送至各个巷道口的出库台上，经电瓶车将之取出并送至运输车上。同时，出库系统在完成出库作业后，在客户机上形成出库单。

（3）回库空盘处理流程。底层出库后的部分空托盘经人工叠盘后，操作员输入空托盘回库作业命令，搬运工依据提示用电瓶车送至底层某个巷道口，堆垛机自动将空托盘送回立体库二、三、四层的原入口处，再由各车间将空托盘运走，形成一定的周转量。

自动化立体仓库的正常运转离不开相关设施的支撑，正泰集团自动立体化仓库的设施主要有：

（1）托盘。所有货物均采用统一规格的钢制托盘，以提高互换性，降低备用量。此种托盘可用于堆垛机、叉车等设备装卸，又可在输送机上运行。

（2）高层货架。采用特制的组合式货架，该货架结构美观大方，省料实用，易安装施工，属优化的设计结构。

（3）巷道式堆垛机。根据本仓库的特点，堆垛机采用下部支承、上部驱动、双方柱型式结构。该机在高层货架的巷道内按 X、Y、Z 三个坐标方向运行，将位于各巷道口入库台的产品存入指定货格，或将货格内产品运出送到巷道口出库台。该堆垛机动性设计与制造严格按照国家标准进行，并对结构强度和刚性进行精密计算，以保证机构运行平稳、灵活、安全。

正泰集团的计算机管理及监控调度系统不仅可对信息流进行管理，同时也能对物流进行管理和控制，集信息与物流于一体。同时，还对立体库所有出入库作业进行最佳分配及登录控制，并对数据进行统计分析，以便对物流实现宏观调控，最大限度降低库存量及资金的占用，加快资金周转速度。

在日常存取活动中，尤其是库外拣选作业，难免会出现产品存取差错，因而必须定期进行盘库。盘库通过对每种产品的实际清点来核实库存产品数据的准确性，并及时修正库存账目，达到账物统一。

正泰集团凭借高效的供应链、销售链大大降低了物资库存周期，提高了资金的周转速度，减少了物流成本和管理费用。自动化立体仓库作为现代化的物流设施，对提高公司的仓储自动化水平具有重要的作用。

案例思考与评析

一、思考

1. 正泰集团自动化立体仓库的功能有哪些？

2. 正泰集团采用自动化立体仓库以后，如何提高仓储自动化水平？

二、评析

1. 正泰集团自动化立体仓库的功能。

正泰集团自动化立体仓库在计算机管理系统的指挥下，高效、合理地储存各种型号的低压电器成品，准确、实时、灵活地向各销售部门提供所需产成品，并为物资采购、生产调度、计划制订、产销衔接提供准确信息。同时，它还具有节省用地、减轻工人劳动强度、提高物流效率、降低储运损耗、减少流动资金积压等功能。

2. 采用自动化立体仓库后，正泰集团提高自动化水平的方式。

（1）自动化立体仓库管理与控制系统不仅包括对底层自动化设备的控制和管理，还包括针对某一具体自动化仓库的基本数据管理系统，以降低工人的劳动强度，提高物流工作的效率。

（2）自动化立体仓库管理与控制系统是一个比较独立的子系统，可以实现对立体仓库所有出入库作业的最佳分配及登录控制，并对数据进行统计分析，以便对物流进行宏观调控，最大限度地降低库存量及资金的占用，加速资金周转。

（3）自动化仓库管理与控制系统对具体仓库中的材料、货位等基本信息进行管理，优化仓库存储的效率，监控材料的在库情况并控制仓库中的自动化设备，实现仓库中材料的自动出入库和存储操作。

（4）自动化立体仓库可以有效利用空间。分离式仓库高度受结构厂房的限制，一般不能过高。而自动化立体仓库实现了库架合一，其高度较高，能够有效合理地利用空间。

案例4 库存控制方法——有效逼近零库存

案例概述

准确预测和协同供应链是降低库存的核心要素。

零库存，没有资金和仓库占用，是库存管理的理想状态。然而，受不确定供应、不确定需求和生产连续性等诸多因素的制约，企业的库存不可能为零，基于成本和效益最优化的安全库存是企业库存的下限。但是，通过有效的运作和管理，企业可以最大限度地逼近零库存。

一、准确的预测

家电企业美的中流传着一句话：宁可少卖，不多做库存。这句话体现了美的控制库存理念。

不同的生产模式对应不同企业的库存控制方法。戴尔采取按单生产模式，控制原材料和零配件库存是重点。一般情况下，包括正在进行的作业在内，戴尔任何一家工厂的库存量都不超过5个小时的出货量。这种模式，就是准时生产（Just in Time）模式，即以最准时、最经济的生产资料采购和配送满足制造需求。另一种模式是按库存生产，控制合理库存量。

大部分企业兼容了这两种模式，一些引入成本控制的企业由管理库存的部门或销售公司等非最终消费者制订库存量，并以此向生产部门下订单。如，美的的物流事业部和海尔的销售公司承担产品库存成本，下达采购订单；而美的和海尔的制造工厂则按订单制造，承担原材料和零配件的库存成本。它们分开核算库存成本，便于分别控制用于销售和生产制造的库存。如果成品存货超过预订量，那么积压的资金将按一定比例从物流事业部年度盈利额中扣除。这种机制迫使物流事业部不得不尽可能地作准市场预测。于是，往年的历史销售数据、市场的自然增长率、企业本身的发展期望值、竞争对手的销售数据等，都成了预测的重要参数。它们一般先做年度产品计划，再根据产品的不同类型、产品销售的月份、产品市场区域等，分解成中、短期计划，其中，还需考虑销售计划和分销平衡。

从理论上讲，预测周期越短，预测精确度越高。但是计划调整太频繁，均衡生产又难以保证。因此，企业往往通过平衡生产线成本和库存成本，得到最佳预测周期。美的目前最短的预测周期是一周。

虽然美的目前的销售仍然沿袭一级经销商、二级经销商到零售商的渠道，但它的第三方物流公司一般把产品直接运送到指定的二级经销商或零售商处，从而缩短了与市场的距离。物流公司所掌握的市场流量信息的有效性相对较高，为物流事业部的库存预测提供了参考信息。海尔的市场渠道更短，面向零售商的销售公司能够直接获取市场信息，这也有助于订单的获取。

宝洁和它的零售商沃尔玛之间用信息系统架起了直通桥梁。宝洁可以实时跟踪其产品在沃尔玛的库存情况，从而及时制订批量生产计划，为沃尔玛自动补货。这样，一方面减少占用沃尔玛的库存资源，同时也可以节省宝洁的生产资源，降低库存成本。

宝洁与沃尔玛的协同通过沃尔玛的配送中心实现，而其他零售商没有这样的配送体系，因此它们与宝洁的协同还存在一些障碍。目前，普尔斯马特已经开始针对大宗商品建立配送中心。虽然有诸多参数和技术系统的辅助，信息系统中也有装备精良的预测模型，但仍不能全部排除市场的不确定性。到目前为止，没有哪家企业能够做到100%的准确预测，总有10%～20%的库存偏差，如果滞销，则作为库存积压；如果脱销，则不能满足市场。

二、协同供应链

在生产制造阶段，库存的控制很大程度上依赖采购策略。今天，企业倾向于与供应商结成战略伙伴，通过整体成本的下降，实现自身利益的提高。JIT就是在供应链协同的基础上产生的一种降低库存、提高生产效率的方法。

戴尔公司之所以能实现实时生产，就是因为它有一个组织严密的供应商网络。戴尔公司95%的物料来自这个供应网络，其中75%来自30家最大的供应商，另外20%来自规模略小的20家供应商，戴尔公司几乎每天都要与这50家主要供应商分别交互一次或多次。在生产运营中，如果生产线上某一部件因需求量突然大增而原料不足，主管人员会立刻联系供应商，确认对方是否可增加下一次发货的数量。如果问题涉及硬盘之类的通用部件，主管人员会立即与后备供应商协商。如果穷尽了可供选择的所有供应渠道后，仍然没有成功，主管人员就会与公司内部的销售和营销人员磋商，通过他们的“直线订购渠道”与客户联系，争取将客户的需求转向备货充足的部件。所有这些操作，都能在几个小时内完成。

戴尔的成功给人们带来了启示。越来越多的公司朝实时生产系统方向努力，除了一些比较特殊的生产资料，如采购周期长、具有战略意义、货源紧缺，或量大且成本低的原料，大部分原材料或零配件陆续采用及时采购、及时配送。如果企业实力很强，在供应链中居于核心地位，那么供应商就有可能在企业工厂附近自建或租用仓库，并自行管理，保证货品随要随到。这种供应商管理库存，对那些采购周期长的货品尤其有效，目前海尔、美的和本田的制造工厂附近都簇拥着这样的仓库。

一家著名手机制造商斥资100亿元人民币在国内建设核心生产资料供应网。它的最终目的之一是取消中间库存，实现在途库存，从而最大限度降低整个供应网的营运成本、提高产品的市场响应速度。

显然，想要运作这一规模的供应网，信息实时沟通非常重要，而且沟通信息的手段要很便捷。这个供应网中有一个由这家公司控制的虚拟中枢（Hub），这是它与众多供应商直接交互的平台。手机厂商可以从中看到供应商的库存情况和供应能力，并向它们下采购订单。通过这个平台，手机厂商可以操纵整个供应网络。

它首先根据市场需求计划，制订供应网络计划，然后再把整体计划分解到对每个供应商的采购计划，包括长、中、短期计划，其中包括违约赔偿比例等。在日常营运中，它的及时采购和配送已非常精确。例如，按照手机组装的详细排产计划，它要求其中的某一电子器件供应商每隔2小时提供一个批次的货，另外一家供应商每隔3个小时供一次货。这样，在它自己的组装厂里，就可以有条不紊地先组装一部分，等要装另一部分时，所需的原材料刚好到货。另外，对于关键材料，如手机芯片，即使不是自己组装，它也自行订购，并指定交货地点、批次以及交货时间，批次和时间的规定以整个供应体系不间断并且库存不积压为准。在这样无缝衔接的实时生产系统供应网络中，中间库存被省去了。当然，这种不间断无冗余的生产运营体系能够迅速响应市场需求。但是，一旦某一环节出故障，也会波及整个体系。因此，这家手机厂商也利用虚拟中枢保留了一定的安全库存。

有一部分原材料不能实现及时配送，必须按中、长期计划采购。这部分的库存成本也依赖计划的准确程度。另外，这部分库存还和采购提前期、生产提前期有关。这两个提前期越长，存货积压就越多。

无论是生产资料，还是成品，物流配送在一定程度上影响其库存量。如果配送时间长、效率低，那么配备一个长周期的库存量是必然的；如果配送质量不高，中途物品损坏率大，那么作为弥补的安全库存量也比正常状态下大。鉴于此，不少企业把物流配送业务外包给第三方物流公司，实现专业配送。

合理控制库存成本，一般涉及预测、制订需求计划、评审、下生产订单、下采购订单、组织生产和成品的物流配送等一系列环节。显然，一个与优化流程相匹配的信息系统，是准确执行的保证。而相关的基础数据，如详细的业务报表、存货统计、产品结构资料等，则是这些系统正确运行的前提。

案例思考与评析

一、思考

1. JIT的含义及其目标。

2. 结合案例，分析企业降低库存的主要方法。

3. 安全库存计算有哪几种常用方法？

二、评析

1. JIT的含义。

JIT（Just in Time），准时生产，又译实时生产系统，简称JIT系统。其目的是保持物质流和信息流在生产中同步，实现以恰当数量的物料，在恰当的时候进入恰当的地方，生产出恰当质量的产品。这种方法可以减少库存，缩短工时，降低成本，提高生产效率。

JIT 的目标是彻底消除无效劳动和浪费，具体包括以下目标：

（1）质量目标。

废品量最低：JIT 旨在消除各种引起质量不合格的原因，在加工过程要求每一工序都达到最好水平。

（2）生产目标。

①库存量最低：在 JIT 的标准中，库存是生产系统设计不合理、生产过程不协调、生产操作不良的证明。

②搬运量少：零件送进搬运是非增值操作，如果能使零件和装配件运送量减少，搬运次数减少，可以节约装配时间，减少装配中可能出现的问题。

③机器损坏低。

④批量尽量小。

（3）时间目标。

①准备时间最短：准备时间长短与批量选择相关，如果准备时间趋于零，准备成本也趋于零，就有可能采用极小批量。

②生产提前期最短：短的生产提前期与小批量相结合的系统，应变能力强，柔性好，不同目标的实现具有显著的相关性。

2. 企业降低库存的主要方法。

（1）采取按单生产模式。即以最准时、最经济的生产资料采购和配送满足制造需求，控制原材料和零配件库存。

（2）确保预测精确度。缩短销售渠道或利用信息系统实现信息共享，优化预测效果。

（3）企业倾向与供应商结成战略伙伴。实现信息共享，实时传递，从而降低整体成本，提高利益。

（4）营造核心生产资料供应网。取消中间库存，实现在途库存，从而最大限度降低整个供应网的营运成本、提高产品的市场响应速度。

（5）采取专业配送，把物流配送这块业务外包给第三方物流公司。

3. 安全库存计算的几种方法。

（1）平均销售覆盖安全天数。

安全库存（SS）= 平均销售数量×安全天数

这是最古老的计算公式，道理很简单，比如某产品平均每天消耗 10 个，要保证至少 10 天的安全消耗，那么，

安全库存（SS）= 10×10 = 100（个）

这种方法只考虑平均消耗，虽然简单，但并不是完全没有用，对于某些价值很低的物料，在没有任何计算工具可以辅助的情况下，完全可以用这种方法来降低计划员的工作量。

（2）最高平均库存方法。

安全库存（SS）= 单日最大销售数量×最长交货周期（日）－单日平均销售数量×平均交货周期（日），每月按 30 天计算。例如，某公司相关数据如图 4－1 所示。

月份	销售
1月	1620
2月	1184
3月	823
4月	464
5月	264
6月	370
7月	508
8月	238
9月	657
10月	788
11月	1336
12月	2058
最大销售（天）	68.6
平均销售（天）	29

	交期（天）
	20
	18
	10
	16
	16
	17
	18
	19
	19
	20
	16
	16
最大交期	20
平均交期	17

图 4-1　某公司月度销售量与交期数据

安全库存（SS）= 68.6×20−29×17 = 879（个）

可以看出，如果某月销售量暴增或交货延迟太多，会明显影响安全库存的计算。为了计算出更符合实际的情况，需要把一些特殊的需求剔除，或者将销售和交货期限定在一个百分比内，以防止特殊需求影响计算结果。

（3）需求不确定的正态分布。假设需求的变化情况符合正态分布，交期也是固定的数值，可以直接求出提前期需求分布的均值和标准差。

利用下面的公式求出安全库存（SS）：

安全库存（SS）= 服务水平系数×需求量的标准偏差×交货期的平方根

这种情况适用于供应商可靠、交货周期基本固定、没有延期风险的情况，根据图 4-2 的数据，假设需求符合正态分布，交期为 17 天，则

月份	销售
1月	1620
2月	1184
3月	823
4月	464
5月	264
6月	370
7月	508
8月	238
9月	657
10月	788
11月	1336
12月	2058
最大销售（天）	68.6
平均销售（天）	29
Service Rate	90%
Z	1.28
标准方差	576.4334

图 4-2　需求符合正态分布的相关数据

安全库存（SS）= 1.28×576.4×（17/30）= 555（个）

（4）需求确定，交期不确定的正态分布。

安全库存（SS）= 服务水平系数×需求量×交货期的标准编差

沿用上题数据，假设需求稳定为 859 个/月，交期不稳定，各月交期及相关数据如图 4-3 所示，则

安全库存（SS）= 1. 28×859×0. 09=99（个）

	交期（月）	交期（天）
1	0.67	20
2	0.60	18
3	0.33	10
4	0.53	16
5	0.53	16
6	0.57	17
7	0.60	18
8	0.63	19
9	0.63	19
10	0.67	20
11	0.53	16
12	0.53	16
最大交期	0.67	20
平均交期	0.57	17
Service Rate	90%	90%
Z	1.28	1.28
标准方差	0.09	2.71

图 4-3　各月交期及相关数据

（5）需求和交期都不确定，独立交货时间的正态分布。在多数情况下，需求和提前期都是变化的，假设客户需求和提前期都是相互独立的，安全库存公式如下：

安全库存=服务水平系统×$\sqrt{需求量的标准方差^2\times交货期+交货期的方差^2\times需求量}$

仍沿用以上数据，则

安全库存（SS）= 1. 28×$\sqrt{(576^2\times0.57+0.09^2\times859)}$ = 566（个）

（6）需求和交期都不确定，非独立交货时间的正态分布。

安全库存=服务水平系数×需求量的标准方差×交货期的平方根+服务水平系数×平均销售×交货期的标准方差

同样沿用上题数据，则

安全库存（SS）= 555+99=654（个）

案例 5　仓储物流迎变局：社区团购大战如何影响市场？

案例概述

社区团购的核心价值，在于基于集中化订单，重构履约环节，提升整体履约效率。因此，仓储物流环节是社区团购的核心业务模块，直接影响平台、消费者、供应商三方利益。

社区团购通过中心仓—网格仓—团长的三级模式进行履约，各平台模式大同小异，核心差异在于订单密度与精细化管理能力。

目前仓储物流环节仍在持续迭代优化，行业未来可能面临以下变化：

（1）履约集中化带动中心仓需求增长，单仓面积提升，单位面积租金提升；

（2）专业的网格仓服务商出现；

（3）终端履约走向标准化，自提冷柜或是方向之一。

一、社区团购的核心价值

社区团购的核心价值在于提升全链条履约效率，合理控制履约成本是社区团购的关键。此外，仓储物流能力对商品品质、损耗、退货率等指标均有重要影响，直接影响消费者体验与供应商利润，目前退货损失基本由供应商承担。

以兴盛优选为例，其商品均价为10.5元，仓储的平均成本约为0.95元/单。其中履约成本可以拆分为四个部分：仓库内部分拣、装卸和搬运成本，从仓库配送到网格仓、前置分拨仓的成本，网格仓配送到门店的成本，配送和履约过程中的损耗。

二、履约流程详解

三点两段高效仓配

（一）中心仓

中心仓平台是仓储物流配送的起点，供应商的货物直接送达中心仓，中心仓的功能包括收货、存储、生产加工、冷库、分拨、出库。

收货：一种是日进日出的货，另一种是存储型、大批量购进的货，如代供应商存储的货、采集的货。

存储：存储分为两部分，一是大批量采购的货或代供应商存储的货，二是每天发的货，都需要一个随时调拨的存储区。

加工：主要是水果蔬菜的加工，从毛果毛菜变成成品。水果的加工也分两部分，一部分是在常温下操作，一部分是在冷库里操作，冷库基本上分冷藏、冷冻、恒温库三部分。水果加工应按照温度需求，选择不同的区域加工。

出货：与快递类模式类似，对应不同的收货人，可以同时进行配送货物的作业，极大提高配送效率。

（1）中心仓内分品类物流配送时间图谱。中心仓中的产品大致可以分成代管标品、日进日出的标品、冷冻品和需要加工商品四类。每次开团为晚上8点，结团时间为次日晚上8点，不同品类对于进出货的要求存在差异。

代管标品在中心仓内有库存，可以实现随时配送。

日进日出标品和冷冻品在下午5点前运送预估总订单的80%到中心仓。

需加工的水果在下午3点前运送80%至中心仓。

（2）单个订单仓储分拣成本约0.16元。一个10 000平方米的中心仓的业务量约为15件/平方米/天，仓库场地租赁及各项物资准备分别约为300万元、50万元，需配置1名站长、1名客服、10名车队长及95名分拣员，总计人员成本每月约为45万元，同时需配备车辆40台，每台车辆成本为28万元。

综上，一个10 000平方米的中心仓每月可变成本在73.15元左右，平均每单的成本为0.16元。

（3）一个中心仓辐射40～70个网格仓。“中心仓—网格仓”配送多采用大车，车辆以外包第三方为主，晚上11点至凌晨1点，由中心仓运至网格仓。一个中心仓的覆盖范围约200千米，因而从中心仓到网格仓一般需要两小时车程。车辆一般为6.8米或者7.6米的大车，特殊冷藏品需要使用冷链车。

单个中心仓辐射40～70个网格仓，经测算可覆盖6 000～10 500个小区。中心仓承载网格仓数量应根据覆盖半径与出货量综合考虑，一般情况下，中心仓每天接受的出货量约为40万~70万件，单个网格仓每天承载1万件左右的出货量。

（二）网格仓

网格仓是连接平台大仓和线下服务门店的中转站。网格仓一般通过加盟方式运营，在网格仓内负责产品的分拣和进一步运送。单个网格仓面积一般为500~1 000平方米，配有冷库用于短期存储。单个网格仓约覆盖300~500个团，日出货量为0.5万~2万件。

（1）分拣流程详解。网格仓的重要作用就是按照不同的线路/团进行分拣，该过程发生在凌晨3:00—6:00，流程包括商品汇总、沿线拣货、复核装车。

商品汇总：从仓储区将该批次所需货物全部拣出，送到拆零分拣区，逐个放到分拣台上。

沿线拣货：分拣台分拣打包完毕，分拣人员（司机）取货，放入团长筐内。

复核装车：统一进行复核、装箱，把已经复核装箱完毕的团长箱送到发货区装车。

（2）到团效率优于到线。网格仓—团长配送，按具体分拣方式分为到团模式和到线模式，到团效率优于到线。

到团模式：分拣以“团”为基准，基本操作模式是网格仓将货品直接分拣成各个团长所订货物，配送依照区域规划路线将相应货物送达各个团长处。

到线模式：分拣以“SKU”为基准，基本操作模式是网格仓将货品以SKU分类，每一辆运输车仍负责相应数量团长，送达团长处由司机分拣或团长自行提取每种SKU的货物。

（3）投资回报周期约14个月。网格仓启动资金约为50万元，回报周期约14个月，当年投资回报率约32.71%。

仓库场地租赁及各项物资准备分别约为每年18万元、15万元；人员需要配置站长、客服、车队长各1名及10名分拣员，总计人员成本约为每月5万元；网格仓需配置10辆外包车辆运输到团，费用约为每年84万元；网格仓每日订单约1万件，年收入约200万元。

（4）单个网格仓覆盖300个团。“网格站—团长”配送多用外包形式，车辆多采用小型面包车。网格仓到团长的配送一般在早上10点到下午4点，单个网格仓一般能够覆盖300个团、约150个小区。二级仓配所用车辆基本采用外包公司形式，配20辆小面包车或者厢式货车，单车每日订单量为500~750件。

（三）团长：身兼数职

团长是连接客户端与供货商的核心，主要负责建群运营、发起团购、对接自提、处理售后等。

标准程度下，1个小区2个团长，大部分团长兼职多个平台。目前多家平台均需要招募团长以开拓小区，因而出现了小区内多个团长的局面。以美团为例，一个500~1 000户的小区2个团长足够，但是目前有5~10个，初期在一个小区招募多个团长，最终以优胜劣汰的方式留存2个左右。

由于兼职现象较多，大部分团长能够接受的黄金兼职比例大概在3家，目前团长返佣层面竞争并不激烈，各家的返佣水平均为9%~11%。单个团长在单个平台的月收入约为1 500元。

三、竞争力分析

（一）订单密度是决定履约费用率的最重要因素

社区团购在成本方面存在一定的规模效应，其主要体现在配送和仓储两方面。一个成熟的社区团购模型中，仓库内部分拣装卸和搬运成本约占23%，而配送成本占60%～75%。规模效应在单仓模型和配送效率上均有一定的体现。

订单在区域的集中程度对效率的影响较为显著。车辆数目不仅受订单量的影响，还受区域分散程度的影响。如果订单足够密集，就能促进单车效率的显著提升，目前新开拓区域辆的装载率约为30%。

中心仓每日业务量约为15件/天/平方米，平均每单分拣成本为0.16元，如果中心仓每天业务量由12增至18件/天/平方米，每单成本将由0.203 2元降低至0.135 5元，每天业务量每增加一单，单个订单成本降低0.01元左右。

网格仓每日订单正常值约为1万件，回收期约为14个月，投资回报率约为31.27%。乐观预期下，网格仓内每日订单量增加200万至10 200万件，投资回收周期可缩短1个月，当年的投资回报率提升约2%。

（二）模式大同小异，差别在精细化管理能力与经验迭代

（1）各巨头仓配模式大同小异，差别不大。目前多多买菜、美团优选、橙心优选、兴盛优选、十荟团等均为中心仓—网格仓—团长三级仓配，其中，橙心优选部分中心仓通过代运营商进行运营，其他公司以自营居多，十荟团部分网格仓自营，而其他公司以外包居多，但整体模式差别不大。

（2）除订单密度外，精细化管理能力与经验迭代是造成物流效率差异的主要原因。以兴盛优选为例。兴盛优选起家于芙蓉兴盛便利店，而传统零售业本身具备很强的成本管控意识与精细化管理能力；同时，兴盛优选对配送路线进行不断试错与优化，让配送员将线路全部跑熟，同时进行运营经验的持续迭代，其全链条履约费用率显著低于竞争对手。

（三）仓储竞争存在地域差异

将新开拓城市和成熟区的成本结构进行对比，发现成本结构的差异主要是前台毛利的差异以及仓储配送的差异。新开城市前台毛利约比成熟区低约5%，仓储配送比成熟区高约2%。

业内仓库竞争呈现地区差异化，企业应争先取得三线及以下城市仓库以获得下沉优势。仓库的竞争激烈程度因城市而异，目前在仓库资源相对稀缺的城市建立仓库会面临激烈竞争，如南昌等城市先进入者已占有大部分仓库，优质区位的仓库具备一定稀缺性。

案例思考与评析

一、思考

1. 社区团购的核心价值是什么？

2. 如何理解社区团购的仓配模型？

二、评析

1. 社区团购的核心价值。

社区团购的核心价值在于：基于集中化订单重构履约环节，提升全链条履约效率。

2. 社区团购的仓配模型。

社区团购的仓配模型为三点两段，中心仓是供应链枢纽，负责收货、存储、加工和出货；网格仓为线路的中转站，负责收货、到团分拣和出货；团长负责管理订单和消费者收货。目前中心仓主要由社区团购平台自营，网格仓主要由服务商运营，团长主要由社区人员兼职。

案例6　一汽大众的“零库存”

案例概述

“零库存”是现代物流中的管理理念，其实质是在保证供应的前提下，实现库存费用最低的一种管理方式。工业生产和商品流通过程的阶段性目标并不一致，商业企业组织商品流通的目的是保证市场商品供应，而市场波动与供求不协调是正常的经济现象。当出现供不应求现象时，企业一般通过增加库存，保证供应来保持经常性的供求平衡，这实质上是加大了流动资金的占用量。工业生产过程的复杂程度不言而喻，为适应这种复杂生产而造成了大量原材料、配件、在制品、零部件的库存及大量资金占压，成为许多企业的顽疾。

一汽大众汽车有限公司于1991年2月6日正式成立，1997年8月正式通过国家验收。2004年12月7日，一汽大众公司轿车二厂正式建成投产。自成立以为，一汽大众不断成长，创造了我国汽车史上的一个个“第一”，并以先进的造车工艺和良好的用户口碑，成为国内最著名汽车品牌之一。这些成就与它的库存管理紧密相关。

第一，进货的“零库存”处理流程。一汽大众的零部件送货形式有三种：第一种是电子看板，即公司每月把生产信息扫描传送到各供货厂，对方根据这一信息安排生产；供货厂根据一汽的需货信息，然后用自备车辆将零部件送到公司各车间入口处，再从入口处分配到工位上。第二种叫作“准时化”，即公司按整车顺序把配货单传送到供货厂，对方也按顺序装货后直接把零部件送到工位上，从而取消了中间仓库环节。第三种是批量进货，供货厂每月对不影响大局又变化较小的零部件分批量配送1～2次。

第二，在制品的“零库存”管理。在该公司流行着这样一句话“在制品是万恶之源”，用以形容大量库存带来的种种弊端。在生产初期，捷达车的品种比较单一，颜色也只有蓝、白、红三种，公司的生产全靠大量的库存来保证。随着市场需求日益多样化，传统的生产组织方式面临着严峻的挑战。在整车车间，生产线上每辆车的车身上都贴着一张生产指令表，零部件的种类及装配顺序一目了然。计划部门通过网络向各供货厂发送计划，供货厂按照顺序生产、装货，生产线上的工人按顺序组装，一伸手拿到的零部件就是他正在操作的流程所需的，物流管理使原本复杂的生产变成了简单而高效率的程序化、固定化工程。令人称奇的是，整车车间的一条生产线过去仅生产一种车型，其生产现场还拥挤不堪，如今在一条生产线同时组装2～3种车型，不仅做到了及时、准确，而且生产现场比原先节约了近10%。

第三，实现“无纸化办公”。随着物流控制系统的逐步完善，网络由控制实物流、信息流延伸到公司的决策、生产、销售、财务核算等各个领域，使公司的管理步入科学化、透明化。公司已实现“无纸化办公”，各部门之间均通过电子邮件联系。

案例思考与评析

一、思考

1. 一汽大众是如何实现“零库存”的？

2. 如果你作为公司的决策者，那么如何在引进物流信息系统或自行开发物流信息系统间抉择？

二、评析

1. 一汽大众实现“零库存”的方法。

一汽大众为实现“零库存”，采用了三种有针对性的零部件的送货形式：一是电子看板。二是“准时化”。三是批量进货。三种方式各有适用范围，这就实现了因地制宜、因事而异，利用不同方式，共同实现“零库存”的系统目标。

2. 如何在引进物流信息系统或自行开发物流信息系统间抉择？

信息化、网络化是现代企业发展的基本方向，一汽大众建立了与自身情况相适应的物流信息系统。它的物流控制系统没有采用德方系统，而是根据自己企业固有的特点量身打造，不仅成本低廉，更重要的是能够切实满足需要，提升效益，这一点值得打算引进与开发物流信息系统的企业借鉴。

练习与思考题

一、单项选择题

1. 在定期订货法中，既是安全库存水平的决定因素，又是自动确定每次订货批量的基础的指标是（　　）。

A. 订货周期　B. 订货点　C. 最大库存水平　D. 产品需求量

2. 库存控制管理的定量订货法中，关键的决策变量是（　　）。

A. 需求速率　B. 订货提前期　C. 订货周期　D. 订货点和订货量

3. 货品如何处理、如何放置的决定性因素是（　　）。

A. 货位分配原则　B. 储存策略

C. 机械设备的作业能力　D. 仓库的面积

4. 关于仓库流量计算公式，正确的是（　　）。

A. 仓库流量=入库货量/出库货量

B. 仓库流量=出库货量/入库货量+出库货量

C. 仓库流量=（入库货量+出库货量）/存货量

D. 仓库流量=（入库货量+出库货量）/（入库货量+出库货量+存货量）

5. 在定量订货法中，当订购点和订购量确定后，实现库存的自动管理的方法是（　　）。

A. 永续盘点法　B. 间断盘点法　C. 定期盘点法　D. 不定期盘点法

6. 在库存持有成本中反映企业失去盈利能力的指标是（　　）。

A. 存储空间成本　B. 资金占用成本　C. 库存风险成本　D. 库存服务成本

7. 与库存决策最相关的商品价值是（　　）。

A. 商品的成本　B. 商品的销售额　C. 商品的买价　D. 商品的利润

8. 周转率很小、存放时间较长的货品应该采用的货位编码方式是（　　）。

A. 区段方式　B. 货品类别方式　C. 地址式　D. 坐标式

9. 考核进出货人员工作分配及作业速度，以及目前的进出货时间是否合理的仓储绩效指标是（　　）。

A. 站台利用率　B. 人员负担和时间耗用

C. 设施空间利用率　D. 库存周转率

10. 下列选项中，定量控制的优点是（　　）。

A. 能经常掌握库存量动态，及时提出订购，不易出现缺货

B. 订购时间一定，容易编制严密的采购计划

C. 能突出重点物资的管理

D. 能够得到多种物资合并订购的好处

二、多项选择题

1. 物料成本主要是（　　）。

A. 购入成本　B. 订购成本　C. 储存成本　D. 隐性成本

E. 运输成本

2. 商品保管的原则有（　　）。

A. 质量第一　B. 预防为主　C. 科学合理　D. 程序作业

E. 效率原则

3. 库存按作用可分为（　　）。

A. 周转库存　B. 安全库存　C. 调节库存　D. 在制品库存

E. 在途库存

4. 库存控制系统要素包括（　　）。

A. 订货　B. 管理　C. 物流　D. 企业的选地和选产

E. 信息

5. 仓储管理的目标中，除了空间利用率最大化以外，还应包括（　　）。

A. 人员及设备的有效使用　B. 所有货品都能随时存取

C. 货品的有效移动　D. 保证货品的品质

E. 良好的管理

6. 仓储系统的主要构成要素包括（　　）。

A. 储存空间　B. 货品　C. 成本　D. 人员

E. 设备

7. 影响货品在储存空间摆放的因素除了货位单位和货品特性之外，还包括（　　）。

A. 货位策略的决定　B. 货位指派原则的运用

C. 补货的方便性　D. 单位在库时间

E. 订购频率

8. 影响储存空间的主要因素包括（　　）。

A. 作业　B. 使用面积　C. 人员　D. 货品

E. 设备

9. 储存方式一般包括（　　）。

A. 定位储存　　B. 随机储存　　C. 分类储存　　D. 共同储存

E. 分类随机储存

10. 库存持有成本中，变动成本主要包括（　　）。

A. 存储空间成本　　B. 缺货成本　　C. 库存服务成本　　D. 库存风险成本

E. 资金占用成本

11. 在 ABC 分类法中，对库存进行分类时可采用的指标有（　　）。

A. 货币量　　B. 销售量　　C. 销售额　　D. 订购提前期

E. 缺货成本

12. 仓库空间的评价指标包括（　　）。

A. 仓储成本指标　　B. 空间效率指标　　C. 时间指标　　D. 流量指标

E. 作业感觉指标

三、填空题

1. 仓储作业过程主要由________、________、________三个阶段组成。

2. 仓库管理组织的结构形式有________________、直线—职能式组织形式、________________。

3. 按用户对库存的需求特性，可将库存分为________________和________________。

4. 按生产过程可将库存分为________________、________________和________________。

5. ________________是储存管理中常用的分析方法，也是经济工作中的一种基本工作和认识法。

四、判断题

1. 储备是包含库存和储备在内的一种经济现象，是一切社会形态都存在的经济现象。（　　）

2. 仓储管理的目标是实现仓库空间利用与库存货品的处置成本之间的平衡。（　　）

3. 货物湿度指货物的含水量。（　　）

4. 露点用湿度表示。（　　）

5. 库存是处于储存状态的物品，主要是作为今后按预定目的的使用而处于闲置或非生产状态的物料。（　　）

6. 在定期库存控制中，关键在于正确规定检查周期，即订购周期。（　　）

7. 仓储系统中的设备只是指储存设备。（　　）

8. 储存空间指仓库中所有的空间。（　　）

9. 储存货品的空间叫作储存空间，储存是仓库的核心功能和关键环节，储存区域规划合理性直接影响仓库的作业效率和储存能力。（　　）

10. ABC 分类法又称重点管理法或 ABC 分析法，它是一种从名目众多、错综复杂的客观事物或经济现象中，通过分析，找出主次，分类排队，并根据其不同情况分别加以管理的方法。（　　）

五、简答题

1. 简述物资出库作业管理原则。

2. 简述库存控制系统目标。

3. 简述仓储的功能。

4. 商品保管的措施有哪些？

六、计算题

1. 某公司为了降低库存成本，采用订购点法控制某种商品的库存。该商品的年需求量为 1 000 单位，准备或订购成本为每次 10 元，每年每单位商品的持有成本为 0.5 元，试计算该公司每次订购的最佳数量为多少，经济订货周期为多少。

2. 某企业甲材料需用量为 40 000 千克。每次进货费用 300 元，单位储存成本 30 元，单位缺货成本 20 元，在允许缺货情况下的经济进货批量为多少千克？

七、论述题

1. 论述定量控制与定期控制的优缺点和适用范围。

2. 论述仓储作业的过程。

3. 美国机械公司是一家以机械制造为主的企业，该企业一直以满足顾客需求为宗旨。为了保证供货，该公司在美国本土建立了 500 多个仓库。但仓库管理成本一直居高不下，每年大约投入 2 000 万美元。该公司聘请第三方公司做了一项细致调查，报告结果为：以目前情况，如果减少 202 个仓库，会使总仓库管理成本下降 200 万～300 万美元，但是由于可能会造成供货紧张，销售收入会下降 18%。

请问：

（1）如果你是企业总裁，你是否会根据调查公司的结果减少仓库？为什么？

（2）如果不这样做，你又如何决策？

4. 北京某家生产制造企业最近在产品分销中通过引入准时制（JIT）系统，减少了库存，提高了利润率。该企业还引入了一套先进计划与排程系统（APS），实现了更精确的排产，并减少了生产延迟。这套新系统使该企业极大地缩短了计划时间，减少了不可预测需求的库存（这种库存称为“安全库存”），同时避免了生产过程中许多不必要的费用。通过向管理人员提交有关生产延迟的每日报告，使他们更快地采取行动，进一步减少生产延迟。管理人员将有关生产进度预期变化的报告及时公布，以便生产人员和企业能够满足波动的顾客需求。这些改进使该企业能以较低的成本向顾客提供更好的服务，同时让员工有更强烈的参与感、更加清楚公司的运作。目前，该企业的客户群、整体生产率和利润率都有明显好转，员工的旷工情况明显减少。

请回答分析下列问题：

（1）准时制方法为什么能帮助该企业减少库存？

（2）生产计划的编制为什么是提高效率的关键因素？

第五章 包装、流通加工与装卸搬运

学习目标与要求

物流系统由运输、储存、包装、装卸搬运、流通加工、配送和信息七个环节构成，这七大环节相互影响、相互作用，形成一个有机的整体，发挥综合效益、总体优势。前面几个模块已经介绍了运输、储存与配送环节，本模块继续介绍作为提高物流系统效率和服务质量的关键环节——包装、流通加工与装卸搬运。

1. 理解包装、流通加工与装卸搬运的含义及作用。
2. 能对包装、流通加工与装卸搬运进行合理优化。
3. 培养物流从业人员应具备的细节意识。

知识回顾

一、包装的定义

包装涉及的范围很广。现代包装的定义在各个国家不尽相同，但基本意思一致。美国包装协会的定义："包装是为产品的运出和销售的准备行为。"英国标准协会的定义："包装是为货物的运输和销售所做的艺术、科学和技术上的准备工作。"加拿大包装协会则认为："包装是将产品由供应者送到顾客或消费者的过程中，能保持产品处于完好状态的工具。"日本工业标准 JISZ0101 对包装的定义如下："包装是在商品的运输与保管过程中，为保护其价值及状态，以适当的材料、容器等对商品所施的技术处理，或施加技术处理后保持下来的状态。"中国国家标准《包装术语第 1 部分：基础》（GB/T 4122. 1—2008）中，对包装的定义如下："为在流通过程中保护产品，方便运输，促进销售，按一定技术方法而采用的容器、材料及辅助物等的总体名称。也指为了达到上述目的而采用容器、材料和辅助物的过程中施加一定方法等的操作活动。"

综上，包装是包装物及包装操作的总称。

二、包装的种类

（1）按形态可分为内包装和外包装。内包装在流通过程中主要起保护商品、方便使用、促进销售的作用；外包装在商品流通过程中起保护商品、方便运输、装卸和保管的作用。

（2）按功能可分为工业包装和商业包装。工业包装是以保护运输和保管物品为主要目的的包装，也称运输包装，相当于外包装；商业包装是以促进商品销售为目的的包装，其本身构成商品的一部分，也称零售包装或消费包装。而近年来工业包装和商业包装有相互接近的倾向。为实现物流合理化，工业包装采用与商业包装同样的创意，同时具有商业包装的功能。

（3）按包装方法可分为防湿包装、防锈包装、缓冲包装、收缩包装、真空包装等。

（4）按包装材料可分为纸箱包装、木箱包装、纸袋包装、玻璃瓶包装、塑料袋包装（软包装）等。

（5）按包装商品种类可分为食品包装、药品包装、蔬菜包装、机械包装、危险品包装等。

（6）按流通阶段可分为生产者包装、集货地包装、店铺包装等。

三、包装的操作技法

商品包装既包括技术处理，又包括充填、封口、捆扎、裹合、加标、检重等技术活动。包装技法是在包装作业时采用的技术和方法。

1. 包装的一般技法

（1）对内装物的合理置放、固定和加固。在方形容器中装进形状各异的产品时，须合理置放、固定和加固，实现压缩体积、节省材料、减少损失。外形规则的产品包装要套装，薄弱的部件要加固，包装内重量要均衡，产品与产品间要隔离和固定。

（2）对松泡产品进行体积压缩。对羽绒服、枕芯等松泡产品，要压缩体积，有效方法是采用真空包装。

（3）外包装形状尺寸的合理选择。有的商品运输时要装入集装箱，因此包装件与集装箱之间的尺寸要配合。外包装形状尺寸要避免过高、过大、过扁、过重。

（4）内包装（盒）形状尺寸的合理选择。内包装一般是销售包装，在选择形状尺寸时要与外包装（尺寸）配合。

（5）包装外的捆扎。捆扎对运输包装起着重要作用，其目的是将单个物件或数个物件捆紧，以便运输、储存和装卸。捆扎可根据包装形态、运输方式、容器强度、内装物重量等不同情况分别采用井字、十字、双十字、平行捆扎等不同方法。

2. 包装的特殊技法

（1）缓冲包装技法：又称防震包装技法，能使包装物品免受外界冲击力、振动力影响，防止物品损伤。典型的缓冲包装结构有五层：产品（包括内衬）、内包装盒（箱）内的缓冲衬垫、包装盒（箱）、外包装内的缓冲衬垫、外包装箱。普通包装一般有三层：产品（内衬）、包装箱内缓冲衬垫、包装箱。

（2）防潮包装技法：采用防潮材料对产品进行包装，以隔绝外部空气相对湿度对产品的影响，使包装内的相对湿度符合产品要求，从而保护产品。主要的包装技法是：刚性容器密封、加干燥剂密封、不加干燥剂密封、多层密封、复合薄膜真空包装、复合薄膜充气包装和热收缩薄膜包装。

（3）防锈包装技法：是运输金属及其制品时为防止生锈而采用的包装技术和方法。它是按清洗、干燥、防锈处理和包装等步骤进行的，一般有在金属表面涂防锈材料、采用气相蚀剂、塑料封存等方法。

（4）防霉包装技法：在流通与储存过程中，为防止内装物受霉菌影响而采取的防护措施，如内装物进行防潮包装，降低包装容器的相对湿度，对内装物和包装材料进行防霉处理。

（5）防虫包装技法：为保护内装物免受虫类侵害而采取的防护措施，如在包装材料中掺入杀虫剂，在包装容器中使用驱虫剂、杀虫剂、脱氧剂，增强防虫效果。

（6）危险品包装技法：危险品包括爆炸性物品、氧化剂、压缩空气、液化气体、自燃物品、遇水燃烧物品、易燃物品、毒害品、腐蚀性物品、放射性物品10类。有些物品同时具有两种及以上危险性。对于危险物品，应根据其不同性质采取相应包装技法，如防爆可用塑料桶包装，然后将塑料桶装入铁桶或木桶中，并应有自动放气装置；对于有腐蚀性的物品应采用涂有防腐涂料的金属类容器；对有毒物品主要采取包装严密不透气，并与外隔绝的包装。

（7）集合包装技法：将一定数量的包装件或包装产品，装入具有一定规格、强度和长期周转使用的更大包装容器内，形成一个合适的搬运单元。它包括集装箱、集装托盘、集装袋、滑片集装、框架集装和无托盘集装。

四、流通加工的定义

流通加工是某些原料或产成品从供应领域向生产领域，或从生产领域向消费领域流动过程中，为了有效利用资源、方便用户、提高物流效率和促进销售，在流通领域对产品进行的初级或简单再加工。简而言之，在流通过程中的辅助性的加工活动称为流通加工。

流通与加工的概念本属于不同范畴，加工是改变物质的形状或性质，而流通是改变物质的空间与时间状态。流通加工是为了弥补生产过程加工不足，更有效地满足用户或企业的需要，使产需双方更好衔接，将这些加工活动放在物流过程中完成，而成为物流的一个组成部分。流通加工是生产加工在流通领域中的延伸，也是流通领域为了更好地服务，在职能方面的扩大。

五、流通加工的作用

1. 提高原材料利用率

利用流通加工环节进行集中下料，将生产厂直接运来的简单规格产品，按使用部门的要求进行下料。例如，将钢板进行剪板、切裁，将钢筋或圆钢裁制成毛坯，将木材加工成各种长度及大小的板、方等。集中下料可以优材优用、小材大用、合理套裁，能取得很好的技术经济效果。

2. 进行初级加工，方便用户

用量小或临时需要的使用单位，缺乏进行高效率初级加工的能力，依靠流通加工可使使用单位省去初级加工的投资、设备及人力成本，方便用户。

3. 提高加工效率及设备利用率

由于建立集中加工点，可以采用效率高、技术先进、加工量大的专门机具和设备。这样做有以下好处，一是提高加工质量，二是提高设备利用率，三是提高加工效率，其目的是降低加工费用及原材料成本。

4. 充分发挥各种运输手段的效率

流通加工环节将实物的流通分成两个阶段。由于流通加工环节设置在消费地，因此，从生产厂到流通加工这一阶段输送距离长，而从流通加工到消费环节的第二阶段距离短。第一阶段是在数量有限的生产厂与流通加工点之间进行定点、直达、大批量的远距离输送，因此可以采用船舶、火车等大批量的运输手段；第二阶段则是利用汽车和其他小型车辆运送经过流通加工后的多规格、小批量、多用户的产品。这样可以充分发挥各种运输手段的最高利用效率，加快输送速度、节省运力运费。

5. 改变功能，提高收益

在流通过程中进行一些改变产品某些功能的简单加工，还能提高产品销售的经济效益。

在物流领域中，流通加工可以称为高附加价值活动。这种高附加价值的形成，主要在于满足用户的个性化需要，提高服务功能，是贯彻物流战略思想的表现，是一种低投入、高产出的加工形式。

六、装卸搬运的概念

在同一地域范围内（如车站、工厂、仓库内部等）以改变“物”的存放、支承状态的活动称为装卸，以改变“物”的空间位置的活动称为搬运。

搬运是物体横向或斜向的移动，装卸指上下方向的移动。广义的装卸包括了搬运活动。在特定场合下，单称“装卸”或单称“搬运”也包含了“装卸搬运”的完整含义。

搬运的“运”与运输的“运”区别在于物体的活动范围不同，运输活动是在物流节点间进行，而搬运则是在物流节点内进行，而且是短距离的移动。

七、装卸与搬运在物流中的作用

1. 装卸搬运是影响物流效率的重要环节

装卸搬运是随运输和保管产生的必要物流活动，是衔接运输、保管、包装、流通加工等物流活动的中间环节，以及在保管途中为进行检验、维护、保养所进行的移动。装卸搬运活动在物流作业中频繁发生，因而搬运活动所耗费的时间是影响物流效率的重要因素。

2. 装卸搬运是影响物流成本的主要因素

随着工业生产规模的扩大和自动化水平的提高，物料搬运费用在工业生产成本中所占比例越来越大。装卸搬运活动需要较大的人力投入，所以装卸搬运费用在物流成本中所占的比重也较高。

3. 装卸搬运是连接其他物流主要环节的桥梁

装卸搬运作为物流系统的构成要素，是为运输和保管而进行的作业，具有衔接物流主要环节的作用。

案例与评析

案例1 日本包装减量化的典型案例

案例概述

2008 年，上海市包装协会接待了日本包协“包装与环保”代表团，双方就包装、包装废弃物及环境等问题展开了交流，特别就当今困扰社会经济生活发展的问题进行了深层次的探讨。日本专家向上海同行介绍了他们在产品包装减量化的先进经验，有不少案例值得我们借鉴学习。

他山之石，可以攻玉，以下是几个典型的日本企业包装减量化的案例。

一、索尼公司电子产品的新包装

索尼公司通过四原则改进公司的产品包装。索尼公司不但遵循“减量化、再使用、再循环”的原则，而且在“替代使用”上想办法，对产品包装进行改进。1998 年该公司对大型号的电视机泡沫塑料材料（EPS）缓冲包装材料进行改进，采用八块小的 EPS 材料分割式包装来缓冲防震，减少了 40% 的 EPS 用量；有的产品前面使用 EPS 材料，后面使用瓦楞纸板材料，并在外包装采用特殊形状的瓦楞纸板箱，以节约资源；对小型号的电视机采用纸浆模塑材料替代原来的 EPS 材料。

二、大日本印刷株式会社的新型包装

大日本印刷株式会社产品包装贯彻环境保护的四原则，即包装材料减量化、使用后包装体积减小、再循环使用、减轻环境污染。（1）包装材料减量化原则：采用减小容器厚度、薄膜化、削减层数、变更包装材料等方法；（2）使用后包装体积减小原则：采用箱体凹槽、纸板箱表面压痕、变更包装材料等方法；（3）再循环使用原则：采用易分离的纸容器，纸盒里放塑料薄，使用完毕后，纸、塑分离，减少废弃物，方便处理；（4）减轻环境污染原则：在包装产品的材料、工艺等方面进行改进，减少生产过程中二氧化碳的排放量，保护环境。

三、东洋制罐株式会社的包装产品

由东洋制罐开发的塑胶金属复合罐 TULC，以 PET 塑料及铁皮合成二片罐，主要使用对象是饮料罐。这种复合罐既节约材料又易于循环使用，在制作过程中能耗低，属于环境友好型产品。东洋制罐还研发生产一种超轻级的玻璃瓶，用这种材料包装的 187 毫升的牛奶瓶厚度只有 1.63 毫米，重 89 克，普通牛奶瓶厚度为 2.26 毫米，重 130 克，比普通瓶轻 40%，可反复使用 40 次以上。该公司还生产不含木纤维的纸杯和可生物降解的纸塑杯子。东洋制罐为了使塑料包装桶、瓶在使用后方便处理，缩小体积，便在塑料桶上设计几根环形折痕，废弃时方便折叠缩小体积，这类塑料桶（瓶）可包装 500 毫升到 10 升的不同规格产品。

从以上几家日本公司包装产品的实际案例，我们可以看到日本在包装减量化方面做了大量富有成效的研究、开发。我国的包装工业高速发展，可借鉴日本企业的相关经验进行改进。

一是许多企业未摆脱高投入、高消耗、高污染和低产出的粗放型经营模式，部分商品存在包装过度的现象。

二是包装物回收率低，除部分（如 PET 瓶和饮料罐）回收利用情况较好外，其他类型包装物的回收利用率相对较低。

三是资源浪费严重，大量废弃包装物除增加了城市生活垃圾处理的负担外，还浪费了大量的资源。

四是我国现有的包装物回收渠道比较混乱，原有的以单一政府行为为依托的回收系统和渠道不畅通，以市场为依托的回收网络尚未建立。

五是包装物再生利用技术落后，资源的再生利用率低，而且存在较为严重的二次污染。

这些问题不仅与国家提出的建设资源节约型、环境友好型社会的要求不符，而且制约着包装业的发展。我们必须在整个包装行业大力推进可持续发展的绿色包装，产品包装的设计、制造、使用和处理均应符合低消耗、减量、少污染等生态环境保护的要求。在满足保护、方便、销售等功能的条件下，应采取用量最少的适度包装，包装材料须无毒无害，应易于重复利用，其废弃物易于回收再生。材料的变化也要求在加工工艺、加工机械、容器制造、包装设计、装潢印刷等各个环节采取相应措施，从而促进整个包装行业的观念大变革和技术大革命。

案例思考与评析

一、思考

1. 案例中所讲到的日本三大公司是如何进行包装减量化的？

2. 针对我国包装行业存在的问题提出意见和建议。

二、评析

1. 日本三大公司进行包装减量化。

索尼公司基于“减重化，再使用，再循环”的原则改进公司的产品包装。例如，对大型号的电视机的泡沫塑料材料（EPS）缓冲包装材料进行改进，以节约资源；对小型号的电视机采用纸浆模塑材料替代原来的 EPS 材料。

大日本印刷株式会社产品包装贯彻环境保护的四原则，即包装材料减量化、使用后包装体积减小、再循环使用、减轻环境污染的原则，新型包装的选用都围绕这四大原则进行。

东洋制罐株式会社使用的塑胶金属复合罐既节约材料又易于循环使用，且在制作过程中低能耗、低消耗，属于环境友好型产品。

2. 我国包装行业存在的问题与解决措施。

我国包装存在着消费高、污染高、浪费严重、回收利用率低、包装物再生利用技术落后等现象。

我们必须在整个包装行业大力推进可持续发展战略的绿色包装，产品包装的设计、制造、使用和处理均应符合低消耗、减量、少污染等生态环境保护的要求。由一次性包装向反复使用的周转包装转化。在满足保护、方便、销售等功能的条件下，应采取用量最少的适度包装，包装材料应无毒无害，易于重复利用，或其废弃物易于回收再生。

广泛采用先进包装技术。包装技术的改进是实现包装合理化的关键，推广诸如缓冲包装、防锈包装、防混包装等包装方法，使用不同的包装技法，以适应不同商品的包装、装卸、储存、运输要求。

案例2 美军军用包装的发展模式

案例概述

研究美军后勤包装的发展历程，借鉴其发展过程中的有益之处，对于促进我军军品包装和普通民用商品包装的发展，完善我国军、民品的包装体系，具有重要作用。

1. 美军的包装管理体制

“二战”期间，针对物资供应中不断出现的包装问题，在当时陆军部运输局局长格罗斯将军的倡议下，成立了专门的包装机构。1943 年 2 月 15 日，供应勤务采购与分发处成立了包装科，该机构主要通过制定包装规范来处理包装问题，该机构的成立标志着美军军用包装的正式诞生，陆军和海军都充分利用这一大好机会发展军用包装。

随着对包装标志重要性认识的逐渐提高，美国陆军部于 1942 年夏天成立了编码标志政策委员会。该委员会的成立，对结束当时混乱的包装标志状态、提高运输效率起到了重要作用。“二战”结束时，陆军和海军成立了各自的包装管理机构处理包装中的问题，并成立了陆海军联合包装局处理两个部门之间带有共性的包装问题。“二战”以后，美军成立了包装联合协调小组（JTCG/PKG）。经过半个世纪的发展，美军已经形成一套独特的、日趋完善的包装管理体制。现在美军已经形成了四级包装管理体制，最高一级由主管军事设施和后勤的副助理国防部长负责，他指定专人负责包装工作，决定有关包装的政策和指令。第二级由陆军器材司令部负责，执行副助理国防部长的指示，具体承办包装组织计划工作。第三级由该司令部所属的“包装、储存与集装箱化中心”负责，它是美军物资包装的中心机构，作为具体实施包装管理的单位，它的主要职能包括：①在包装、储存、运输、装卸和集装箱化等方面制定政策、程序与标准，并向陆军器材部领导机关提出合理化建议；②在物资包装与储存方面，拟制国防部指示与条例、三军通用条例与联合后勤司令部条例，并提出相关建议；③确保所提出的包装要求满足用户需要，适用于陆军物资采购业务；④进行陆军实用的新包装、新材料与新包装工艺的评定试验；⑤进行材料、储存方法和物资搬运方法与装备的评定试验；⑥完成价值工程研究，确保陆军器材部所属各二级部所提出的包装方法达到节约成本的最佳效益。第四级由分布在各地的有关机构负责，是以军事仓库为主的负责包装工作的管理部。

2. 军用包装标准化

美军是发展军用包装标准较早的国家之一，从美军军用包装诞生的那一天起，美军军用包装标准也就诞生了。1945 年，美国陆海军联合包装局成立，该局成立后制定了一系列通用包装规范，其中包括著名的 JAN-P-108。“二战”结束时，该局已经制定了大约 36 个包装通用规范。从 20 世纪 40 年代末到 50 年代初，美军在各个领域制定了一系列包装规范和标准。1952 年，海军航空器材供应处制定了军用标准 MIL-P-116，该标准将储存方法分为三大类共 21 个子类，满足各军兵种积极发展武器系统、需要相应包装标准的要求。由于美军对包装标准或规范的制定没有统一的计划和协调，各军兵种独立发展自己的包装规范，于是这导致了大量规范和标准的重复制定，标准体系比较混乱。针对这一情况，美军通过运用一整套标准体系来组织指挥产品的生产和研制，并有效控制了招标与投标的竞争过程。整个标准体系贯穿了军用装备包装的研制、审查、订购、装卸、储存使用和管理等各个环节，使整个包装工作有法可依，增强了包装的可操作性和通用性，方便了军方、订购方和承制方。

3. 军用包装的人才培训

美军在“二战”时就提出“要有一批完全合格的人才来从事包装工作”。美军除了利用军用包装学校来培训人员之外，还充分利用地方包装院校落实包装教育，培养人才资源，为部队提供人员培训和联合进行包装科研活动。美国地方的包装教育比较正规，在大学中设有包装系，开设有关包装原料、包装设计、包装机械、包装试验等的十多门课程，另外还为军队系统开办先进包装系统、高级包装材料等课程和讲座。通过与地方包装院校的联合，美军弥补了军用包装培训的缺失，使自己的包装人员始终具有较高的素质，掌握较先进的包装技术。

4. 建立健全军用包装科研和检测机构

由于军用装备的包装不同于一般的商业包装，军用装备的运输和储存环境通常较为恶劣和不可确定，军用包装的设计和检测同普通商用包装的设计和检测有很大的差异。建立军用包装科研和检测机构是军用包装工作的重要组成部分。

5. 在军用包装工作中实行质量保证

产品的包装不但要保证能够满足内装物的要求，还要尽量降低成本，不造成过度包装，这就必须从产品的订购环节开始对产品的包装设计和包装质量进行监督和检测。美军把产品包装的质量保证和合同管理紧密联系在一起，在一定程度上解决了这一问题。美军现行的质量保证体制规定：①承包商应对其所提供的产品质量和服务负责，政府有权终止或者返还不合格的产品；②国防部所属部门应保证所设计、研制、生产、购买、储存的物资符合规定的要求。为了实现上述目标，美军由专门的质量保证代表对物资进行检查和测试，以确定其是否符合要求。

案例思考与评析

一、思考

美国军用包装如何提升其竞争力？

二、评析

（1）完善美国军用包装的管理体制，形成四级包装管理体制。

（2）制定美国军用包装的标准，运用一整套标准体系组织研发和生产，并有效控制招标与投标的竞争过程。

（3）开展美国军用包装人才培训，除了利用军用包装学校来培训人员之外，还充分利用地方包装院校提供包装教育。

（4）建立健全军用包装科研和检测机构，使之成为军用包装工作的重要组成部分。

（5）提升军用包装质量，把产品包装的质量保证和合同管理紧密联系在一起，从一定程度上降低包装成本，减少过度包装的问题。

案例3 上海联华生鲜食品的加工配送

案例概述

联华生鲜食品加工配送中心是我国国内目前设备先进、规模巨大的生鲜食品加工配送中心之一，总投资6 000万元，建筑面积35 000平方米。年生产能力2万吨，其中肉制品15万吨，生鲜盆菜、调理半成品3 000吨，西式熟食制品2 000吨，产品分为15大类约1 200种生鲜食品。在生产加工的同时，配送中心还从事水果、冷冻品以及南北货的配送任务。

生鲜商品按其包装属性分为定量商品、称重商品和散装商品；按物流类型分为储存型、中转型、加工型和直送型；按储存运输属性分为常温品、低温品和冷冻品；按商品的用途分为原料、辅料、半成品、产成品和通用商品。生鲜商品大部分需要冷藏，所以其物流流转周期必须很短，以节约成本；生鲜商品保值期很短，客户对其色泽等要求很高，所以在物流过程中需要快速流转。评判物流系统质量的标准主要有两点，即物流服务水平和物流成本，这两个评判标准体现在生鲜配送中心就是“快”和“准确”。

生鲜食品不同于普通的工业品，大多数生鲜食品在常温下难以储藏，不易保持原有的新鲜度和品质，短期放置后极易丧失营养和食用价值。据估计，仅生鲜蔬菜从采摘后到消费之前发生的质和量的损失，在发达国家就达5%～25%，在发展中国家达20%～50%。在我国，生鲜蔬菜采后的损失率高达40%～50%。生鲜食品的鲜活性和易腐烂的特点，使生鲜食品质量问题的解决不能仅仅依靠生产，更需要管控好流通，其物理特性成为制约整个流通过程的关键因素。

下面从不同方面说明联华生鲜配送中心如何保证生鲜食品的品质。

1. 订单管理

门店的要货订单通过联华数据通信平台，实时传输到生鲜配送中心。生鲜配送中心接到门店的要货数据后，立即在系统中生成门店要货订单，并可对订单进行综合查询，在生成订单后按到货日期进行汇总处理。系统将按不同的商品物流类型进行处理。

（1）储存型商品。系统计算当前的有效库存，比对门店的要货需求、日均配货量以及相应的供应商送货周期，自动生成各储存型商品的建议补货订单。采购人员根据实际情况对订单进行一些修改，即可形成正式的供应商订单。

（2）中转型商品。此种商品没有库存，系统根据门店的需求汇总，按到货日期直接生成供应商订单。

（3）直送型商品。根据到货日期，分配供应商，直接生成供应商直送订单，并通过EDI系统直接发送给供应商。

（4）加工型商品。系统按日期汇总门店要货订单，根据备产成品/半成品的物料清单计算物料耗用。比对当前有效的库存，系统生成加工原料的建议订单，生产计划员根据实际进行调整，发送采购部生成供应商原料订单。

各种不同的订单生成或手工创建后，通过系统中的供应商服务系统在10分钟内自动发送至各供应商。供应商收到订单后，立即组织货源，安排生产及物流计划。

2. 物流计划

收到门店的订单并汇总后，物流计划部根据第二天的收货、配送和生产任务制订物流计划，包括人员安排、车辆安排、线路计划、批次计划、生产计划、配货计划等。联华重点关注以下几个方面。

（1）线路计划。根据各线路上门店的订货数量和品种进行线路的调整，保证运输效率。

（2）批次计划。根据送货总量和车辆人员情况设定加工和配送批次，实现资源的循环使用，提高效率；在批次计划中，将线路分别分配到各批次中。

（3）生产计划。根据批次计划制订生产计划，将量大的商品分批投料加工，并设定各线路的加工顺序，保证配送运输协调。

（4）配货计划。根据批次计划，结合场地及物流设备的情况进行配货安排。物流计划设定完成后，各部门按物流计划安排人员、设备等，所有的业务运作都按该计划执行。在产生特殊需求时，系统安排新的物流计划。新计划和老计划并行执行，互不影响。

3. 储存型物流运作

商品进货时先要接受订单品种和数量的预检，预检通过方可验货。验货时需进行品质检验，终端系统检验商品条码和记录数量。在商品进货数量上，定量商品的进货数量不允许大于订单的数量，不定量商品有一个超值范围。对于需要以重量计量的进货商品，系统和电子秤系统连接，自动去皮取值。

拣货采用播种方式，汇总单记录从各个仓位取货的数量作为本批配货的总量。取货完成后，系统预扣库存，被取商品从仓库拉到待发区。在待发区，配货分配人员根据各路线、各门店配货数量对各门店进行播种配货，并检查总量是否正确，如不正确需进行校核。如果因商品的数量不足或其他原因造成门店的实配量小于应配量，配货人员通过手持终端调整实发数量，配货检验无误后使用手持终端确认配货数据。在配货时，冷藏和常温商品需分置在不同的待发区。

4. 中转型物流运作

供应商送货同储存型物流一样，先预检，预检通过后方可进行验货配货；供应商把中转商品卸到中转配货区，中转商品配货员使用中转配货系统按商品“先路线再门店”的顺序分配商品，数量根据系统配货指令执行，贴物流标签。配完的商品采用播种的方式被放到指定的路线门店位置，配货完成后统计单个商品的总数量/总重量，根据配货的总数量生成送货单。中转商品以发定进，没有库存，多余的部分由供应商带回，如果不足在门店间进行调剂。三种不同类型中转商品的物流处理方式。

（1）不定量需称重的商品先设定包装物皮重，再由供应商进行单件商品称重；配货人员负责系统分配及执行其他控制性的操作，然后在每箱商品上贴物流标签。

（2）定量的大件商品。设定门店配货的总件数，汇总打印一张标签，贴于其中一件商品上。

（3）需冷藏的定量小件商品。在供应商送货之前先进行虚拟配货，将标签贴于周转箱上。供应商送货时，按标签数量装入相应的商品。如果发生缺货，将未配到的门店（标签）作废。

5. 加工型物流运作

生鲜的加工按原料和成品的对应关系可分为两种类型：组合和分割。这两种类型在BOM设置、原料计算以及成本核算方面都存在很大的差异。在BOM中，为每个产品设定“唯一”的加工车间，产品分为最终产品、半成品和配送产品；商品的包装分为定量和不定量的加工；对于称重的产品/半成品需要设定加工产品的换算率，即单位产品的标准重量；原料分为最终原料和中间原料，设定各原料相对于单位成品的耗用量。

生产计划/任务中需要对多级产品链计算嵌套的生产计划/任务，并生成各种包装生产设备的加工指令。对于生产管理，在计划完成后，系统按计划内容生成标准领料清单，指导生产人员从仓库领取原料以及生产时的投料。在生产计划中考虑产品链中前道与后道工序的衔接，将各种加工指令、商品资料、门店资料、成分资料等下发到各生产自动化设备。

加工车间人员根据加工批次协调不同商品间的加工关系，满足配送要求。产品入箱后贴外箱物流标签，由流水线输送到成品待发区，待发区将产品按路线和门店放入笼车。在加工过程中，记录车间之间原料成品转移、投料的计量，计量数据通过车间的电子秤联网系统自动记录并返回到业务系统中。加工的包装机械自动实现商品的检货分检，业务系统从包装系统中采集加工结果，并对结果进行处理与核对，最终形成各门店的实配数据。在加工完成后，对原料和成品的耗用进行试算平衡，检查异常。各商品成本核算使用耗用原料的成本，全额分摊到产成品/半成品中，计算完工产品的成本，同时按照标准的 BOM 表和实际的加工情况计算损耗率，并形成投料对照表。

6. 配送运作

按正常的配送计划，商品在晚上送到各门店，门店第二天早上将新鲜的商品上架。装车时，按计划依路线、门店顺序进行，同时抽样检查准确性。在货物装车的同时，系统自动算出包装物，即笼车、周转箱的各门店使用清单，装货人员也据此核对差异。在发车之前，系统根据各车的配载情况生成各运输车辆的随车商品清单、各门店的交接签收单和发货单。

商品到门店后，由于数量高度准确，在门店验货时只要清点总的包装数量，退回上次配送的包装物，完成交接手续即可。一般单个门店的配送商品交接只需 5 分钟。

案例思考与评析

一、思考

1. 谈谈生鲜食品的物流特性以及物流要求。

2. 结合案例，谈谈流通加工在生鲜食品物流中的重要性。

二、评析

1. 生鲜食品的物流特性以及物流要求。

生鲜食品不同于其他消费品，它含水量高，保鲜期短，易腐败变质，因此对物流提出了更高的时效性要求；作为食品，它有安全性要求；而消费者口味的多变性，又产生了品种多样性的要求，这些特性决定了生鲜食品物流的基本特征与要求：

（1）保证生鲜食品以最短的时间、最少的流通环节进入消费环节；

（2）保证生鲜食品在流通中实现品质的稳定或提升；

（3）保证向消费者提供新鲜、安全的多样性生鲜食品。

2. 流通加工在生鲜食品物流中的重要性。

生鲜食品不同于普通的工业品，大多数生鲜食品在常温下难以储藏，不易保持原有的新鲜度和品质，极易丧失营养和食用价值。生鲜食品以上特点，使其品质的保证不能仅仅靠生产，更要做好流通，其物流成为制约整个流通过程的关键因素。

案例4　云南双鹤药业的仓储合理化改造

案例概述

一、云南双鹤药业概况和发展前景

云南双鹤医药有限公司是北京双鹤这艘医药“航母”部署在西南战区的一艘“战舰”，是一个以市场为核心、以现代医药科技为先导、以金融支持为框架的新型公司，是西南地区经营药品品种较多、较全的专业医药公司。公司成立以来，效益一直稳居云南省同行业前列，有1个制药厂、9个医药经营分公司、30个医药零售连锁药店。它有着庞大的销售网络，该网络以昆明为中心，辐射整个云南省乃至全国，包括医疗单位网络、商业调拨网络和零售连锁网络。

中国加入WTO后，根据世贸组织的原则，国家必须减让关税，取消或减少非关税壁垒，这样，大量的医药产品涌入中国市场，给中国的医药品造成巨大冲击。在这过程中，受国家关税保护的医药品不得不降低价格以适应市场竞争，因此，公司必须在产品的开发、技术的创新以及管理上加大力度，降低成本，从而提升产品的竞争力，融入国际医药品市场。

二、云南双鹤药业企业物流管理中面临的主要问题

目前，云南双鹤虽已形成规模化的产品生产和网络化的市场销售，但其流通过程中物流管理严重滞后，造成物流成本居高不下，不能形成价格优势，这严重阻碍了物流服务的开拓与发展，成为制约公司业务发展的“瓶颈”，主要表现在：①装卸搬运费用过高；②储存费用过高；③运输费用没有得到有效控制；④物流管理系统不完备；⑤人力资源及时间浪费大。

综上所述，物流成本控制主要是运输和储存费用的控制。在运输中可以加强运输的经济核算，选择合理运输路线，有效调配运输车辆和人员，严格监控运输中的差错事故，从而降低运输费用。

三、云南双鹤药业仓储系统的合理化改造

企业现有仓储系统的现状：①仓库的现代化程度低，设备陈旧落后；②仓库的布局不合理；③库存成本过大；④仓库管理信息系统不完备，其信息化和网络化的程度低；⑤员工素质参差不齐。

针对以上问题，云南双鹤药业可从以下几个方面对企业仓储系统进行改造。

（1）重视对原有仓库的技术改造，加快实现仓储现代化。目前医药行业的仓库类型主要分为生产物流中的制药原料，成品库和销售物流中的战略仓库，大多数企业倾向于采用高位货架、窄通道高位驾驶、三向堆垛叉车的立体仓库模式，如西安杨森、通化东宝、奇化顿制药、中美史克等。在此基础上，根据实际需要，引进国外先进的仓储管理经验和现代物流技术，有效地提高仓库的储存、配送效率和服务质量。

（2）完善仓库功能，逐步实现仓库的社会化。加快实现仓库功能多元化是市场经济发

展的客观要求，也是仓库增加服务功能，提高服务水平，增强竞争力，实现仓库社会化的重要途径。在市场经济条件下，仓库不仅仅是存储商品的场所，更要承担商品分类、挑选、整理、加工、包装、代理销售等职能，还应成为集商流、物流、信息流于一身的商品配送中心、流通中心。美国、日本等发达国家，基本上把传统的仓库改成商品的流通加工配送中心。基于云南双鹤目前规模及发展目标，企业应实现从现有仓库向共同配送的库存型配送中心的转化，商品进入配送中心后，先分类储存，再根据用户的订货要求进行分拣、验货，最后配送到各连锁店和医疗单位。这种配送中心作业简单，将进货商品解捆后，各库区以托盘为单位进行存放即可。

（3）建立完备的仓库管理系统。当前，互联网技术的普遍应用使全球商业模式正经历着前所未有的变革，每个企业都面临着重建供应链管理，特别是物流流程的挑战。只有重构或优化供应链管理，减少运作成本，企业才有足够的竞争力。先进成熟的物流信息系统是众多行业专家多年经验的集成，是先进管理思想的融会与结晶，可以帮助企业优化业务流程，降低物流成本，提高供应链管理的透明度，确保商品精确及时交付，最终提高服务水平，并因此获得客户忠诚度，这正是企业核心竞争力所在。

（4）减少作业环节。每一个作业环节都需要一定的活劳动和物化劳动消耗，采用现代技术手段和科学管理的办法，尽可能减少一些作业环节，既有利于加速作业的进度，也有利于降低成本。

（5）降低退货成本。控制退货成本首先要分析退货的原因，一般来讲，只要掌握本企业商品在店铺的销售状况及客户的订货情况，做出短期的销售预测，调整企业的商品数量和种类，就能从根本上解决由用户引起的退货现象。另外，还要从本企业的角度找退货的原因，企业往往为了追求最大的销售目标，一味将商品推销给最终用户，而不管商品销售中可能出现的问题，结果造成商品在库增加、销售不振，退货成本高，因此应改变企业片面追求销售额的目标战略，在追踪最终需求动向和流通在库的同时，实现最终销售增加。

（6）培养仓储技术人才，加强物流管理。从引进高素质人才和培训企业员工入手，在广泛吸纳社会人才的同时，提高现有人员的业务技术和道德素质，建立一支高素质的职工队伍。

（7）加快建立现代企业制度。现代物流功能的集成化、服务的系统化和作业的规范化，都离不开制度的约束，所以，尽快建立现代企业制度至关重要。目前云南双鹤仓储存在拖、推、懒、散现象，责、权、利不分，要想打破旧观念，就要加强市场经济观念，思想上要树立和强化改革开放意识，作风上要树立雷厉风行意识、艰苦创业意识等，用现代企业管理制度代替旧的管理模式，规范每一个作业环节、程序和责任人。

案例思考与评析

一、思考

1. 试分析并提出该企业仓储系统合理化改造的建议和方法。
2. 分析装卸搬运环节对企业发展的作用。
3. 如何对装卸搬运环节进行合理化改造？

二、评析

1. 企业仓储系统合理化改造的建议和方法。

（1）重视对原有仓库的技术改造，加快实现仓储现代化。

（2）完善仓库功能，逐步实现仓库社会化。

（3）建立完备的仓库管理系统。

（4）减少作业环节。

（5）减少退货成本。

（6）培养仓储技术人才，加强物流管理。

（7）加快建立现代企业制度。

2. 物料搬运系统的作用。

物料搬运系统的合理性直接影响生产企业的经济效益。因此，物料搬运是生产工艺过程中的自然组成部分、是直接生产不可缺少的保障系统。物料搬运在生产领域具有“闸门”和“咽喉”的作用，是企业的动脉，如果动脉停止运作，整个企业将处于瘫痪状态。

3. 仓储装卸搬运环节合理化改造的建议。

改善装卸作业，既要设法提高装卸作业的机械化程度，还必须尽可能实现作业的连续性，从而提高装卸效率，缩短装卸时间，降低物流成本。

（1）防止和消除无效作业。尽量减少作业环节，努力提高装卸物品的纯度，选择最短的作业路线等，都可以减少和消除无效作业。

（2）提高物品的装卸搬运活性指效。企业在堆码物品前应考虑装卸运作的方便性，把分类好的物品集中放在托盘中。以托盘为单元进行存放，既方便装卸搬运，又能妥善保管物品。

（3）积极慎重地利用重力原则，实现装卸作业的省力化。装卸搬运要使商品发生垂直和水平位移，必须通过做功才能完成。我国目前装卸的机械化水平还不高，多数装卸尚需人工作业，劳动强度大，因此必须在有条件的情况下利用重力进行装卸，将设有动力的小型运输带（板）斜放在货车、卡车上进行装卸，使物品在倾斜的输送带（板）上移动，减轻劳动强度和能量消耗。

（4）进行正确的设施布置。采用 L 形和 U 形布局，保证物品单一流向，既避免了物品的迂回和倒流，又减少了搬运环节。

练习与思考题

一、单项选择题

1. 装卸搬运按货物运动形式可分为垂直装卸和（　　）。

A. 吊上吊下　　B. 叉上叉下　　C. 滚装方式　　D. 水平装卸

2. 装卸搬运按作业特点可分为连续装卸和（　　）。

A. 垂直装卸　　B. 间歇装卸　　C. 滚装方式　　D. 水平装卸

3.（　　）是将货物集中成一个单位进行装卸搬运的原则。

A. 单元化原则　　B. 机械化原则　　C. 利用重力原则　　D. 系统化原则

4. 包装技术的选择应遵循科学、经济、牢固、美观和（　　）原则。

A. 高技术　　B. 适用　　C. 标准化　　D. 一次性

5. 以下哪一选项属于包装技术方法（　　）。
A. 防湿包装　B. 硬包装　C. 运输包装　D. 出口包装
6. 我国常用的流通加工形式有（　　）。
A. 产品加工　B. 精制加工　C. 配额加工　D. 库存加工
7. 以下功能中，不是物流中心功能的是（　　）。
A. 运输功能　B. 包装功能　C. 出售功能　D. 流通加工功能
8. 为加速出入库而采用的托盘堆叠储存时，一般用（　）存取。
A. 人工　B. 叉车　C. 吊车　D. 堆垛机
9. 属于专用分拣机的类型包括（　　）。
A. 链式分拣机　B. 胶带分拣机
C. 悬挂式分拣机　D. 辊道分拣机
10. 下列选项中，属于输送机械的是（　　）。
A. 堆料机　B. 斗式提升机　C. 机船　D. 翻车机

二、多项选择题

1. 包装按包装方法可分为（　　）。
A. 防湿包装　B. 防锈包装　C. 缓冲包装　D. 收缩包装
E. 真空包装
2. 下面选项中属于包装一般技法的是（　　）。
A. 对内装物的合理置放、固定和加固
B. 包装外的捆扎
C. 缓冲包装技法
D. 外包装形状尺寸的合理选择
E. 防锈包装技法
3. 装卸搬运按作业方式分为（　　）。
A. 吊上吊下　B. 叉上叉下　C. 滚装方式　D. 移上移下
E. 散装散卸
4. 拟订装卸搬运作业计划时应考虑（　　）。
A. 移动装运的规模经济性　B. 搬运过程的流畅性
C. 搬运设备之间货物转移是否频繁　D. 搬运效率
E. 搬运的距离
5. 流通加工分为（　　）。
A. 深度加工　B. 延续加工　C. 后期服务加工　D. 促销加工
E. 时效加工
6. 装卸搬运机械的选择因素包括（　　）。
A. 货物特性　B. 作业特性　C. 环境特性　D. 装卸机械特性
E. 经济性
7. 物流搬运技术装备的主要作用有（　　）。
A. 提高装卸效率，节约劳动力，减少装卸工人的劳动强度，改善劳动条件
B. 缩短作业时间、加速车辆周转

C. 提高装卸质量

D. 降低物料搬运作业成本

E. 充分利用货位，加速货位周转，减少货物堆码的场地面积

8. 下列属于臂架类起重机械的有（　　）。

A. 桅杆起重机　　B. 甲板起重机　　C. 流动起重机　　D. 门座起重机

E. 浮式起重机

9. 起重机的工作速度包括（　　）。

A. 起升速度　　B. 变幅速度　　C. 旋转速度　　D. 变频速度

E. 下落速度

10. 下列运输机械中，能用于中短距离需倾斜给料的机械有（　　）。

A. 带式输送机　　B. 刮板式输送机

C. 埋刮板式输送机　　D. 斗式提升机

E. 辊子输送机

11. 带式输送机的布置方式有（　　）。

A. 水平式　　B. 倾斜式　　C. 带凸弧　　D. 带凹弧

E. 带凸凹弧

12. 叉车按性能和功用可分为（　　）。

A. 平衡重式叉车　　B. 侧面叉车　　C. 前移叉车　　D. 插腿式叉车

E. 内燃式叉车

三、填空题

1. 包装具有________、________、________的功能。

2. 包装按功能可分为________、________。

3. ________是在装卸搬运作业中用机械作业代替人工作业的原则。

4. ________是将各装卸活动作为一个有机整体实施系统化管理的原则。

5. 装卸搬运机械的选择原则以________为前提。

6. 流通加工是为了提高________和物品的利用率，在物品进入________后，按客户的要求进行的加工活动。

四、判断题

1. 包装是包装物的总称。（　　）

2. 生产—流通一体化的流通加工形式是目前流通加工领域的新形式。（　　）

3. 在同一地域范围内（如车站范围、工厂范围、仓库内部等）以改变“物”的存放、支承状态的活动称为装卸，以改变“物”的空间位置的活动称为搬运。（　　）

4. 包装的目的是保护产品，便于储存和运输。（　　）

5. 产品包装处于生产的始点，又是进入流通领域商品物流链的终点。（　　）

6. 装卸搬运是决定物流速度的关键。（　　）

7. 装卸搬运是物流系统中最基本的功能要素之一，存在于货物运输、储存、包装、流通加工和配送等过程中，贯穿物流作业的始末。（　　）

8. 包装按功能可分为工业包装和商业包装。工业包装也称运输包装，其目的是保证

商品在运输、保管、装卸搬运过程中保持商品的完好状态。（　　）

9. 包装按照在流通过程中的作用分为内销产品包装、出口产品包装和特殊产品包装。（　　）

10. 流通与加工的概念属于同一领域，都是要改变物资的空间状态与时间状态。（　　）

五、简答题

1. 包装合理化需考虑哪些要素？
2. 在实现物流包装现代化过程中有哪些问题？
3. 在物流活动中，流通加工有哪些作用？
4. 流通加工有哪些类型？
5. 流通加工有哪些不合理形式？
6. 流通加工的合理化措施有哪些？
7. 装卸与搬运在物流中的作用有哪些？
8. 装卸与搬运有哪些合理化原则？

六、论述题

1. 谈谈包装在物流中的地位。
2. 哪些措施可以实现包装的合理化？
3. 结合课本和实际情况，谈谈流通加工和生产加工的区别。
4. 当大多数仓库开始考虑环境管理标准 ISO 14000 的认证工作时，乐高（LEGO）公司的配送中心就已经奏响环境保护的乐章。乐高仓库占地 22 500 平方米，建于 2000 年，坐落于美国康涅狄格州的恩菲尔德镇，它为乐高提供了环境与设施相融合的机会。

乐高正在制订配送中心的噪声控制计划，公司与哈佛大学声音工程系的学生合作研究，测量配送中心的噪声水平，并设计降低噪声的方案。该配送中心通过改变搬运的速度，并在搬运现场周围设置隔离物，最终使噪声水平降低了 6 ~ 7 分贝，使乐高员工不再采用保护耳朵的装置。

乐高的仓库会产生大量的瓦楞纸板，员工将这些纸板和其他纸制品进行再生利用。通过在地板内修建排水管道，设分离器和抽水泵防止排泄物溢出，并且控制蓄水池中的污水以适当速度流出。通过采取种种环保的措施，使乐高的仓库成为“绿色”仓库。

思考题：

（1）为什么说乐高的仓库是“绿色”仓库？

（2）乐高在环境保护方面做了哪些工作？

第六章 物流信息化

学习目标与要求

物流系统中的各流程要通过信息沟通，基本资源的调度也要通过信息的传递实现。组织物流活动必须以信息为基础，为了使物流活动正常而有规律地进行，必须保证物流信息畅通。

1. 理解常见物流信息技术。
2. 根据企业实际，选择优化企业物流信息系统。
3. 培养物流从业人员的信息素养。

知识回顾

一、信息流与物流管理

流通过程的信息流，根据其信息的载体及服务对象，可分成物流信息、商流信息和资金流信息三大类。

物流信息系统必须结合以下六条原则，以满足管理信息的需要，并充分支持企业计划制订和运作。

（1）可得性。

（2）精确性。

（3）及时性。

（4）以异常情况为基础。

（5）灵活性。

（6）适当形式化。

二、物流信息系统的功能

1. 物流信息系统

物流信息系统作为企业信息系统的主要组成部分，通过与物流相关信息的收集、加工、处理、储存和传递实现对物流活动的有效控制和管理，并为企业提供信息分析和决策支持。

2. 功能

物流信息系统具有四个功能：信息收集，信息处理，信息利用，信息传输。

按信息的作用、加工程度及使用目的的不同，物流信息系统可分为业务操作层、管理控制层、分析决策层、战略规划层。

3. 开发建设

为了保证信息系统工程建设的质量，建设一个高效、实用、符合业务及用户需求的信息系统，信息系统工程的业主单位、承建单位和监理单位应该在工程建设过程中始终坚持如下原则：需求满足性原则，标准化原则，高质量原则，可扩展性原则，易用性原则，高性价比原则，安全性原则，进度可控原则，文档完整性原则。

物流信息系统规划是系统开发最重要的阶段，一旦有了好的系统规划，就可以按照数据处理系统的分析设计工作。物流信息系统的总体规划分为四个基本步骤：定义管理目标，定义管理功能，定义数据分类，定义信息结构。

开发内容主要包括以下五个方面：系统分析，系统逻辑设计，系统物理设计，系统实施，系统维护与评价。

三、常用物流信息技术

常用物流信息技术包括：①数据库（DB）；②技术条形码射频及标签系统（RF）；③销售时点信息系统（POS）；④电子数据交换系统（EDI）；⑤地理信息系统（GIS）；⑥全球卫星定位系统（GPS）。

案例与评析

案例1 传化物流信息平台

案例概述

2009 年 5 月 20 日，总投资 15 亿元、拥有 5 000 个停车位的传化集团成都物流基地正式运营。

传化物流基地是浙江第一个现代化的物流基地，经过多年发展，每年从这里发出的物流价值高达 400 亿元，相当于每天从这里发出的货物价值超过 1 亿元。

一、物流平台的资源集聚

2020 年，传化物流已形成“网络货（承）运”“智慧物流供应链”“科技金融”三大服务体系，以及遍布全国的公路港城市物流中心网。全网每年产生超 2 000 万单运单，保障超 4 亿件生产生活物资高效流转，累计支付流量近万亿元。通过建设整合 200 多万方仓储资源，服务链接起数十万中小物流企业和 400 万社会运力，为快消、钢铁、家电、化工、能源、通信等 40 多个行业的上百万家企业提供服务，提升其物流供应链效能

20%～30%。

传化物流以公路港城市服务中心进行全国布局，形成全方位地面物流服务网，通过智能网络承（货）运，形成立体式的线上物流服务网，提供运力派单、可视化运输管理、支付结算等全链路物流服务，链接供应链业务、车后增值、金融保险等产品，实现企业物流业务在线化、数字化、标准化、智能化。

二、货车司机们的认可

刘师傅是江苏徐州人，今年 36 岁，从事货运工作十几年了。他几乎每个月都要到杭州 2 趟。运完货后的空闲时间，他最喜欢去的地方，不是杭州西湖，而是杭甬高速公路萧山出口附近的传化物流基地。在那里，刘师傅每次都不会空手而归，他回程的货最多一天就有着落了。

“这里的货比较真。”刘师傅说。

什么叫“货真”？“就是没有虚假的信息，物流公司不会骗我们司机。”接着，刘师傅给记者讲起了当年他在温州某物流市场遭遇“假”货的经历。当时，他和物流市场内的一家物流公司签了单子，交了 600 元订金，去衢州运一车橘子回温州。结果到了约定地点，却找不到货主。打电话给物流公司，对方告诉他还要往里走，就这样车越走越远，可是货主依然不见踪影。当他再一次打温州公司的电话时，号码已经被注销了。这时候，他才意识到自己可能被骗了，回温州一看果然人去屋空。刘师傅吃了哑巴亏。

三、传化物流发展历程

传化物流定位于物流平台集成服务商，通过搭建高效的物流运营平台、建立物流企业资源聚集区，赋予公路运输板块高效低耗、集成化、信息化管理的时代特征，解决了公路货运行业散、小、乱、差，空载率和物流费用居高不下，物流效率偏低等行业老大难问题。经过多年的探索实践，现已初步建成公路港全国网络以及智能信息系统、物流服务系统和支付金融系统，探索出“物流+互联网+金融”的发展模式，获得“中国物流创新奖”“最佳物流平台模式创新企业”“全国供应链创新与应用试点企业”“国家产业创新大数据应用试点企业”“2019 年中国供应链金融领域杰出服务商 10 强”等荣誉。梳理传化物流多年发展历程中的关键节点，可了解传化物流平台生态系统的初创期、发展期、成熟期三个阶段，如图 6-1 所示。

平台生态系统开拓阶段：2000—2005年				平台生态系统成长阶段：2006—2015年				平台生态系统成熟阶段：2016年至今	
2000	2002	2003	2005	2006	2009	2010	2011	2016	2017
确定公路物流发展战略	杭州公路港开始建设	杭州公路港投入运营	确立公路港物流基地连锁经营战略	浙江传化物流基地成为中国物流示范基地	成都传化基地投入运营	苏州传化基地投入运营，传化物流有限公司成立	启动全国性网络建设	确定智能物流战略，推出传化网	成立供应链管理子公司

图 6-1 传化物流发展历程关键事件

1. 平台生态系统开拓阶段（2000—2005 年）

2000 年传化物流以公路港为切入口、以“线下+线上”的方式，进军第四方物流领域。2003 年运营杭州公路港物流基地，并先后成立了车源中心、信息交易中心、零担快运中心、仓储中心等主要业务部门，以物流信息交易为核心，主打货运信息超市、货运班车总站、司机之家三大信息化产品，有效对接车源与货源。同年，传化基地的车辆流动量达到 20 万辆，催生了第四方物流平台生态系统。通过基础设施建设和物流交易平台，传化物流将大量零散的社会车辆及中小型第三方物流企业聚集，极大地推进了社会物流资源的整合。同时，传化还对物流管理服务资源进行集聚，通过引入工商、税务、公安等政府职能部门，促进物流企业规范运作；通过引入银行、保险、邮政、通信、网络等中介服务机构和餐饮、住宿、购物、汽修、汽配等基本生活设施服务供应商，为入驻客户提供完善的商务配套服务。另外，在和物流客户的合作上，采取既合作、又管理，既激励、又淘汰的方式，助力其成长为专业的物流企业。该阶段的平台生态系统由上下游客户（中小型第三方物流企业、工商企业和个体货运司机）、政府职能部门和中介服务机构等组成，如图 6-2 所示，缺乏较为完善的功能机制，面临较强的竞争压力，系统成员的类型和数量较少，企业间的联系较弱，公路港的规模经济效益尚未出现。

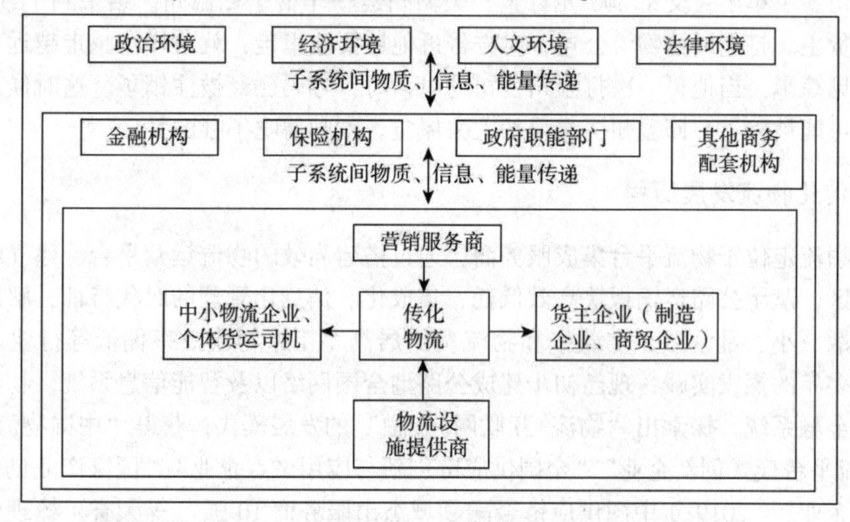

图 6-2　商业生态系统

2. 平台生态系统的成长阶段（2006—2015 年）

2005 年传化物流开启了公路港物流基地连锁经营战略模式，迈开了全国性网络构建的步伐。一方面，传化在全国推进实体公路港基地的建设，建立全国网络联盟；另一方面，展开以四大应用系统、三大基础平台、两个保证体系、一个门户网站为内容的信息化建设，在全国范围内进一步整合资源。在模式复制过程中，传化物流还通过联盟等方式联合外部伙伴，如和新加坡普洛斯开展战略合作，以降低运营风险并扩展资本；在成都、苏州拓展新技术时，和行业协会、当地企业进行合作，成都基地被中国物流与采购联合会评为“中国物流示范基地”，传化物流平台的集聚效应和规模效应得到较充分的发挥，生态系统的边界扩展、功能机制不断完善、系统成员的种类和数量增多、系统的竞争力和风险抵抗力增强。与开拓阶段相比，该阶段的生态系统多了与公司共担风险收益的 20 余个公路港物流基地企业、与公司处于平行地位的合伙人、行业协会等。

3. 企业生态系统的成熟阶段（2016 至今）

基于建设面向中国制造的智能供应链服务平台的愿景，传化物流向数字化、智能化方向转型，2016 年推出联通线上线下运营平台信息与支付系统的“信息支付平台”——传化网，打造“物流+互联网+金融”协同发展模式。具体举措为：

第一，通过“自投自建+战略并购+合资合作”的模式，横向拓展公路港城市物流中心布局，不断提升生产制造货物聚集与流通的服务能力。第二，纵深推进智能化建设，提升平台智能运营能力。一方面，建设智慧物流系统、WMS 云仓、硕诺、PMS 园区通等业务系统，推出陆鲸、易货嘀等互联网产品，有效支撑全网资源连接与业务运营；另一方面，为大型制造企业提供“系统+仓运配”一体化解决方案，为外部传统园区、互联网企业输出信息系统和管理模式。截至 2019 年 6 月，其定制化的物流供应链解决方案服务对象已覆盖能源、化工、汽车、家电等四十多个行业。第三，发展商业保理、融资租赁、保险经纪、传金所等金融业务，打造互联网供应链金融服务平台。另外，引入知名汽车厂家、润滑油等车后品牌商，为平台用户提供更完善的车后服务。一个覆盖全国、港与港互联互通的商业生态系统逐步形成。

总之，此阶段传化物流商业生态系统的规模和成员种类得到进一步拓展，系统功能机制更加完善，结构趋于稳定，空间结构、物种和种群数量规模较大，内外部资源整合效率越来越高，成员初步建立起有序的共生关系，系统竞争能力大为提高。

案例思考与评析

一、思考

1. 试分析传化物流信息平台生态系统演化的动力与规律。

2. 什么是物流信息平台，其功能如何？

二、评析

1. 传化物流信息平台生态系统演化的动力与规律。

分析传化物流商业生态系统在开拓阶段、成长阶段和成熟阶段的演化和基本特征，可以发现：受内在和外在驱动因素的作用，传化物流系统边界持续扩展，成员的数量和类型不断增长，成员竞争和合作关系增强，系统的功能不断增加，抵抗力和竞争力逐步提高。

2. 物流信息平台的功能。

（1）物流信息采集功能；

（2）物流信息的加工和处理功能；

（3）物流信息发布功能；

（4）向物流企业提供运输优化解决方案；

（5）提供物流仿真功能；

（6）向物流供应链管理提供决策支持；

（7）提供财务分析功能；

（8）提供动态交通引导功能；

（9）提供交通监控信息；

（10）提供其他区域物流信息网信息；

（11）提供其他共享信息。

案例2 超市IT路线——向左走还是向右走

案例概述

一、零售业物流信息技术概述

零售业物流信息化是通过条码技术、电子数据交换技术、全球定位系统、射频技术、地理信息系统等物流信息技术对零售业物流的各环节，如信号、数据、消息、情况等，进行系统的智能采集和分析处理，并配合决策支持技术，对零售企业物流系统中各个流通环节及部门进行有效的组织、协调和控制，从而实现零售企业物流管理和决策的高效率和高质量，进而降低物流成本，提高企业的竞争力。具体而言，信息技术对零售业物流的作用有：信息传递高效、方便、准确，便于零售业内部及与供应商的沟通互动；通过商品需求与供应商的实时调整，达到库存适量化。在配送中心的运营下，可实现各店铺仓库的“消失”；商品配送的差错率降低，减少不当运输及搬运活动，提高搬运、运输效率；加强与供应商的联系；有助于卖场进行合理布局，确定商品主力及附属类别，确定商品的组合及陈列。

二、家乐福物流信息技术管理

走进家乐福超市，我们会感觉到它的明亮、宽敞与洁净。每种商品的陈列既有堆积如山的卖场氛围，又便于寻找，这种有序的场面和每年惊人的销售额背后，有一个强大的物流信息系统支撑。

1. 供应商管理系统优化

家乐福这一超级量贩零售商场，不可能靠自己的流动资金运作，必须有源源不断的各类供应商将质优价低的商品送来销售。

供应商管理库存（Vendor Managed Inventory，VMI）是一种重要的物流运作模式，其核心是零售商放弃商品库存控制权，而由供应商掌握供应链上的商品库存动向，即由供应商依据零售商提供的每日商品销售资料和库存情况进行集中管理库存，替零售商下订单或连续补货，从而实现对顾客需求变化的快速反应。VMI 不仅可以大幅改进 QR 系统的运作效率，即加快整个供应链 VMI 面对市场的回应时间，迅速掌握准确的销售信息，还可以最大化地降低整个供应链的物流运作成本，达到挖潜增效、开源节流的目的。

由于 VMI 的上述特殊功效，家乐福在引进 QR 系统后，一直努力寻找合适的战略伙伴以实施 VMI 计划。经过慎重挑选，家乐福最后选择了雀巢公司作为供应商。在此基础上，家乐福持续优化供应商管理系统，始终保持领先于其他超市的地位。

2. 实时数据支持决策

家乐福的业务数据处理非常及时准确。大量的商品、大量的交易额等数据处理是每个超市头疼的问题，又因为人工处理得不及时、有误差等，决策层不能掌握准确的数据和进行及时的分析，企业的经营存在风险隐患。家乐福采用信息化系统后，通过软件的开放接口，将 POS 机数据及时处理并传递到软件系统中，当天的商品交易情况、商品是否适销、交易额汇总、交易数据的分析等都能轻松了解。

3. 提高客户满意度

家乐福对顾客高度重视，为顾客提供一次购足、货品新鲜和免费停车服务。在宽松的购物环境与失窃这一许多商家都难以解决的矛盾中，家乐福加速电子监控队伍培训，既避免了顾客触及监视的目光产生反感，又降低了顾客的损失。在售后服务方面，即便是顾客的过失性退货，家乐福也宁愿牺牲自己的利益而提升顾客的满意度。

三、我国零售业物流信息技术应用的现状

相比世界领先的零售业物流信息技术，我国零售业物流信息系统仍处于起步阶段。国内零售企业投资建设物流信息化系统的并不少，但多半侧重于引进一些物流信息技术，如POS、EDI、EOS 系统等，且深入程度不高，同时较少从企业物流管理的实际需要出发，理性规划信息系统。目前，我国零售业物流信息化存在以下几种问题。

1. 物流与信息流不能有效结合

物流信息化建立在需求细分的基础上，我国连锁零售企业在进行信息系统开发时，往往直接委托给软件公司，或者直接购买相关专业软件，其实际的物流作业与信息系统相互独立，信息系统提供的数据只能参考，不起实际作用，物流与信息流不能有效结合。

2. 门店系统作用有限

门店系统不仅仅是收银作业、数据采集，还必须辅助决策支持门店管理，企业可以通过门店系统了解门店详细的经营情况，实现门店库存商品的动态管理，为配送调度、及时补货、保持最优库存等物流环节提供信息保障。而目前，我国连锁零售企业的门店系统还处于基础阶段，有些甚至仅仅停留在收银作业上，未对门店所采集的数据进行深度加工挖掘。

3. 与供应商信息的共享程度不够

零售供应链管理是利用现代信息技术和理念，对零售业的物流、信息流、业务流进行集成，在供应商、零售商和客户之间形成一条紧密的价值链。但我国零售企业在与供应商合作方面还未能形成规模优势，零售企业和供应商缺乏信息沟通，未建立有效的共享机制，对零售业供应链普遍支持不足。

4. 未能正确处理物流信息化与基础管理之间的关系

零售企业的物流信息化建设与其物流基础管理存在相互依存的关系。企业通过信息化引入的 POS、EM、EOS 等现代物流信息技术，虽然凝结了现代物流管理的思想和方法，但这些信息系统必须结合企业的实际需要，通过企业的管理活动才能充分发挥作用。许多零售企业忽视了技术信息化与管理信息化是一个有机的整体的情况，片面重视物流技术信息化，强调物流信息系统硬件、软件的先进性，而忽视日常基础管理与物流观念的提升，使信息化设备成为摆设。

四、对我国零售业物流信息建设的建议

1. 加强物流信息基础建设

加强我国零售业的物流信息技术应用，最迫切的是加强物流信息基础建设。在此阶段，零售业要进行物流资源的信息化，数字化是其根本，如商品的条形码，以及仓库中货架、货位的编码等。我国许多零售业条形码还没有普及，店内码很不规范，可推行物流信息管理的 POS 系统或 EOS 系统。

2. 提高业务集成管理

在物流信息基础设施建设完毕后，可进一步实现物流管理信息的高度集成。主要表现为：信息规范化；信息处理程序规范化；信息具有及时性、准确性和完整性。在范围上，含物流所有环节的信息；在时间上，含历史的、当前的和未来预期的信息；信息来自统一的数据库。

3. 有效整合外部资源

利用外部物流相关资源的主要表现有实行零售业的供应链管理、客户关系管理等。在激烈的市场竞争中，企业必须注重外部物流相关资源的管理，跟踪顾客，开发市场，密切与供应商的联系，为优化某些物流环节而让渡于专门的物流组织，以保证对市场的快捷反应。ERP 是零售业综合利用内外部物流资源的一种重要管理信息技术。

4. 发展电子商业社区

当信息化达到一定程度后，零售业不单要进行自身的物流资源内外部信息管理，还要建立基于互联网的电子商业社区。电子商业社区是众多零售业基于互联网进行结盟、交易和业务协同的虚拟组织或场所，电子商业大街、电子购物中心是其两种主要形式。零售商可实现信息共享和实时交互，完成协同式的商业运作。

五、结束语

物流信息技术有利于提高零售物流的运作效率，降低物流成本，控制商品销售价格，提高零售企业的竞争力。根据零售行业品种多、批次多、数量大的实际情况，寻找合理、匹配的物流信息技术应用模式有助于更好地实现零售信息化，实现供应商、零售商、客户三者的有效沟通。

案例思考与评析

一、思考

1. 家乐福物流信息技术的成效有哪些？

2. 简述零售业物流信息化的必要性。

二、评析

1. 家乐福物流信息技术的成效。

家乐福引进 QR 系统后，选择了供应商雀巢公司作为战略伙伴实施 VMI 计划，以快速获取市场准确的销售信息，最大化降低整个供应链的物流运作成本，达到挖潜增效、开源节流的目的。

家乐福采用信息化系统后，通过软件的开放接口，将 POS 机数据及时进行处理并传递到软系统中，避免了人工处理得不及时、有误差等问题，使决策层能掌握准确的数据和进行及时的分析，降低企业经营的风险隐患。

家乐福通过加速电子监控队伍培训，使宽松的购物环境和失窃问题得到解决，既避免了顾客触及监视的目光而产生反感，又降低了顾客的损失。

2. 零售业物流信息化的必要性。

目前我国零售业物流信息化存在以下问题：物流与信息流不能有效结合；门店系统作用有限；与供应商信息的共享程度不够；未能正确处理物流信息化与基础管理之间的关系。这些问题影响零售业的发展，使零售业无法发挥自身的优势，成本无法下降。为了提高企业的竞争力、降低物流成本，物流的信息化不但非常必要，而且也是可行的。所以提高零售业的物流信息技术至关重要。

信息技术对零售业物流的作用如下：

（1）信息传递高效、方便、准确，便于零售业内部及与供应商的沟通互动；

（2）通过商品需求与供应商的实时调整，达到库存适量化，在配送中心的运营下，可实现各店铺仓库的“消失”；

（3）商品配送的差错率降低，减少不当运输及搬运活动，提高搬运、运输效率；

（4）加强与供应商的联系，便于进行分析；

（5）便于卖场进行合理布局，确定商品类型及附属类别，确定商品的组合及陈列。

案例3　宝供的信息化之路

案例概述

宝供物流企业集团有限公司创建于 1994 年，总部设在广州，是一家民营的中型储运企业，是国内第一家经原国家工商总局批准以物流名称注册的企业集团，是中国最早通过现代物流理念为客户提供物流一体化服务的专业公司，也是目前我国最具规模、最具影响力、最领先的第三方物流企业之一。

宝供储运的总经理和创始人刘武在 1992 年承包了广州的一个铁路货物转运站。1994 年，转运站迎来了一个对未来事业产生巨大影响的客户——美国宝洁公司。当年，宝洁公司进入中国市场，并在广东地区建立了大型生产基地。对于刚刚进入中国市场的宝洁公司而言，产品能否及时、快速地运送到全国各地，是其能否快速抢占中国市场的重要因素。宝洁公司首先联系大型国营储存和运输公司，但未能成功合作，宝洁便开始把目光投向了民营储运企业。

1994 年，刘武注册成立了广州宝供储运有限公司。对宝供储运的发展而言，“宝洁”是一个非常关键的客户。刘武一直强调，通过跟宝洁合作，他们学到了很多东西，因为在合作过程中，宝洁会不断提出更高的目标、新的要求，更重要的是，它也很愿意帮助合作公司提高，在无形中推动刘武不断学习和思考，同时也引导刘武对信息技术进行关注。宝供储运在高速成长阶段遇到了信息瓶颈。实际上，宝洁对这个问题的反应最为敏感，经过一年左右的“蜜月”期之后，宝洁对宝供储运的意见越来越大。如果宝供储运能够突破“信息瓶颈”，实时监控各个储运环节，便能提高客户的满意度。

早些时候，宝供储运就配备了计算机室，但随着业务的变化，单机操作远远解决不了问题，于是建立了一套在 DOS 平台上用电话线连接的“原始”内部网络，以便在全国范围的企业内部传递信息。然而这套系统在行家眼里毫无价值，此时，IT 规划和企业的目标实现了统一，建立先进的企业信息系统自然被提上了议事日程。

尽管资金非常紧张，宝供还是建立了一套较为完整的信息系统。业务人员的真正参与是信息系统建设成功的关键，系统运行前期，员工们查一个数据往往要经过很烦琐的程序，能否从数据库里面自动提取出？按一两个键，就会产生所要的表格？这一想法和要求引出了宝供储运信息系统建设的第二个阶段——报表自动生成。目前，宝供储运 80% 的客户是外资企业，虽然宝供储运的价格并不低，但许多外企客户也愿意与宝供储运合作。当前，宝供储运已经从宝洁扩展到45个重要客户，从4个分公司扩展到在全国31个城市设有运作点。

案例思考与评析

一、思考

宝供储运是一家民营中型物流企业，但它能与众多大型国营储运企业竞争、成长并逐步壮大，其核心是什么？

二、评析

第一，宝供储运对应用信息技术的追求贯穿始终。第二，创始人刘武全心全意为客户服务的精神难能可贵。第三，宝供储运通过信息系统的建设把优势集中到客户服务和减少流通环节上。

案例4 机器视觉，让安防变得更聪明

案例概述

近年来，仓库安全事故时有发生，主要是因为在物流仓储、码头园区等区域，安防基础设施落后，技术水平低下，现阶段以传统的被动监控为主，要求安保人员时刻盯着监控画面，一旦安保人员走神，发生安全事故时就无法及时报警，最终造成不可挽回的损失。

安全是所有企业赖以生存和发展的基础，尤其是在现代化技术高度发展的今天，安全隐患更趋繁杂，加强智能化的安防技术显得尤为重要。在一些不适于人工作业的危险工作环境或者人工视觉难以达到要求的场合，机器视觉技术就是最好的替代作业方式。

机器视觉是人工智能快速发展的一个分支，简单说来，机器视觉就是用机器代替人眼进行测量和判断。在大批量重复性工业生产过程中，用机器视觉检测方法可以大大提高生产效率和自动化程度。可以说，机器视觉，让安防变得更"聪明"，让企业和城市更安全。

随着机器人技术和人工智能算法的不断迭代，定制化的仓储自动化解决方案也越来越高效、智能、柔性，已高效赋能仓储物流，然而仓储内的安防基础设施还处于落后阶段，大多数场景以传统的被动监控为主，高负荷的工作强度对安保人员提出了更高的要求，单班9～11个小时超长工作时间，让人员的体能、专注度逐步下降，工作效率越来越低，监控效果越来越差。被动监控的形式，导致事后追溯时较难查出源头。

机器视觉技术的普及构建了智能仓储行业全新的安防体系，为企业提供更高效、更智能的主动安防管理服务。安眸智能视觉安防管理平台就将现代信息技术与园区、码头、仓储安防管理高效结合，使安防管理更高效，并对大量数据、信息的采集、分析、处理和更新实现了自动化和智能化，对信息传递实现了标准化和实时化，同时也在潜移默化地推动主动化管理、标准化管理的变革。

上汽安吉物流旗下智能物流技术服务商，针对生产制造企业仓储需求，研发大件零部件、小件零部件、进口零部件、排序零部件、发动机变速箱等全流程自动化立库运作系统，实现仓库内自动化搬运。还自主研发了基于大脑学习平台、高性能计算平台、智能大数据平台构造低成本、高性能、可扩展的视觉计算系统，构建物流智能视觉网络，打造未来仓库智慧"明眸"，为各行业深度赋能，提供云、边、端一体化的无感切换服务。

安眸通过感知物理世界中人、机、料、环境等的基础属性、行为、特征信息，在深入洞察场景的同时挖掘内在关联、关系等多维图谱，定制化设计深度学习算法，采用自研的神经网络模型对特定工序进行实时监控与分析，规范作业行为，降低货损事件，保障人货安全，提高流转效率。结合实际业务操作流程，安眸对监控数据进行智能分析后，多维呈现整合后的视频与业务数据，生成业务场景数据仪表盘，便于管理人员了解业务场景运行情况。通过机器视觉技术为机器设备、仓库增加了“眼睛”和“大脑”，使机器人智能化成为现实，让智能安防成为现代智慧物流新的破局点。

智慧城市要走向高质量发展，需要更加系统、全面的技术创新支撑。机器视觉将全方位助力智慧城市从底层到应用的各层系统，提升治理效率、弥补运营短板，并推进建立更加紧密的政企协同关系，实现数字化转型。

安吉智能自主研发的安眸智能视觉安防管理平台深入智慧仓储、智慧物流、智慧城市的方方面面。随着技术的不断推进及应用场景落地，机器视觉将不止于让安防变得更加聪明，智慧物流、智慧交通、智慧城市也有望实现。

案例思考与评析

一、思考

1. 近年来仓库安全事故频发的主要原因是什么？

2. 结合案例，简要说明安眸的工作原理及以其为代表的机器视觉在仓储安全中的重要性。

二、评析

1. 仓库安全事故频发的原因。

在物流仓储、码头园区等区域，安防基础设施落后，技术水平低下，现阶段以传统的被动监控为主，要求安保人员时刻盯着监控画面，一旦安保人员走神，发生安全事故时就无法及时报警，最终造成不可挽回的损失。

2. 安眸的工作原理及机器视觉在仓储安全中的重要性。

（1）安眸通过感知物理世界中人、机、料、环境等的基础属性、行为、特征信息，在深入洞察场景的同时挖掘各事物间的多维图谱，定制化设计深度学习算法，采用自研的神经网络模型实现对特定工序的实时监控与分析，规范作业行为，降低货损事件，保障人货安全，提高流转效率。其次，安眸结合实际业务操作流程，对监控数据进行智能分析后，多维呈现整合后的视频与业务数据，生成业务场景数据仪表盘，便于管理人员了解业务场景运行情况。

（2）通过机器视觉技术为机器设备、仓库增加了“眼睛”和“大脑”，使机器人智能化成为现实，让智能安防成为现代智慧物流新的破局点。同时，助力企业节省人力成本，规范作业行为，降低货损事件，保障人货安全，提高流转效率，解放传统劳动力。机器视觉将不止于让安防变得更加“聪明”，智慧物流、智慧交通、智慧城市也有望实现。

案例5 物流自动化的精髓是什么？

案例概述

2018 年年初，爱速客乐（ASKUL）公司旗舰物流中心“ASKUL Value Center 关西”

（AVC 关西）引进并使用了分拣机器人和 AGV，开始全面运营。

一、支持 BCP，与社区共生

自创建全新的文具 B2B 网购业务模式以来，ASKUL 就将物流系统和物流网络作为核心竞争力之一，不断发展壮大。2013 年财报会议上，ASKUL 公布的“谁控制了物流，谁就控制了电商”的口号，倍显其发展物流的决心。

AVC 关西物流中心是 ASKUL 全新的物流中心，引进了最先进的物流设施，实现了优化物流的目标。除了负责 B2B 电商服务 ASKUL 和 B2C 电商服务 LOHACO 的物流之外，AVC 关西还肩负着实现“ASKUL 开放平台（OPA）”的目标任务。在此基础上，ASKUL 计划年出库业务量达 1 亿日元规模。

“AVC 关西的正式名称是 ASKUL Value Center 关西，这个名字的意义是：它并不是成本中心，而是作为加强客户和厂家联系的平台，为企业产生价值的利润中心。”ASKUL CPO ECR 总部总经理天沼英雄先生解释了 AVC 的含义。天沼先生领导的 ECR（Efficient Consumer Response）总部是 ASKUL 的传统部门，目的是连接用户、制造商、工厂等供应链上的一切元素，实现供应链整体效率最大化。它的使命是从客户下订单开始，让采购、物流和交付最快达成，实现质量和成本的优化。

ASKUL 为保证足够人手，决定在住宅区设立 AVC 关西中心，确保无论是 JR 东海道线岸部车站还是阪急京都线正雀车站，步行 10 分钟即可到达。AVC 关西为打造无间断的物流据点，完成物流中心的社会使命，采用了防震结构。AVC 关西刚开始运营时，大阪北部发生了 5 级地震，虽然有一些小商品掉落，但对人和建筑物没有影响，在当晚就恢复了正常发货。天沼先生表示，希望与当地社区和谐相处，让当地居民感受到在身边建立物流中心的便利。因此，ASKUL 与吹田市签订了灾害期间协议。发生灾害时，AVC 关西将作为运输基地，负责救灾物资的收集、整理和运送，并承诺应吹田市的要求，提供中心库存的食品和日用品。

二、自营并发展对外市场

在全面推进自动化的过程中，ASKUL 物流基地实现了将多种形状、大小不一的商品打包到一个箱子里。而其他公司由于存货地点和位置不同，有时不得不将多件商品分成多个订单包装发货。ASKUL 物流基地实现了最快速度发货，形成了适用于购买日用品的物流服务模式。

北至仙台，南至福冈，ASKUL 共配置了 9 个物流基地，其中 7 个为 B2B 业务中心，AVC 日高为 B2C 业务专用中心，AVC 关西则是唯一同时处理 B2B 和 B2C 业务的混合中心。

ASKUL 有以下几方面的优势：

（1）可实现全国范围内当日或次日送达；

（2）从中心运营到配送均推进公司自主运营；

（3）采用先进的物流系统，培养团队优秀设施设计水平、运用能力；

（4）打造日本国内最大规模合作的伙伴关系。

三、物流自动化精髓的探索

在物流中心的运营过程中，ASKUL 不遗余力地推动自动化、生产效率的提升和人力的节约。AVC 关西内部的物流流程要经过以下几个步骤：供应商的运输车到达指定地点卸货，商品入库，商品放入货架，商品拆包分拣，商品按包裹分组，打包，第一次分类，第二次分类，配送。

不管是 EDI 信息系统，还是自动化仓库、传送带、分拣机等物料搬运设备等，ASKUL 一直在升级每一个流程，核心则是如何在收货、上架和单品拣选等工序上引进先进的系统，进一步减少人力，提高效率。

1. 收货、上架过程

2019 年 2 月，AVC 关西采用 Hacobu 公司的 MOVO 系统，对送货车辆的泊位管理系统进行了更新。该系统可以让司机和调度员根据当天卸货所需时间预约泊位，避免拥堵，使卸货作业井然有序，如图 6-3 所示。

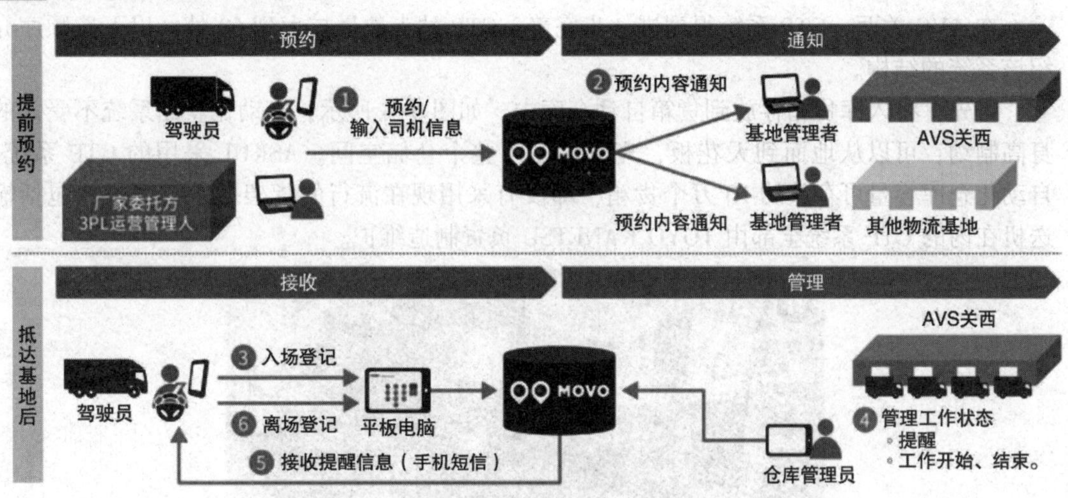

图 6-3　AVC 关西所采用的 MOVO 概念图

AVC 关西的泊位管理系统在实施一段时间后，又增加了司机可以在当天自行预订泊位的功能。

新功能实现了更灵活的操作，而且可以直观显示多少商品需要入库。新系统操作简单，司机很快就能上手，预约率随之提高。当所预约的时间有空闲泊位时，系统会发送短信提醒附近的司机。

自改用 MOVO 系统以来，货车的平均等候时间缩减三分之二以上，等待时间超过 1 小时的概率也减少到之前的 5%。工作人员手持平板电脑管理卸货泊位。卡车到达时，即可进行卸货，并把货品堆放到 ASKUL 的内部专用托盘上进行到货检验。

“随着收货效率的提高，我们现在可以更轻松地制订计划。我们知道哪辆卡车上装载着什么样的货物，会什么时候到达，这样我们就可以更有效率地分配入库工作人员。虽然我们没有改变入库操作系统本身的机制，但入库的处理行数却有所增加。”天沼先生说。

入库检验完毕的托盘商品需要上架，而为了把货品转移到货箱式自动仓库的入库站，

AVC 关西还引进了托盘运输 AGV。自 2019 年 9 月起，已有 10 台 Geek+的 EVEM1R 投入使用。以前，这些托盘必须用地牛通过人工运送到仓库的收货站，如今则可以节约不少人手。

引进 AGV 后，只需工人将托盘放入泊位附近的托盘升降机，帮助移载托盘到 AGV 上，搬运距离大大缩短。该托盘升降机可存放多个托盘，而 AGV 则会在机器出口自动转移托盘，将托盘搬运到仓库入口前方设置的 96 个临时存储站。然后，AGV 按照指示时间将托盘搬运到自动货箱式仓库的入库站，操作人员将托盘以箱为单位移入入库传送带，运送到货箱式自动仓库。未来，托盘搬运至传送带的操作也将机器化。

2. 存储、入库过程

过去，ASKUL 利用传送带或人工作业搬运产品的托盘和箱子，工人手工拆开纸箱并上架，再从货架上取货。工人推着小车在拣货区的货架旁来回行走拣货，占用了绝大部分时间。为了提高分拣效率，ASKUL 在各中心大规模引进了“不需要人走路的配送中心”——人到货（Goods to Person，GTP）系统，让货箱自动仓库和穿梭机自动仓库相配合，出库货物能自动送到工作人员身边，无须走动。实践证明，这个系统非常成功。

在 AVC 关西，GTP 系统得到进一步完善，GTP 站点数量扩大到 60 处，以下按顺序介绍该系统的结构。

首先，将入库货箱存放到货箱自动仓库中，如图 6-4 所示，自动化仓储系统不受人的身高制约，可以从地面到天花板，充分利用了整个仓储空间。ASKUL 采用的 GTP 系统，自动化仓库容量可存放约 10 万个货箱，却没有采用现在流行的货架搬运机器人，包括输送机在内的 GTP 系统全部由 TOYO KANETSU 负责制造维护。

图 6-4 自动仓库作业

其次，以单品出库的商品要经过“拆箱”，即工人手工拆开纸箱，然后再把货品装入周转箱。拆箱后装有商品的周转箱会存放在穿梭机自动仓库中，拆箱时产生的大量空纸板箱会从上层的卸料传送带自动运输到压缩机。

最后，周转箱由自动开箱机打开后到工作站，当周转箱空出来之后，会被统一收集，由自动折叠设备折叠存放。通过传送带入库到穿梭机自动仓库的周转箱，自动出库后被送到拣货工作站。在以上流程中，工人无须移动，只需定点作业。

3. 单品拣选过程

从 GTP 穿梭机高速出库的周转箱被送到人工拣货的 GTP 工作站点，已经从 6 个站点增加到现在的60个站点。过去步行占拣货工作负荷的2/3，用机器拣货取代人工步行之后，工作效率提高了5倍。

过去在ASKUL物流中心，存放拣货产品的周转箱需要采取“通过全工序”的作业流程，按订单频率顺序通过产品区域（现在仍有部分中心采用同样的流程）。但是，随着GTP系统的建设，拣货流程更加完善，改为按订单频率划分产品区域，将装有小件商品的周转箱集中暂存在穿梭机自动仓库。例如，客户下了一个包含A、B、C三种产品的订单，穿梭机自动仓库会自动将放有该商品的周转箱送到拣选工作站，由人工将这些产品统一放入出库周转箱，再送到包装站，在那里把订单产品打包到同一个箱子里，打包发货。

天沼先生表示，这种方法的好处是作业过程中发生拥堵的可能性较小。目前，系统采用的方法是按照发货频率划分拣货区域，从拣货到包装花费的时间更短，很适合快速发货。

4. 小件拣选机器人全面投入使用

物流领域的用工荒问题长期存在，甚至会进一步恶化，在此情况下，ASKUL开始尝试使用自动分拣机器人。

ALP先于其他物流公司与机器人控制器制造商MUJIN合作，在ALP首都圈开始试运行，并在ALP横滨继续投入试运行。

2016年，小件拣选机器人的拣货能力为每小时110件，所能处理的产品范围仅占库存的10%左右。但到2019年，小件拣选机器人每小时能处理450件产品，所能处理的产品范围也比之前扩大3倍左右。经过不断改进，小件拣选机器人逐渐实现了稳定运行，进入全面运行阶段。

“拣选机器人由视觉、运动规划和拣选三部分组成，每一部分都需要极其先进的技术，我们不分昼夜地研究在不同温度、湿度等环境条件下，在多大程度上可实现稳定的性能，才取得今天的成果。”天沼先生说。

机器的抓手部分有多个吸口的真空系统，通过实际观察，它不仅能抓握四方形盒状的产品，也能稳定地抓握圆柱形和瓶状的产品。ASKUL不断减少需要人手处理的错误，目前错误率已降至0.01%。产品根据订单由人工或机器人拣选后，会通过传送带存放到穿梭机自动仓库中，将同一客户的订单整理分拣后，会送到包装站进行打包。工人们将货品打包成纸箱出库，并将其搬运到传送带上，最后由自动包装机i-Pack包装。自动包装机可以测量纸箱内产品的高度，对侧面压出折叠印痕，并对上下进行折叠，将体积压缩到最小，再自动盖好箱子。该系统提高了产品装入托盘和卡车的容积效率，实现了高效物流。产品包装好后，会送到传送带上，由出库分拣机按目的地自动分拣，然后货品会被装上卡车进行运输。从入库到出库的路线，被一条条传送带连接起来，全长达40千米。

如上所述，AVC关西的物流系统在追求先进自动化水平的同时，还追求在有限的场地内实现当日送达和次日送达的即时性，这是当前物流系统技术的一个里程碑，是当代物流系统的精华。

案例思考与评析

一、思考

1. 在信息系统的选择过程中要注意哪些问题？
2. AGV无人仓的优劣势分别是什么？

二、评析

1. 信息系统的选择需注意以下问题。

(1) 加强领导，取得主要领导的理解和全力支持。

(2) 标准化和规范化重于个性化。

(3) 系统设计过程中要进行充分的需求对接。

(4) 系统开发商应具有良好的口碑和商业信誉，拥有强大的技术实力和创新精神，提供优良的系统实施能力和服务支持。

2. AGV 无人仓库的优势和劣势。

(1) AGV 无人仓库的优势。

采用自动化的立体仓库，充分利用空间。自动化立体仓库是现代化仓储的一个重要组成部分，采用多层存放货物的高架仓库系统，高度可以达到 30 米以上，还可根据需要可以设置不同的高架类型，相对于平库可以节约近 70% 的占地面积。

实现机械化、自动化，从而提高仓库的管理水平。自动化立体仓库系统由货架、堆垛机、出入库输送机、自动控制系统与管理信息系统等构成，能按照指令自动完成货物的存取作业，并对库存货物进行自动化管理，使物料搬运仓储更加合理。由于采用货架储存，并结合计算机管理，可以实现先入先出、发陈储新的出入库原则，防止货物变质、老化、生锈等问题。

降低对人工需求的依赖，特别是降低特殊仓储环境中的人力资源成本。由于采用了自动化技术，自动化仓储能适应有毒、黑暗、低温等特殊环境。

(2) AGV 无人仓库的劣势。

物资吞吐量和种类固定，缺乏弹性。当一个自动化的仓库按计划建设完成后，仓库的类型、物资的吞吐量和仓库的容量就固定了，如果外部因素发生变化，仓库因不具备较强的适应和变化能力，可能无法适应新的需要。

投资较大，建设周期长。自动化仓储的主体是自动化仓库，自动化仓库的基本组成部分包括建筑物、货架、管理区、理货区、配套机械、堆垛机械、相关管理系统和信息系统，这些硬件和软件需要很高的资金投入和安装建设费用。对于自动化仓库的建设项目要进行评估和设计，包括必要性评估、系统开发、技术评估、敏感度等，这就要求对未来 3 ~5 年中仓库的吞吐量、仓储容量、订单货物的类别等要素进行分析，对设备进行性能评估和选择，这些都需要很长的时间周期和大量的人力物力。

练习与思考题

一、单项选择题

1. 在信息系统的开发、安装、使用、维护过程中，需要大量的、具体的（　　），它们是建设信息系统的基础，也是关键与核心。

A. 信息技术　　B. 报表　　C. 文件　　D. 基础档案

2. （　　）是实现 EOS 系统、EDI、电子商务、供应链管理的技术基础。

A. 条码　　B. RF 技术　　C. GIS 技术　　D. GPS 技术

3. 在公路货运领域，（　　）可用于传递货单、发票、海关申报单、进出口许可证等凭证。

A. 条码　　B. RF 技术　　C. EDI 技术　　D. GPS 技术

4. 目前一些先进的物流管理部门在采集信息时，使用射频技术，可以主动发射存储信息，并具有较大的信息存储空间，这种设备是（　　）。

A. RFID　　B. GPS　　C. GSM　　D. GIS

5. 广义的物流信息除了与物流活动有关的信息外，还包括（　　）

A. 库存信息　　B. 市场信息　　C. 入库信息　　D. 物流管理信息

6. 下列选项中，对物流信息技术的表述不正确的是（　　）。

A. 技术提高但成本上升　　B. 常见技术有 EOS 技术

C. 技术提高成本降低　　D. 常见技术有条形码技术

7. 下列选项中，商流信息和物流信息的交汇点是（　　）。

A. 货源信息　　B. 分拣信息　　C. 资金信息　　D. 库存信息

8. 下列选项中，属于狭义的物流信息的是（　　）。

A. 交易信息　　B. 库存信息　　C. 竞争信息　　D. 市场信息

9. 下列选项中，不是按管理层次分类的物流信息是（　　）。

A. 操作管理信息　　B. 知识管理信息

C. 战术管理信息　　D. 物流控制层信息

10. 消费者收入动向及市场动向在管理信息中属于（　　）。

A. 物流操作管理信息　　B. 物流战略管理信息

C. 物流系统内信息　　D. 物流战术管理信息

二、多项选择题

1. 按信息的作用不同，可将其分为（　　）。

A. 计划信息　　B. 控制及作业信息　　C. 统计信息　　D. 支持信息

E. 加工信息

2. 物流系统对物流信息的要求主要体现在（　　）。

A. 信息充足　　B. 信息准确　　C. 通信顺畅　　D. 可得性

E. 及时性

3. 下列选项中，属于物流中心信息系统的有（　　）。

A. 面向制造企业零配件采购供应物流中心信息系统

B. 面向制造企业产成品分销物流中心信息系统

C. 面向批发企业分销物流中心信息系统

D. 回收物流中心信息系统

E. 属于第三方专业物流服务商的物流中心

4. 物流信息系统的基本功能可归纳为（　　）。

A. 物流数据的收集和录入　　B. 物流信息的存储

C. 物流信息的处理　　D. 物流信息的传输与输出

E. 物流数据的管理

5. 下列选项中，物流中心信息系统的核心部分功能有（　　）。

A. 订货管理　B. 入库管理　C. 配货管理　D. 在库管理

E. 配送管理

6. 下列选项中，运输行业的关键信息技术有（　　）。

A. 条码技术　B. RF 技术　C. 电子商务　D. GIS 技术

E. GPS 技术

7. 物流信息来源多样化表现在（　　）。

A. 企业内信息　B. 企业外信息　C. 基础设施信息　D. 技术信息

E. 政府政策

8. 物流信息在（　　）方面支持企业管理。

A. 支持信息管理　B. 支持交易系统　C. 支持管理控制　D. 决策分析

E. 战略计划

9. 下列对二维条码的表述中，正确的有（　　）。

A. EAN-128　B. Code 39　C. 堆叠式技术　D. PDF 417

E. 矩阵式技术

10. 物流信息系统具有（　　）的特点。

A. 集成化　B. 模块化　C. 实时化　D. 网络化

E. 智能化

11. 物流信息的特点有（　　）。

A. 信息量大　B. 价值衰减速度慢　C. 态性强　D. 种类多

E. 分布广

12. 物流信息系统可分为（　　）三个层次。

A. 数据层　B. 作业层　C. 控制层　D. 管理层

E. 战略层

三、填空题

1. 按信息领域分类，物流信息包括物流系统内信息和＿＿＿＿＿＿＿＿。

2. 按信息的作用、加工程度及使用的目的不同，物流信息系统可分为业务操作层、＿＿＿＿＿＿＿＿、＿＿＿＿＿＿＿＿、战略规划层。

3. ＿＿＿＿＿＿＿＿是以一定的组织方式存储在一起的相关数据集合。

4. 数据库系统是由＿＿＿＿＿＿＿＿、数据库、＿＿＿＿＿＿＿＿和有关人员组成的具有高度组织的总体。

5. ＿＿＿＿＿＿＿＿是一种非接触式的自动识别技术，它通过射频信号自动识别目标对象，可快速进行物品追踪和数据交换。

6. 物流信息系统的基本组成要素有＿＿＿＿、＿＿＿＿、数据库和数据仓库、＿＿＿＿等。

四、判断题

1. 商流、物流、资金流和信息流是互为存在的前提条件，又是互为存在的基础。（　　）

2. 在整个物流中心的运作中，信息流一直伴随各项物流活动及其他行政支持活动。（　　）

3. 物流中心规划与建设的关键是如何规划物流中心信息系统的功能需求，并建立其功能架构。（　　）

4. 物流中心信息系统一般只包括物流中心仓储作业、订单作业、输配送作业信息系统。（　　）

5. 数据就是我们所说的信息。（　　）

6. 物流是单向的，信息流是双向的。（　　）

7. 建立信息系统能有效节约企业的运营成本。（　　）

8. 支持信息是物流活动过程中发生的信息，有很强的动态性，是掌握物流状况必不可少的。（　　）

9. 物流中心的信息化建设一般以业务流程重组为基础。（　　）

10. 物流信息系统具有实时化、网络化、系统化、规模化、专业化、集成化、智能化等特点。（　　）

五、简答题

1. 什么是物流信息，它有哪些特点？
2. 简述数据库的功能。
3. 物流信息系统在开发过程中需遵循哪些原则？
4. 简述数据库的特征。

六、论述题

1. 结合课本，谈谈物流系统与物流信息的关系。

2. 2021 年下半年，某地 A 物流公司和 B 物流公司找到某第三方物流公司，请该公司作它们的“二级代理商”，为其代办某化工有限公司的铁路、公路运输等物流业务。获此信息后，第三方物流公司认为本公司能胜任此项目，不应错失良机，应抓紧时间去投标。于是该公司立即起草自荐信函，并通过邮政寄发给某化工有限公司，希望能直接为它们提供物流服务。然而，该化工公司的物流代理招标工作已经进入了第三轮，早在第一轮招标时就有 13 家国内外物流管理和物流实体公司参与竞标，其中有 9 家进入第二轮竞标；最后只有 4 家企业进入第三轮。上述 B 公司进入第三轮，B 公司为了取得此轮竞标的胜利，才找该公司作为其合作伙伴。

作为物流实力雄厚并拥有丰富物流实践经验的第三方物流公司，因为信息滞后，最终失去了这次机会。

请回答下列问题：

（1）分析此某第三方物流公司竞标失败的原因；

（2）如何避免上述情况的再次发生。

七、课堂讨论

物流信息化“叫好不叫座”

目前的物流信息化“叫好不叫座”，炒得火热，效果却不尽如人意。这主要由两个原因造成：

一方面，市场的需求不规范。在物流概念的炒作下，“大而全”“一步到位”的全套信息化建设思想流行，但对信息化阶段实施目标的可操作性和过程的可控制性等工程问题，仍缺少准确客观的把握。

另一方面，IT企业之间的恶性竞争，信息化项目中常常是关系运作大过需求运作，众多IT企业在电子商务网站领域碰壁之后，蜂拥而上搞物流行业信息化建设，造成一个初级阶段的规模化市场过度分割。软件企业缺少规范化的生存土壤，从而制约了软件企业在市场运作中的专注发展。

尽管有多种不利因素制约中国物流信息化发展，但企业业务和管理需求本身终将驱动并决定企业信息化。物流企业在规模化发展和网络化管理过程中，必然要面临各种各样的业务管理瓶颈和业务发展难题。

讨论：结合案例及相关知识，谈谈如何克服物流信息化“叫好不叫座”的难题。

第七章 国际物流

学习目标与要求

国际物流伴随着国际贸易而产生和发展，并成为国际贸易的重要支撑，各国之间的相互贸易必须通过国际物流来实现，国际物流是国内物流的跨国延伸和扩展。

1. 理解国际物流概念与流程。
2. 理解国际物流运作主要业务。
3. 培养物流人的国际化视野。

知识回顾

一、国际物流概述

国际物流是货物（包括原材料、半成品和制成品等）及物品（包括邮品、展品、捐赠物资等）在不同国家间流动或转移。

国际物流的特点如下：

（1）经营环境存在较大差异。

（2）系统广泛、风险性高。

（3）运输主要方式具有复杂性。

（4）必须依靠国际化信息系统的支持。

（5）标准化要求较高。

根据不同的标准，国际物流主要可以分为以下几种类型：

（1）进口物流和出口物流。

（2）国家间物流和经济区域间物流。

（3）国际商品物流及其他物品物流。

二、国际物流系统

国际物流系统由商品的包装、储存、装卸、运输、报关、流通加工及其前后的整理、再包装以及国际配送等子系统组成。运输和储存子系统不仅是物流系统的主要组成部分，也是国际物流系统的主要组成部分。

国际物流系统网络是由多个收发货的节点和它们之间的连线所构成的物流抽象网络，以及与之相伴随的信息流动网络的集合。

国际物流流动的路径即国际化运输线路。随着国际物流的发展，我国已形成国际化运输线路网络，包括国际远洋航线及海上通道、航空网线、公路网线和铁路网线等。

三、国际物流运作的主要业务活动与主要环节

随着物流全球化的形成，企业物流国际化运作已成必然。但其业务活动较为广泛，且远比国内物流复杂，主要有如下几个方面：

（1）进出口业务；

（2）国际运输；

（3）库存与仓储管理；

（4）包装与物料搬运；

（5）信息作业。

四、国际物流的发展

国际物流发展的支撑体系包括以下几个方面：

（1）经济全球化是国际物流发展的基础。

（2）信息与通信技术是国际物流发展的必备条件。

（3）国际物流发展中的环境保护需要国际合作。

（4）国际物流健康发展需要各国政府的大力支持。

（5）国际物流发展需要物流理论的支持和国际机构的努力推进。

案例与评析

案例1 中国古代的国际物流

案例概述

国际物流是不同国家之间的物流，这种物流是国际贸易的一个必然组成部分，各国之间的相互贸易最终通过国际物流来实现。因此，国际物流伴随着国际贸易发生。

中国古代就已经出现了国际物流，以下两个例子就是很好的证明。

一、张骞出使西域和丝绸之路

中国第一次跨地域的大规模文化交流在公元前138年，张骞出使西域。

汉朝日趋强盛后，积极计划消除匈奴对北方的威胁。当时伊犁河流域游牧民族大月氏与匈奴是“世敌”，汉武帝想与大月氏联合，但西行的必经道路——河西走廊处于匈奴的控制之下，于是公开征募能担当出使大月氏重任的人才。

张骞就是在这种背景下出使西域的，他的出使并不顺利，中途就被匈奴截留，在匈奴

待了十多年，甚至娶当地人为妻，不过他始终持着汉朝的特使符节。当他找到机会率部逃离匈奴，找到大月氏时，大月氏早已发生翻天覆地的变化。

张骞在大月氏逗留了一年多，未取得合作的成果，只好归国。回国途中，又被匈奴拘禁一年多。公元前126年，匈奴内乱，张骞乘机脱身回到长安。

张骞出使时带着100多人，历经13年后，只有他和堂邑父两人归来。这次出使，虽没有达到预期的目的，但使汉朝对西域的地理、物产、风俗习惯有了比较详细的了解，为汉朝开辟通往中亚的交通要道提供了宝贵的资料。之后，张骞因熟悉西域各部的地理风俗等，随卫青出征立功，被武帝封为“博望侯”。

公元前119年，汉朝已控制河西走廊，汉武帝多次向张骞询问西域等地的情况，张骞着重介绍了乌孙到伊犁河畔后与匈奴发生矛盾的具体情况，建议招乌孙东返敦煌一带，与汉共同抵抗匈奴，这就是“断匈奴右臂”的著名战略。同时，张骞也提出应该与西域各族加强友好往来，这些意见被汉武帝采纳，这也为张骞第二次出使西域打下了基础。

张骞第二次出使西域时，率领300人组成的使团，每人备两匹马，带牛羊万头，所带金帛货物价值“数千巨万”。到了乌孙，张骞游说乌孙王东返，没有成功。他又分遣副使持节到大宛、康居、大月氏、大夏等国。公元前115年，张骞回来，乌孙派使者几十人随同张骞一起到了长安。此后，汉朝派出的使者还到过安息、身毒、奄蔡、条支、犁轩等地，安息等国的使者也不断来长安访问和贸易。

张骞死后，汉朝同西域的关系进一步发展，并通过和亲加强与乌孙的联系。公元前60年，匈奴内部分裂，日逐王先贤掸率人降汉，匈奴对西域的控制瓦解。汉宣帝任命卫司马郑吉为西域都护，驻守在乌垒城（今新疆轮台东），这是汉朝在葱岭以东、今巴尔喀什湖以南的广大地区正式设置行政机构的开端。

匈奴奴隶主对西域各族人民的剥削、压迫极其残酷。西汉的封建制度，较之匈奴的奴隶制度要先进得多。因此，新疆境内的各族人民都希望摆脱匈奴贵族的压迫，接受西汉的统治。西汉政府在那里设置常驻官员，派士卒屯田，并设校尉统领，保护屯田，使汉族人民同新疆各族人民的交往更加密切。

汉通西域，虽然起初出于军事目的，但打通西域的影响远远超出了军事范围。从西汉的敦煌，出玉门关，进入新疆，再从新疆连接中亚细亚的一条横贯东西的通道，再次畅通无阻。这条通道，就是后世闻名的“丝绸之路”。“丝绸之路”把西汉同中亚许多国家联系起来，促进了不同区域的经济和文化的交流。西域的核桃、葡萄、石榴、蚕豆、苜蓿等十几种植物，逐渐在中原栽培。龟兹的乐曲和胡琴等乐器，丰富了汉族人民的文化生活。汉军在鄯善、车师等地屯田时使用地下相通的穿井术，习称“坎儿井”，在当地逐渐推广。此外，大宛的汗血马在汉代非常著名，名曰“天马”，“使者相望于道以求之”。那时大宛以西到安息国都不缫丝冶铁，汉朝使臣和散兵把这些技术带入当地，中国蚕丝和冶铁术的西进，对促进人类文明的发展贡献甚大。

二、郑和七下西洋

明代初期，由于朱元璋几十年的励精图治，农业经济逐渐恢复。手工业方面也有了很大的发展，矿冶、纺织、陶瓷、造纸、印刷等技术都有了不同程度的提高。中国的丝织品、瓷器等受到欧洲国家的欢迎，赢得了很高的声誉。造船业的增长，航海技术的进步，大批航海水手的养成，以及明初工商业的恢复和发展，宋元以来中国海外贸易的发达、对外移民的增加，都为郑和下西洋打下了坚实的经济基础，提供了较为雄厚的物质条件。明初国力强盛、贸易发达，本身就有加强同海外各国的联系，扩大海外贸易和来往的需求。

朱棣登基时，明朝已经建立了三十多年，广州等沿海的大都市十分繁荣，发展海外交通和贸易已成趋势。朱棣也想利用对外活动，展示明朝国力，并扩大自己的声望。因此，远航活动势在必行。

1405 年 7 月 11 日，明成祖朱棣命郑和率领二百四十多艘海船、二万七千四百名船员组成的船队，先后 7 次，历时 28 年，前往西洋诸国远航。

郑和率领的庞大船队，既不是一般的商船队，也不是一般的外交使团，而是由封建统治者组织的兼有外交和贸易双重任务的船队。他出使的任务之一就是招徕各国称臣纳贡，与这些国家建立上邦大国与藩属之国的关系，并进行贸易活动。

郑和曾到达爪哇、苏门答腊、苏禄、彭亨、真蜡、古里、暹罗、阿丹、天方、左法尔、忽鲁谟斯、木骨都束等三十多个国家，最远曾到达非洲东岸、红海、麦加，并有可能到过澳大利亚，这些记载代表了中国航海探险的高峰，比西方探险家达·伽马、哥伦布等人早近一百年。当时，明朝在航海技术、船队规模、航程里程、持续时间、涉及领域等均领先于同一时期的西方。

庞大舰队本身就是一座活动的科技展览馆，船上所载物品更是一座博物馆，中国文化第一次在海上进行了大展示。郑和在把这些中华文化介绍到海外的同时，也把地理、海洋和丰富的异域政治、经济、民俗、货物和不同物种带回了中国。

郑和下西洋除了肩负政治使命外，实际上也是一次规模较大的国际物流。

郑和七次下西洋，和张骞通西域一样，都为中国打开了未知而广阔的天地。郑和完成第七次航海后，明王朝就强制推行闭关政策，使有组织的、大规模的航海事业终止。但是这次历时近 30 年的海上行动，给当时沿海居民带来的影响却是巨大而深远的。在民间，“偷渡”海上活动越来越频繁，来自中国社会最基层的对外交流活动开始萌发。

案例思考与评析

一、思考

1. 张骞出使西域和丝绸之路，能看到国际物流的哪些特征？

2. 结合案例，谈谈中国古代国际物流与现代国际物流的区别。

二、评析

1. 国际物流是货物（包括原材料、半成品和制成品等）及物品（包括邮品、展品、捐赠物资等）在不同国家间流动或转移。

张骞第一次出使西域，对西域的地理、物产、风俗习惯有了比较详细的了解，为汉朝开辟通往中亚的交通要道提供了宝贵的资料。张骞也提出应该与西域各族加强友好往来。

张骞第二次出使西域时，率领 300 人组成的使团，每人备两匹马，带牛羊万头，所带金帛货物价值“数千巨万”，这已经是国际物流的雏形。

此后，汉朝派出的使者还到过安息、身毒、奄蔡、条支、犁轩等地，安息等国的使者也不断来长安访问和贸易，这里也有国际物流的影子。

从西汉的敦煌，出玉门关，进入新疆，再从新疆连接中亚细亚的一条横贯东西的通道——“丝绸之路”，把西汉同中亚许多国家联系起来，促进了双方经济和文化的交流。西域的核桃、葡萄、石榴、蚕豆、苜蓿等，龟兹的乐曲和胡琴等乐器，中国的铸铁器技术、蚕丝等都在国与国之间相互传播。

2. 古代物流与现代物流的区别。

（1）中国古代对外交流的最初目的并不是贸易，而是为达到一定的政治目的。

（2）古代的运输方式比较单一，主要是海运和陆运；而现代的国际物流运输方式多样化，主要是多式联运。

（3）古代的国际物流主要是运输，而现代的国际物流包括包装、储存、装卸、运输、报关、流通加工和其前后的整理、再包装以及国际配送等子系统。

（4）古代没有合理确定的国际物流系统网络，需要使团探索；而现代的国际物流有合理的物流系统网络。

案例2　“一带一路”背景下中国物流企业国际化的路径探索

案例概述

一、我国物流企业国际化发展中存在的问题

1. 企业的综合实力较弱

首先，对于我国的物流企业来说，大多数企业的信息化水平比较低，并不重视对信息技术的应用，对网络技术的应用也停留在最基本的水平上。许多企业之间没能形成物流共享机制，没有利用系统集成软件技术优化物流配置，这些问题严重阻碍了我国物流企业的国际化发展。

其次，大多数物流企业内部没有完善的管理体系，许多管理人员缺乏管理经验。物流要打开国门走向国际，需要一个强大的管理团队作支撑。但是，现阶段我国许多物流企业管理并不规范，缺少跨国物流的操作经验，大多数是在“走出去”后才开始根据实际工作总结经验，内容有局限性，不能对我国物流企业国际化发展提供重要的理论依据。

最后，也是最重要的一点——缺乏专业技术人才。许多发达国家有成熟的物流人才培养体系，为其发展提供了强大的智力支持。现阶段，我国也认识到培养专业技术人才对物流企业发展的重要性，并采取了积极的措施，如在高校开设物流专业、对在岗的物流人员进行业务培训等，但其力度赶不上行业对人才的需求。此外，一些企业对人才的培养及科研等工作的重视度不够，使许多优秀人才外流。

2. 物流企业的规模小，增值服务能力较差

除少量大型的物流企业以外，我国有许多小型物流企业，主要包括专业化的物流企业和传统的运输企业，其共同特点是规模较小，所提供的服务较为单一，不能满足现阶段人们的多种需求，在市场上的竞争力较弱，很难实现国际化。

此外，物流企业要提高竞争力，还应该提高其增值服务能力，通过不断创新来提升竞争力。但就我国物流企业的发展现状而言，很少有企业拥有国家专利或科技成果，这也是我国物流企业与国外先进国家物流企业存在巨大差距的主要原因。

3. 文化差异影响较大

受不同社会环境的影响，各国消费者的购买习惯不尽相同，这就影响了国际市场的营销。目前，为了提高本企业在市场中的竞争优势，许多跨国公司积极采取措施来应对文化

差异，如采取标准化和本土化相结合的国际化经营策略，但仍有许多企业由于前期计划不周或在实施的过程中出现差错而导致失败。此外，还有一些企业试图通过兼并的方式来实现文化的整合，但多数企业以失败告终。

二、“一带一路”背景下我国物流企业国际化的发展路径

基于“一带一路”的机遇，我国的物流企业在采用“跟随客户”这一战略的同时创新网络化的运作模式，由以任务为主的项目制转变为以资源为主的公司制，并进一步实现以知识和信息为主的服务生态圈经营模式。与此同时，还应该将网络化运作的内容由单一的海外代理操作转向业务多元的属地化自主经营，从而增强网络范围的稳定性和适应性。在“一带一路”背景下，我国的物流企业向国际化转型，还应遵循“走出去”“走进去”“走上去”三个层次，具体如下。

1. 积极“走出去”，加快物流企业的海外网络布局

物流企业的运作网络主要分为基础层、互联层及控制层，这三个层次依次递进。要想实施“走出去”这一战略，首先要做的就是要解决网络节点的建设和信息的互联，并以此来提高网络的覆盖范围。

第一，在“一带一路”背景下，通用的模式是以海外项目任务为主导的海外网络，这一项目中可以将前期组建及运营成本嵌入项目成本中，不仅能在一定程度上降低风险，还能够最大限度地满足客户的需求。除了满足海外承包工程项目以外，企业还应该通过设立海外网络，满足对外直接投资和产能输出的需求。在建立海外网络的过程中，应该以自建为主，并根据企业的实际发展情况、项目收益以及运营风险等考虑并购或合资。

第二，不同性质的企业网络功能不同，如货运代理型的网络主要关注数量及覆盖范围，其功能是对海外货物的清关、中转和卸货进行协调；交通运输类的物流企业比较注重码头、港口等实体资源网络的布局，并在布局过程中对资产的质量、服务进行优化。我们在实施“走出去”战略的同时，还应构建覆盖区域的货运代理型网络，并大力扩展网络节点，加快国内外信息网络间的对接和联通。

2. 积极“走进去”，优化物流企业的属地化经营

物流企业要向国际化发展，首先应实现属地化经营。在“一带一路”背景下，我国的物流企业虽有良好的发展契机，但大多数物流企业的服务能力较差，要进行属地化经营，可从以下几点入手。

第一，适时扩大客户及业务覆盖面，采取积极的措施巩固和扩大国外客户，并拓展新业务，满足服务属地国外客户的需求。此外，物流企业还应在现有市场的基础上，不断增加客户源。

第二，提高网络运行的效率。物流企业应该加强其内部网络与客户、上下游分包商等外部网络之间的合作，扩大海外网络使用范围。与此同时，物流企业还应借鉴先进经验制定本企业内部的交易规则，规范企业的市场竞争行为，协调国内外不同业务及网络节点之间的合作，从而实现区域内的资源合理配置和统一经营。

3. 积极“走上去”，推动物流企业的跨国经营

第一，“走上去”是我国物流企业实现国际化的最高阶段，当我国的物流企业实现了海外属地化经营后，应发挥网络的控制及协调作用来优化全球的资源配置，将知识和技能作为载体，培育企业的核心竞争力。除此以外，还应该实现物流网网络系统的有序发展，

使其在实现正协调效应的同时，提升自主组织能力。

第二，物流企业的服务主要表现在资源的整合和管理上。而随着互联网的发展，其管理逐渐向无国界化转变，在这一阶段，物流企业的相关管理人员应以全球化的思维模式为引导，在推行海外大区域化管理体制的同时，还应特别注重不同国家之间文化的融合，从而有效地推动服务、人员以及信息等的全球化。

案例思考与评析

一、思考

1. 结合案例，谈谈我国境外投资和运营存在哪些安全隐患。

2. 结合案例，谈谈国际贸易与国际物流如何协同。

二、评析

1. 我国境外投资和运营存在的安全隐患。

“一带一路”倡议涉及的地域较为辽阔，交通运输不利，自然环境恶劣，货物运输存在较多困难。同时，“一带一路”倡议涉及众多国家，而各国间关系较为复杂，社会文化环境、经济政策及利益倾向等均存在明显差异，这使“一带一路”沿线国家间的国际贸易与国际物流之间协同难度较大。与此同时，“一带一路”沿线国家所处地理位置不同，受所处地理位置因素影响，其在运输方式选择和铁路搭建等方面也有一定局限，使国家间的货物或商品运输难以实现有效保障，从而影响国际物流的正常运行。

2. 国际贸易与国际物流协同的相关对策。

（1）提升实施意识，加强贸易合作交流。

（2）抓住发展机遇，解决安全隐患。

（3）创建国际贸易与国际物流协同发展的新环境。

案例3 中菲行国际货运代理有限公司的海外策略

案例概述

中菲行国际货运代理有限公司是中菲行集团与中国原对外经济贸易部行政司（现商务部行政司）于1996年合资成立的国际货物运输及咨询服务公司，隶属于中菲行集团。中菲行国际货运代理有限公司是国际货运代理协会（FIATA）成员，目前主要服务项目涵盖空运、海运、海空联运、报关、仓储等各个环节，在38个国家和地区有30余家分公司及60多家策略联盟伙伴，为美国通用半导体、朗讯科技、神州数码、GE油气、中国化工进出口公司、康明斯等跨国企业及贸易商提供第三方物流及运输咨询服务。

随着全球化脚步的加速，发达国家众多产业外移，以寻求低廉的生产成本，获取更多的利润，这就要求国际货运代理提供高效率、多样化的服务。

印度、越南等东南亚新兴经济体的崛起，导致整个国际贸易体系的重心偏移。为了适应印度新兴市场的快速成长和需求，中菲行决定将服务拓展至印度，使其服务能力更符合客户多样化的要求。但由于市场不透明及资金等问题，在分析了国内和印度周边国家物流业发展的状况后，中菲行国际货代有限公司决定立足印度寻找可信赖的企业，以策略联盟的形式发展业务，并提出了三步战略：首先，根据某些已有客人的要求寻找合适的合作伙伴，组建策略联盟；其次，在掌握一定知识和相关经验的条件下，设立自己的海外代理分支结构；最后，把握机会建立合资企业，在当地开展相关物流服务。第一步是整个战略的关键，需要选择合适的合作伙伴向印度货代市场进攻。

中菲行的大型客户多生产电子设备，这些客户随着公司的战略布局，对物流的需求逐步提高，它们对国际货运代理企业的要求不仅仅停留在订舱层面，更希望国际货运代理企业可以扮演第三方物流的角色，提高整个供应链的相关服务，如拖车、报关及仓储，甚至提供门到门服务。一般而言，其他国家的国际货代企业为另外一个国家的客户提供门到门服务是非常不易的，多需要借助本地的货运企业或其他跨国大型企业。因此，中菲行为了满足客户需求、保住市场份额，联盟相关企业，提供灵活高效的服务势在必行。

确定策略目标之后，由中菲行国际货运代理有限公司海外开发部总经理、两位副总以及外聘咨询专家组成评价小组，初步征求对方公司联盟意愿后选择了丹马士环球物流（Damco Global Logistics）、飞镖全球物流（Dart Global Logistics）两家候选合作伙伴，在进一步参观调查和协商过后，由五位专家评选出了丹马士环球物流作为合作伙伴。

丹马士环球物流是一家印度本土的国际货运代理有限公司，主要从事印度国内货运代理、进出口报关、仓储和拖车服务，在印度拥有60多台拖车，其优势是可以为中菲行国际货运代理公司的客户在孟买港口提供免税仓库仓储、分类分拣及一次性报关报检服务。并拥有指定货源，每月大约有50吨的货量从深圳进出口，可以卖给中菲行国际货代企业。中菲行与其合作有四大利润点：第一，免税仓储，货物分拣，为客户提供及时配送；第二，为印度客户提供门到门服务；第三，拖车服务；第四，指定货源。

中菲行于2010年年初开始与丹马士环球物流进行合作，至此，中菲行顺利进入印度市场，提供物流、拖车等相关服务，并为电子装配公司提供JIT进口报关服务，提高客户满意度。中菲行国际货代企业现在已开始筹备在印度设立分支机构进行货物跟踪和控制，拓展业务以及服务据点。

案例思考与评析

一、思考

1. 结合案例，分析选择海外策略联盟时需要考虑的因素。

2. 结合案例，谈谈国际货代企业海外策略联盟的特点。

二、评析

1. 选择海外策略联盟时需要考虑的因素。

（1）资源是联盟成立的基础。对于国际货代企业开拓海外服务据点而组建海外策略联盟，其最主要的目的是共享对方的物流资源，从而进行国际物流业务活动。

（2）声誉是重要参考因素。企业的声誉是国际货代企业选择海外策略联盟中较为重要的因素。

（3）价格是直接衡量国际货代企业获利的指标，也是保证联盟绩效实现的有效指标。

（4）知识对异园区域活动、先进物流技术与管理模式的学习有巨大的价值，可以保持和促进两者长期合作。

2. 国际货代企业海外策略联盟的特点。

（1）跨国性。

（2）组织松散。

练习与思考题

一、单项选择题

1. 依照不同国家划定的关税区域分类，物流可分为国家间物流与（　　）。
A. 经济区域间物流　　B. 进口物流
C. 出口外流　　D. 国际商品物流
2. （　　）是国际物流系统的核心子系统。
A. 运输子系统　　B. 储存子系统　　C. 检验子系统　　D. 通关子系统
3. 下列关于国际物流的概念描述中，不正确的是（　　）。
A. 国际物流是货物经停的地点不在同一独立关税区内的物流
B. 国际物流是发生在三个或三个以上国家网络间的货物流通活动
C. 国际物流是组织货物在国际的合理流动
D. 国际物流是发生在不同国家和地区之间的物流
4. 国际物流的特点不包括（　　）。
A. 跨越国家或地区界限　　B. 涉及多种不同的运输工具
C. 面临的语言、法律环境等完全不同　　D. 国际物流的风险仅仅指自然风险
5. 目前国际贸易中最具影响力的有关国际贸易术语的国际惯例是（　　）。
A.《1932 年华沙—牛津规则》　　B.《1941 年美国对外贸易定义修订本》
C.《国际贸易术语解释通则》　　D. 国际法中有关国际贸易术语的相关规定
6. 不属于国际多式联运特征的是（　　）。
A. 不一定要使用全程提单
B. 联运经营人对货主承担全程的运输责任
C. 联运经营人以单一费率向货主收取全程运费
D. 必须是国际的货物运输
7. 构成国际多式联运的三大要素指（　　）。
A. 多式联运经营人、通达国内外的运输方式、进出口货物
B. 多式联运经营人、单一的费率、国际承认的多式联运单证
C. 多式联运经营人、进出口货物、单一的费率
D. 多式联运经营人、通达国内外的运输方式、单一的费率
8. 国际多式联运的优越性不包括（　　）。
A. 有利于进一步明确专业分工　　B. 有利于出口商加快资金周转
C. 有利于节约运输费用　　D. 有利于提高货物运输效率
9. 无船承运人和一般承运人的差别不包括（　　）。
A. 无船承运人作为承运人仅限于公共运输范围
B. 无船承运人对海上运输过程控制能力较弱
C. 无船承运人不经营用以远洋班轮运输的船舶
D. 无船承运人相对于远洋公共承运人，不是托运人和承运人的关系

10. 由有外贸经营权的企业，经海关批准而建立的自管自用的保税仓库指（　　）。

A. 海关监管仓库　B. 公共保税仓库　C. 专业性保税仓库　D. 保税工厂

二、多项选择题

1. 下列关于国际物流的表述中，正确的有（　　）。

A. 国际物流的总目标是为了国际贸易和跨国经营服务

B. 国际物流发生在不同的国家之间

C. 国际物流必须遵从国际贸易的惯例

D. 国际物流可以促进区域经济的发展和世界范围内资源的优化配置

E. 国际物流是国内物流的延伸，是国际贸易的必然组成部分

2. 下列关于进出口商品检疫检验制度的说法中，不正确的是（　　）。

A. 法定检验商品，均应该在报关前向商品检验机构报验

B. 对暂时进出口商品，一律免予法定商品检验

C. 进口药品，必须持有相关证明

D. 进口动植物商品一律在启运地检验

E. 商品检验证也是议付货款的单据之一

3. 国际货运代理的作用包括（　　）。

A. 运用专门知识，以最安全、最迅速、最经济的方式组织运输

B. 在世界各贸易中心建立客户网和分支机构，以控制全部运输过程

C. 在运费、包装、单证、结关、领事要求及金融等方面向企业提供咨询

D. 将小批量的货物散装运输，使客户从中受益

E. 货运业务日益复杂，传统承运人的业务专门化

4. 国际物流按照国家间进行货物传递和流动方式分类，可分为（　　）。

A. 国际商品物流　B. 国际军火物流　C. 国际邮品物流　D. 国际展品物流

E. 国际援助和救助物资物流

5. 国际物流的特点包括（　　）。

A. 物流环境差异大　B. 物流系统范围广

C. 国际物流运输主要方式具有复杂性　D. 国际物流必须有信息系统的支持

E. 国际物流的标准化要求较高

6. 下列选项中，（　　）是参与国际物流活动而涉及国际物流业务的企业。

A. 国际货运代理　B. 国际物流公司　C. 国际配送中心　D. 国际运输及仓储

E. 报关行

7. 在国际物流过程中，（　　）促使进出口商品储存子系统的形成。

A. 周转库存　B. 外贸加工　C. 准备库存　D. 季节储备

E. 压港、压站

8. 国际物流系统输入部分的内容有（　　）。

A. 备货、货源落实　B. 到证

C. 到船　D. 编制出口货物运输计划

E. 结算、收汇

9. 国际物流系统输出部分包括（　　）。

A. 交齐各项出口单证　　B. 到证

C. 理赔、索赔　　D. 编制出口货物运输计划

E. 结算、收汇

10. 国际物流系统转换部分包括（　　）。

A. 出口前的加工整理　　B. 包装、标签

C. 储存、运输　　D. 进港、装船

E. 结算、收汇

11. 全球物流运作的环境远比国内物流复杂，可概括为（　　）。

A. 手段　　B. 距离　　C. 单证　　D. 文化差异

E. 顾客需求

12. 目前主要的陆桥包括（　　）。

A. 西伯利亚大陆桥　　B. 北美大陆桥　　C. 小陆桥　　D. 空桥

E. 微桥

三、填空题

1. 物流按货物流向可分为________、________。

2. 根据国际贸易惯例，商品检验时间与地点的规定包括________、________、________。

3. 集装箱船舶的装载能力通常以能装多少________为衡量标准。

4. 国际多式联运具有________、________、________、________等优越性。

四、判断题

1. 国际物流系统由商品的包装、储存、装卸、运输、报关、流通加工及其前后的整理、再包装以及国际配送等子系统组成。（　　）

2. 现代化的交通运输系统由铁路、水路、公路、航空四个部分组成。（　　）

3. 国际多式联运是一种以实现货物整体运输的最优效益为目标的联运组织形式。（　　）

4. 海空联运又被称为空桥运输队。（　　）

5. 国际多式联运是采用两种或两种以上不同运输方式进行联运的运输组织形式。（　　）

6. 国际多式联运通过一次托运，一份单证，一次保险，由各运输区段的承运人共同完成货物的全程运输，但要按各种运输方式的要求缴纳不同费用。（　　）

7. 国际物流是国际贸易的充要条件。（　　）

8. 国际物流商品检验子系统是国际物流系统的核心。（　　）

9. 国际物流指不同国家之间的物流活动。（　　）

10. 承运人代理在空运中较为常见。（　　）

五、简答题

1. 与国内物流相比，国际物流具有哪些特点？
2. 在国际贸易中，国际物流系统网络发挥着怎样的作用？
3. 国际物流发展需要哪些支撑体系？
4. 国际物流系统的组成部分有哪些？

六、论述题

1. 论述国际物流合理化措施。
2. 论述国际物流运作环节。

3. UPS 是一家大型国际快递公司，它除了自身拥有几百架货物运输飞机外，还另租用了几百架货物运输飞机，每天运输量达 1 000 多件。UPS 在全球建立了 10 多个航空运输中转中心，在 200 多个国家和地区建立了数万个快递中心，公司员工几十万，年营业额可达数万百亿美元，在世界快递公司中享有较高的声誉。

UPS 公司是从事信函、文件及包裹快速传递业务的公司。它在世界许多国家和地区取得了进出的航空权。在中国，它建立了许多快递中心，充分利用先进技术，提供高质量的物流服务。

（1）为什么说 UPS 是一家国际快递企业，它与一般运输物流企业有什么不同？

（2）国际快递企业有哪些风险？

第八章 供应链管理

学习目标与要求

供应链不仅仅是一条简单的从供应商到用户的链，而是一个范围更广阔的网链结构模式，包含所有加盟的节点企业；供应链不仅是一条连接供应商到用户的物料链、信息链、资金链，而且还是一条增值链，物料在供应链上因加工、包装、运输等过程而增加其价值，给相关企业带来收益。

1. 理解供应链内涵。
2. 会运用供应链管理方法对供应链企业间的关系进行分析。
3. 培养整体思维能力及全局意识。

知识回顾

一、供应链概念

供应链，即生产与流通过程中将产品或服务提供给最终用户的上下游企业所形成的网链结构，具有复杂性、动态性、面向用户需求、交叉性、创新性、风险性等特征。

二、供应链管理

供应链管理，即利用计算机网络技术全面规划供应链中的商流、物流、信息流、资金流等，并进行计划、组织、协调与控制。

供应链管理有如下作用：(1) 降低库存量；(2) 为决策人员提供服务；(3) 改善企业与企业之间的关系；(4) 提高服务质量，刺激消费需求；(5) 实现供求的良好结合。

近年来，供应链管理受到了前所未有的重视，发展十分迅速，根据供应链管理覆盖的范围可将其分为三个阶段：

(1) 传统物流管理阶段（Physical Distribution Management）：集合了运输和仓储两大职能。

(2) 现代物流阶段（Logistics）：在传统物流管理的基础上，增加了制造、采购和订货管理职能，辅以 EDI、世界范围的通信和高性能计算机应用技术。

(3) 同步一体化供应链阶段（Synchro Integrated Supply Chain）：在原有供应链的两端

分别增加供应商和顾客，使供应链成为七项功能的集合体。

当前供应链管理的发展呈现出一些明显的趋势：

（1）企业越来越重视时间与速度，将时间与速度看作提高企业竞争优势的重要因素；

（2）越来越多的企业将质量与资产生产率作为提高供应链业绩的强大力量；

（3）越来越多的企业开始精简物流供应商，尽可能降低供应链管理的复杂程度，追求在全球范围内提供统一的服务标准，从而更好地发挥全球供应链管理的整套优势；

（4）越来越多的供应链成员开始重视客户服务与满意度，并将物流公司作为提高服务水平的重要方面。

供应链管理主要涉及四个领域：供应、生产计划、物流、需求。

在供应链管理中，应实施的基本步骤如下：

第一步，制订供应链战略实施计划。

第二步，构建供应链。

第三步，改造供应链流程。

第四步，评估供应链管理绩效。

三、供应链管理方法

供应链管理的方法较多，以下是结合供应链特点采用的一些特色方法：

（1）联合库存管理；

（2）供应商掌握库存；

（3）供应链运输管理；

（4）连续补充货物；

（5）快速反应与有效客户反应；

（6）电子化与信息化；

（7）供应链管理环境下的物流业务外包。

四、供应链系统集成与供应链优化

企业需要和供应商、客户甚至竞争对手建立密切的商业伙伴关系，把自己看作整个供应链中的一员，和其他成员共享信息、协同计划和处理业务流程，以一种全新的商业运作模式为最终的客户提供快速、灵活、高效的支持和服务。

从供应链集成的深度和广度来看，可分成四个级别：信息集成、同步计划、协同的工作流、全面的供应链继承。

供应链优化是在有约束条件或资源有限的情况下探索出的决策方案，它主要有整体优化和局部优化两种类型。

优化配置是应用于供应链管理运行过程中的现代信息技术应用系统。它将整个供应链的相关因素，如物流、信息流、资金流、业务流、人力流等进行优化整合与动态配置，大大降低供应链的物流及运行成本，减少企业库存，提高规模经济产出率。

五、供应链与供应链管理系统设计

供应链设计有四种基本方法，即基于产品的供应链设计，基于成本核算的供应链设计、基于多代理的供应链设计和基于信息的供应链设计。

案例与评析

案例1　飞力达公司的商业模式创新

案例概述

随着《中国制造 2025》以及相关配套政策陆续出台，中国制造业加速向智能制造转型升级。在这一背景下，技术理念的更新、技术手段的升级，使制造业对物流外包服务提出了更高的质量要求，越来越多的制造业企业期望物流企业与其制造系统进行多点对接，为其提供从供应端到需求端的一体化供应链服务，同时实现整个运作过程的信息透明化、可视化。目前我国大部分物流公司存在企业规模偏小、基础设施陈旧落后、物流供给质量不高、信息技术水平较低和人才匮乏等问题，以单个物流功能和操作业务为主，缺少创新型综合物流服务，服务能力不强，这是推动制造行业转型升级的巨大障碍。

在“中国制造 2025”背景下，第三方物流企业必须发挥自身在供应链协作和管理中的重要作用，加快与互联网、物联网等先进技术的融合，结合自身实际情况和市场需求，高效整合各类资源进行商业模式创新，主动为制造企业提供低成本、高效率、多样化、专业化、信息透明化的物流服务，实现与制造业的联动共赢。这对企业自身核心竞争优势的构建、“中国制造 2025”战略的实施、流通与生产深度融合的推进、供应链整体运营效率的提升、流通现代化水平的提高均具有重要意义。

一、公司简介

江苏飞力达国际物流股份有限公司（以下简称“飞力达”）于 1993 年成立于全球最大的笔记本电脑制造基地——昆山。该公司作为 IT 制造企业的传统货代服务提供商，自 2011 年开始升级改造，通过服务创新和资源整合，不断培育和提升一体化供应链服务设计和供应链管理能力，致力于协同相关企业打造以客户为中心的共创共赢生态圈，并取得了良好的运营效果。目前公司已成为多元化、现代化、区域化的综合性物流企业，业务范围包括 IT、通信、汽车、精密仪器的进出口报关报检、海陆空货运代理、各类特色物流及一体化供应链解决方案设计。公司在上海、苏州、无锡、常州、宁波等地设有分公司，仓库面积有 60 多万平方米，拥有自有车辆 134 辆，以及覆盖全国 29 个省份的立体化高效物流网络。公司还全面推进信息化管理，目前已使用多套信息化管理系统，包括供应链协同平台、智能仓储系统等，转型为数字驱动型企业。

二、飞力达公司商业模式创新路径

1. 重新定位：由基础物流服务提供商转变为供应链一体化服务商

飞力达以货代、进出口通关等基础服务切入市场，根据 IT 制造企业的要求执行单项简单的物流操作，其定位是传统物流服务提供商。近年来，随着以小批量、高频次、个性化、柔性化、智能生产为特点的制造趋势的兴起，企业希望物流公司能对不断变化的需求作出更加快速灵活的响应，并以专业公司的身份为其物流体系提供一揽子解决问题的方案。飞力达挖掘客户个性化需求，在定位时充分考虑了宏观环境、行业特性、制造商关注点等，制定了差异化战略，将供应链管理能力作为核心竞争力，设计并提供一体化供应链管理解决方案。公司由单一的实体物流服务模式，转向实体综合物流服务和智能化供应链解决方案，设计“两条腿走路”的模式，战略定位转变为一体化供应链管理服务提供商，致力于成为“中国智造生产供应链管理专家”。

2. 整合各方资源，重构基于供应链一体化的业务系统

受近几年 IT 制造业下行及产业西迁的影响，公司原有业务发展空间不断缩小，飞力达在现有 IT 制造业物流服务发展的基础上，抓住智能制造带来的长期发展机遇，整合各种产品与资源，进行更贴近市场和客户的业务重组，并积极寻求非相关多元化，进行业务创新，打造可持续的发展模式。

如图 8-1 所示，飞力达公司业务模式构建模型包括输入、转换、输出三部分。以公司环境为外部影响因素，将设施设备、劳动力、能源、资金和信息等资源输入，经过转换过程——甄选收入占比较高的关键业务，创建利润率较高、发展潜力大的增值业务，并进行业务重组，业务系统最终输出新业务模式，从而提高基于供应链一体化的物流服务能力。

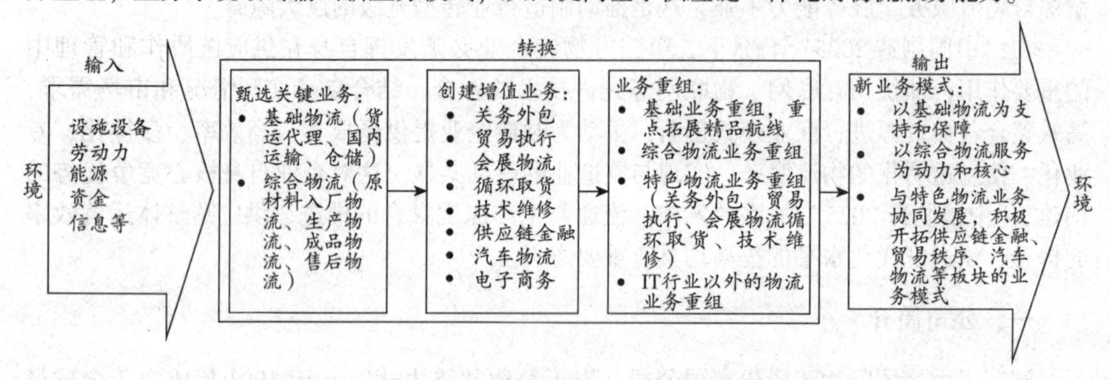

图 8-1　飞力达公司基于供应链一体化的业务构建模式

在该业务系统中，飞力达响应客户除核心业务外的各类需求，为制造企业制定合理的供应链解决方案，尤其是智能化方案，并通过货代物流、综合物流、特色物流等服务来确保方案的落实。通过对制造商从物料采购到产品或服务送抵最终用户的一系列运作过程的管理，飞力达有效协调了供应链相邻企业的采购与供应关系，保障了整个供应链的有效运转。

3. 信息化转型，构筑基于技术和供应链协同的关键资源能力

作为国家 5A 级物流企业、全国物流综合排名前 50 的上市公司，飞力达除了具备极好的信誉度、较大的品牌影响力和专业的人才资源外，还倾力打造良好的企业基础设施（如各种类型的仓库和运输工具、广泛的物流网络），提升现代化的技术资源和较强的供应链管理能力，吸引优质合作伙伴为企业发展提供支持，实现了规模化快速扩张。其中，技术资源、供应链协同能力是其最关键的资源与能力。

①在“中国制造 2025”背景下，公司顺应“智能生产”的时代趋势，围绕智能物流理念积极开展数字化改革部署，不断驱动自身提高技术硬实力，借助先进的信息技术，通过合理的技术平台，提高了各部门之间的信息共享和协同水平，实现资源整合及业务的自动化、可视化、可控化、智能化、网络化、平台化，提升了供应链管理和服务水平。

在运输领域，飞力达通过射频识别电子标签、全球定位系统、智能化运输平台、仓储配送系统等实现货物识别、实时定位、客户订单管理、人车分配、安全管理、数据分析等多项功能，实现运输业务全程信息可视化追踪。在仓储系统方面，飞力达引入了自动化仓储作业模式，建立了由立体货架、自动导引车、堆垛机、RFID 电子标签、RFID 门禁系统、智能机器手、自动流水线及自动化控制系统、自动任务分配管理系统等组成的自动化立体仓库，实现了仓储设施设备及信息管理的智能化。利用计算机网络技术处理存储作业和跟踪管理系统，实现实时质量跟踪管理、实时生产品种跟踪管理、实时配送跟踪管理，实现在线一体化运作；产、储、配无缝链接，将智能化仓储管理系统、运输系统与客户企业的生产系统集成在一起，促进了智能制造与智能物流的有机融合，提高了供应链的可视性。在内部信息平台建设方面，飞力达与物流系统开发商 SAP 联合共建以客户为中心的物流管理服务创新平台，打造新的智慧业务流程和业务实践，让服务可视化，极大地提高了客户满意度。

②通过供应链协同平台打造贯穿企业供应链上下游的信息通道，提升制造业生态圈供应链管理服务能力，提升供应链运作的价值。飞力达以“与客户一起成长，实现客户价值最大化”为目标，通过提供供应链协同解决方案与众多物流用户企业，如宏碁、联想、华硕、索尼和爱立信等 IT 制造业知名品牌商，结成了以一体化供应链管理为服务核心的战略合作伙伴关系。

如图 8-2 所示，供应链协同平台基于互联网建立伙伴连接与沟通机制，不仅实现与品牌商、代工厂、原材料供应商、贸易商、物流合作伙伴的跨组织协作，而且提供从预测到计划、从订单到执行的数据服务，实现需求与供给、订单执行和库存的可视化，以及对供应链运行异常的监控管理。在该平台的支撑下，公司围绕客户的需求为其进行物流服务个性化方案开发，提供“智能仓储管理”“信息技术与数据能力”等个性化解决方案。该平台促进了信息在整个供应链环节的共享，实现了物流状态可视化及各方作业的一体化，提

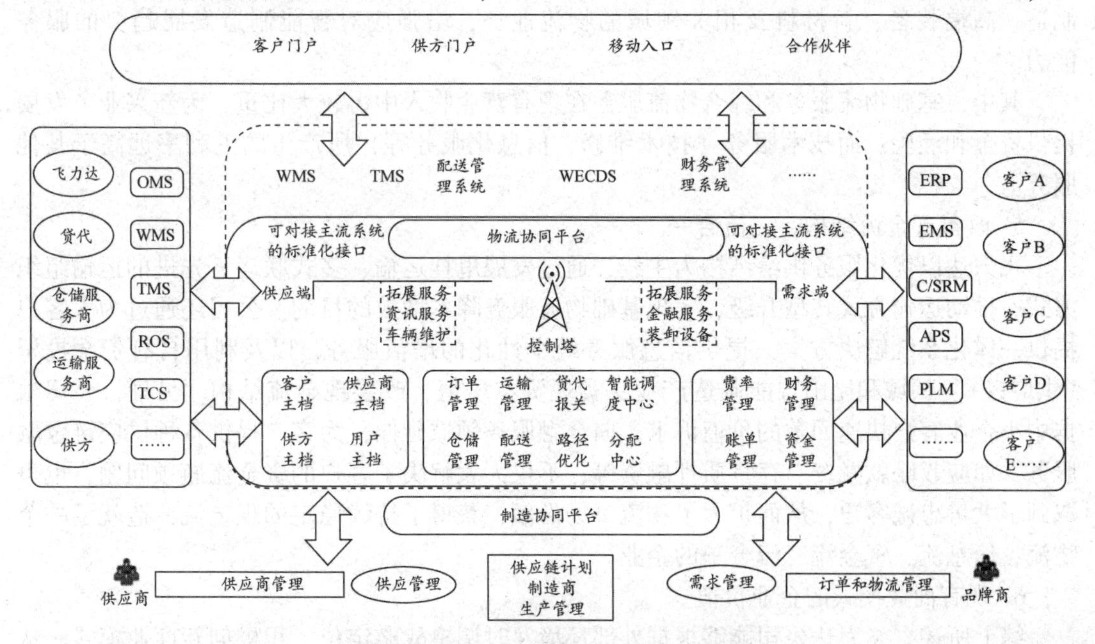

图 8-2　飞力达供应链协同平台业务框架

升了物流服务质量和时效，大大提高了供应链的敏捷性、智能性。另外，通过投资或参股智能制造、高端装备、新材料及相关产业等形式，飞力达与合伙人、物流企业合作伙伴结成价值优势互补、融合渗透、互利共赢的联盟，重构价值网络，为相关领域物流业务的开拓及价值创造奠定基础。

4. 盈利来源多样化

飞力达初创期的盈利来自基础物流服务，即为 IT 制造业提供货代、国内运输等传统服务，服务内容相对单一，盈利空间狭窄，且市场竞争激烈。后来，公司紧密围绕客户需求的变化及相关行业特点，在稳固发展传统业务板块的基础上拓展收入来源渠道，其供应链一体化业务模式收入来源主要有：

①供应链一体化解决方案制定。飞力达结合现代智能化物流的管理模式和先进设备的运营经验，为客户设计和优化运营细节问题，通过市场定位与业务规划设计、业务流程设计、信息系统设计、组织设计、硬件规划等，为客户提供专业定制的解决方案。

②基础物流业务。主要包括国际货代、国内运输、仓储业务，这是企业综合物流业务发展的保障。为保持和提升该业务的整体竞争力，飞力达进一步打造国际货运代理业务中的精品航线，确保满足一体化供应链管理中客户国际网点布局和个性化货物运输的要求。

③综合物流业务。为供应链核心企业提供原材料入厂物流、生产物流、成品物流、售后物流业务。其操作模式主要有制造商管理库存模式、品牌商管理库存模式、分拨中心模式、产线配送、组装出货、流通加工、仓库外包与备品备件分拨中心，公司根据交易量收取一定费用。

④特色物流服务：关务外包、贸易执行、会展物流、循环取货与技术维修，这部分物流服务有巨大的发展潜力，将是公司未来深耕的领域。

⑤IT 制造行业外的供应链管理服务，以及关务云、供应链金融等。

⑥战略投资业务。公司参与投资设立亭林智能制造产业投资合伙企业，从而开拓智能制造、高端装备、新材料及相关领域的物流业务，增强应对智能制造发展趋势的服务能力。

其中，基础物流服务和综合物流服务在现有营业收入中占较大比重，为新兴业务发展提供资金和经验；而技术服务（技术维修、信息化服务等）所产生的毛利率远高于其他服务。

5. 改善现金流结构，三流合一

飞力达以优化服务供给结构为主线，通过发展甩挂运输、多式联运等先进的运输组织方式，推动运输方式转型升级，实现基础物流服务降本增效的目的。公司还通过为大客户提供一体化系统解决方案，提供信息服务等个性化的增值服务，以及利用自有资金投资“供应链+”领域和昆山智能制造产业，实现资本增值，改善现金流结构。另外，公司根据中小企业客户快速回款的价值诉求，向金融服务领域延伸，为客户提供各种供应链金融服务，如应收账款融资、存货质押融资等，不仅大大解决了客户的资金流瓶颈问题，也争取到了大量忠诚客户，从而扩大了物流市场份额，获得了持续稳定的现金流，造就了一个物流、信息流、资金流三流合一的企业。

6. 现有商业模式的企业价值

综上所述，飞力达公司能够根据外部环境及时调整战略定位，积极创新商业模式，从而保持在行业的领先地位，其现阶段商业模式如图 8-3 所示。

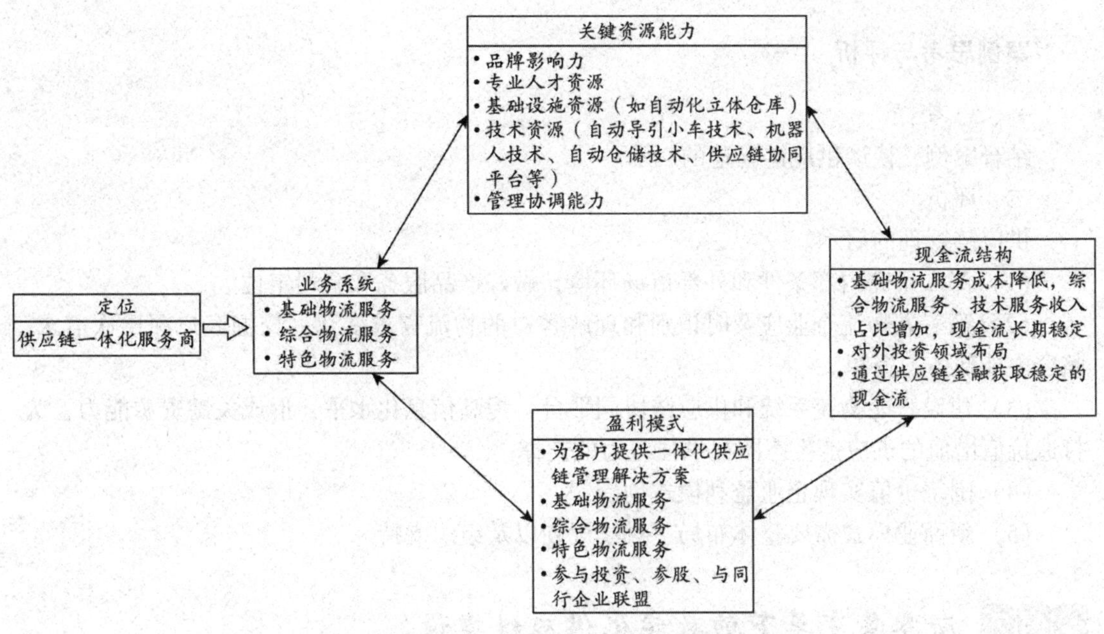

图 8-3　飞力达现阶段商业模式

作为第三方物流企业，飞力达贯穿供应链上下游，充当了供应链成员间沟通的桥梁，构建基于信息共享的供应链一体化运作模式，从而整合自身及外部资源，优化流程，并和物流用户企业共享合作效益。为配合新商业模式的实施，飞力达不断完善内部运营，在做好资金管理、预算管理和成本控制管理工作的同时，在人力资源管理等方面也建立了保障体系，如积极推行精益化管理，成立了丰田生产方式（TPS）的持续改善小组，开展旨在提升效率、降低成本、提升服务与技能等的项目，并从项目开始到结束进行全程跟进，定期开展改善结果测评；建立知识库管理（KM）系统，源源不断地为员工提供学习助力和资源，引导其进行线上线下自主学习，并促进员工之间的知识深度互动，打造高素质、高技能的人才队伍。

随着商业模式各要素进一步完善、融合，集团在短期内实现了较快发展，呈现出良好的发展前景。2018 年半年度报告显示，公司实现营业收入 15.46 亿元，较 2017 年同期增长 8.82%。此外，由 2015—2017 年年度报告可知，公司整体业务营业收入和净利润均在稳步增长，其中 2015 年营收下降是控制和减少毛利率较低的贸易执行业务所致，预期其未来可以产生的自由现金流贴现值也会越来越强，如表 8-1 所示。

表 8-1　飞力达公司 2015—2017 年营业收入及净利润

年度	营业收入		净利润	
	营业收入/亿元	同比增长	净利润/万元	同比增长
2015	22.29	-18.69%	4 310.20	28.22%
2016	23.85	6.98%	6 612.59	53.42%
2017	30.65	28.52%	7 163.48	8.33%

案例思考与评析

一、思考

结合案例，谈谈供应链管理的启示。

二、评析

供应链管理的启示。

（1）深入研究内部条件和外部市场环境，做好产品服务和公司定位。

（2）第三方物流企业应及时识别和理解客户的物流需求变化，挖掘客户深层次需求，整合内外部各项资源。

（3）建设智能物流系统和供应链协同平台，提高信息化水平，形成关键资源能力，为打造价值增值的供应链生态圈提供强有力的支撑。

（4）围绕价值实现企业盈利模式创新。

（5）新商业模式需要整体布局、科学规划以及组织支持。

案例2 新零售变革下的数字化供应链建设

案例概述

新的变革给零售业传统供应链带来新的挑战。积极利用大数据、智能化软件和物联网硬件等先进技术，结合消费者需求，制定数字化供应链解决方案，成为零售业供应链转型发展的必由之路。

20 世纪 90 年代以来，中国零售业态经历了从单一百货业，到以购物中心、连锁超市为主体的多业态并存的状态。而随着电子商务的兴起，以及消费者需求和信息技术的不断升级，我国零售行业再度发生巨大变化，作为零售重要环节之一的供应链也遭到全方位冲击。2018 年全球领先的管理咨询公司贝恩公司与 G7 汇通天下合作，对超过 50 家业内领先的供应链企业展开调研，并发布《零售新变革下的数字化供应链》报告。报告指出，在零售新业态模式下，传统供应链亟待进行全面的数字化转型升级，而大数据、智能化软件和物联网硬件的迅速成熟，将为供应链的各个环节带来新的变革机会。

不少业内人士表示，零售新变革下供应链面临的挑战依然存在，甚至更为紧迫。供应链与物流，本身就是一个不停演进的领域，如今随着需求端和供给端的变化，零售业供应链向数字化转型，成为企业不得不面对的问题。

一、前后端变化催生供应链数字化转型

随着数字化消费的深入，绝大部分品牌企业会面临线上线下融合的问题，如鞋服、快消、生鲜等品类，如果线上线下的系统、数据是分立的，则很难实现对库存等信息的准确掌握，也很难使物流高效运转，这也是零售数字化变革对整个物流供应链体系造成的最直接冲击。

在供给端，大量新技术的出现，也加速了零售供应链向数字化的转变。例如，无论是传统的电商平台，还是移动互联网，以及大数据技术、仓储自动化设备的应用，都使我们能更好地对供应链需求进行提前预测和规划，将线上线下数据打通。

需求端带来了变革的机会，也提供了新的技术和管理模式，两方面结合促成了零售业供应链向数字化转型的大趋势。未来5～10年，随着数字化供应链体系逐步完善，中国物流行业的整体发展水平将迈上一个新的台阶，且有望出现世界级规模的供应链管理平台企业。

二、零售新变革下供应链面临的挑战

随着电商的兴起，中国零售业态发生巨变，人、货、场三大组成要素正在进行全面的重构和升级，零售业供应链向数字化转型势在必行。然而，贝恩公司《零售新变革下的数字化供应链》报告中也明确指出，转型之路面临着多方面挑战，如表8-2所示。

表8-2　传统供应链在变革下面临的多方面挑战

零售新变革的要求	供应链调整方向	供应链变革的痛点
①需求多样化，SKU变多，且产品生命周期缩短；消费者缺乏耐心，对缺货容忍度降低 ②消费者对“时效”要求持续提升；线上线下融合趋势加剧，由固定场所延伸到泛零售、多元化场景 ③消费者对“便捷”要求持续提升 ④互联网渗透加深，传统经销商份额逐渐被电商平台取代	①传统的大规模生产、大批量配货被小批量、高频次订单模式取代 ②仓库布局越来越贴近终端消费者，而“前置仓”“门店仓”等新模式纷纷涌现，以便灵活快速供应 ③送货入户成为普遍要求 ④电商直接对接零售店，供应链环节被压缩	①需求预测难度加大，流通通路仓库库存控制难；线上线下分立的物流体系导致计划难度增加，成本大幅上升 ②前置仓/门店仓等仓库模式涌现，供应链网络布局（尤其仓库布点）难度加大；干线及城配（尤其是到前置仓/门店仓等）配送成本升高 ③最后一公里配送成本上升，如O2O、重货入户等；零售门店的配送成本居高不下

三、需求预测难和供应链敏捷度差

研究显示，消费者需求分散导致订单碎片化、产品定制化，这给生产端造成巨大压力。过去消费者需求相对单一，因而规模化、批量生产的方式在传统品牌商中占据主要地位，随着消费者逐渐“部落化”，新品的生命周期急剧缩短，导致预测、库存控制和生产弹性都面临巨大挑战。

企业内外部数据可见度的制约，是导致需求预测难和供应链敏捷度差的关键因素。首先，很多传统行业零售商过去采用层层分销的方式，除了部分大型经销商外，并未掌握次级经销商及门店的数据。其次，许多企业内部不同渠道、不同区域间的数据也未打通，无法做到全局协同。线上线下分开的物流体系带来了诸多额外成本，成为品牌商需应对的问题。此外，大量企业在预测系统的升级以及相应分析团队的能力建设方面也具有较大的提升空间，其目前的预测及备货方法多参照历史同期表现，缺乏对外部信息的合理整合，且分析绝大多数由人工完成，面对大幅增加的SKU数和订单频次，往往面临“分析师人手不足、分析深度不够”的尴尬局面。

四、仓储管理面临新挑战

随着消费者对时效要求的逐步提升，供应链长度也随之不断缩短，这使仓库布局越来越贴近终端，由此涌现了前置仓、门店仓等大量新模式。但此类前置仓储点容量有限，增加了运营难度和成本。渠道融合和订单碎片化也对传统仓储的管理提出了挑战。

五、干线及城际配送复杂化

生产端的碎片化及仓储前置点的迅速扩张增加了干线及城配物流的复杂性。一方面，面向终端的配送和覆盖时效持续提升，终端覆盖由原先的城市深入区县、乡镇，同时当日达、次日达在业务中的比例显著提升。为了配合时效性要求，各商家纷纷调整仓库布局，更多接近终端消费地，以提升服务质量，大量新增的仓储点导致现有干线及城配的路径与车次规划难以循序跟进。

六、“最后一公里”配送难度大

随着零售升级，消费场景将无处不在，消费者对时效、便捷的要求更高。但是碎片化的需求和极高的时效要求导致终端配送成为物流中难度最大、成本最高的领域之一。自2016年起，即时配送领域的竞争愈发激烈，即时配送的单位成本居高不下。

七、B2B 电商通路物流成本高

互联网的高度渗透使 B2B 电商平台成为新型零售趋势下不容忽视的业态。以零售通、新通路、中商惠民为代表的大型 eRTM 平台，相比过去层层分销的网络，能够更快、更有效地触及杂货店、“夫妻店”等渠道。但现有电商平台相较经销商城配成本普遍更高，是一个严重问题。

八、数字化供应链的创新解决方案

零售业供应链在转型过程中，首先要明确自身所面临的挑战，其次积极利用大数据、智能化软件和物联网硬件等先进技术，结合消费者需求，制定创新的数字化供应链解决方案。贝恩公司在报告中对供应链参与者提出了解决方案，如表 8-3 所示。

表 8-3 零售新变革下供应链面临的痛点与数字化解决方案机会

供应链调整方向	带来的供应链痛点	新的数字化解决方案机会
①传统的大规模生产大批量配货被小批量、高频次订单模式取代 ②仓库布局越来越贴近终端消费者，而“前置仓”“门店仓”等新模式纷纷涌现，以便灵活快速供应 ③送货入户成为普遍要求 ④电商直接对接零售店，供应链环节被压缩	①需求预测难度加大，流通通路仓库库存控制难；线上线下融合要求供应链反应更加敏捷，分立的物流体系导致计划难度增加 ②前置仓/门店仓等仓库模式涌现，供应链网络布局（尤其仓库布点）难度加大；干线及城配（尤其是到前置仓、门店仓等）配送成本升高 ③最后一公里配送成本上升，如 O2O、重货入户等；到零售门店的配送成本居高不下	①基于消费大数据的精准需求分析与预测，对企业物流提供整体解决方案 ②提升线上线下一体化、仓配物流一体化服务 ③基于数据驱动的仓储分拨网络布局设计和规模 ④采用无人驾驶、无人机的资源技术 ⑤采用智能调度系统 ⑥利用众包模式 ⑦集中调配仓储资源，充分共享以提升效率

九、提升基于数据的预测能力

典型的预测分析分为原始数据积累、数据质量提升（增强分析）和智能决策三个阶段。首先，企业应结合自身运营状况在关键环节增加监控，提高对数据的掌握水平；同时通过内外部分享协同，实现关键系统的整合。拥有足够数据体量后，企业需要排除缺失数据并建立统一标准，以提升数据质量，提高数据利用率；最后的决策阶段则需要积极引入大数据、人工智能等新技术，采取最优算法预测效果。

除提升数据完整性、打通端到端数据外，引入大数据、机器学习等先进的预测方式也可大幅度提升预测的准确度。以国外领先的数据预测独角兽机构 Prevedere 为例，其综合内部销售、库存信息与外部气候、经济指数、价格指数等信息，运用大数据及云平台挖掘相关性，协助数家领先零售及消费品企业大幅度提升预测准确性。此外，企业还需持续培养专业化供应链分析预测团队，并通过持续学习构建系统的预测方法，从基础能力建设上进行提升。

十、线上线下仓配一体化服务

随着大量消费品企业线上销售比例的提高，部分线下零售渠道与 B2C 物流解决方案有显著的协同作用，尤其是在品牌企业拥有或掌控较大比例的线下渠道库存及物流时，协同作用更加明显。

在实践中要完全实现线上线下统一管理，还需要解决许多难题，例如，线上仓和线下仓操作模式差异的协调，实体库存与线上订单的操作协同机制，线上物流管理和线下物流管理的成本差异处理等。

十一、在数据驱动下优化供应链网络布局

仓库建设及配送路线选择在前期的“跑马圈地”之后逐渐步入稳健期，网络的资源分配存在较大提升空间。物流网络的优化需要立足公司战略，结合产品组合、市场需求、库存控制、仓库容积、运输成本、人工成本、采购成本等，同时在结果上兼顾物流效能、成本控制、反应速度、营运资金管理等。

同时，在跨仓管理及店仓合一方面，国内以便利蜂为代表的新型创业公司通过与 WMS、ERP 系统联通的互联网平台打通总仓、前置仓、门店及货柜，实现高度精准的库存实时监测，并开发面向供应商的自动订货补货系统，大幅度减少对人力的依赖。此外，结合终端数据反馈，通过支付端口及用户购买数据勾画精确用户画像，指导不同地区的前置仓选品，在前置仓 SKU 数目仅为门店 1/10 的情况下，仍然保持低至 10% 的缺货率。

十二、智能调度体系及自动驾驶技术提升运输配送效率

随着物流运输复杂度的提升，传统简单的手工或简单的调度体系已难以满足物流的需求。应用大数据驱动的智能调度及规划系统优化车辆运行时刻、路线及配载规划，是提升运输尤其是城配运输的必由之路，且潜力巨大。

人工智能及自动驾驶技术的迅速发展，将对运输体系产生颠覆性的影响。以“最后一

公里”为例，相比传统配送，自动驾驶效率将提升2倍；就短途而言，自动驾驶效率将提升50%以上并且能够全天运营。

十三、智能调度、众包模式及前置自提，综合解决“最后一公里”配送成本

面对高昂的配送成本，业内主要尝试方向包括调度优化、终端自提点设置、运力众包及快递站前置等。随着供应链数据化程度的提升和新型技术的规模化应用，“最后一公里”存在巨大的运营提升空间。

相比抢单模式和人工调度，系统能够有效对派单和路径进行优化，如美团通过大数据及动态算法，在最适当的时间和地点自动向配送员推送订单并实时导航，进行路况播报并提供安全驾驶提醒；盒马鲜生则通过集单率优化模拟筛选出最适合派送的单量；自提柜等终端自提设备通过对终端配送点的汇集，大幅度缩短配送员的等待时间及末端配送距离。

除技术优化和新型硬件投入外，商业模式革新也是重要的降本方向。需求急速上升，超过了平台自营运力和第三方自有运力的扩张速度，人工投入及设备投入较低的众包模式应运而生。除运力众包外，京东、菜鸟等自建或加盟的前置化自提点和快递站也有助于仓储下沉。此类自提点往往设置在社区中央，实现物流配送的标准化和集中化，从而减轻配送员的工作难度并提高其日派单效率。

十四、提升区域浓度、共享仓配服务，共同降低B2B电商平台成本

电商平台在数据化方面具有优势，但是在运力成本控制方面仍有提升空间。当前，个别区域性的B2B电商平台，能够在物流成本上超出同行，接近传统经销体系物流成本水平，其关键是进行多客户多货源共享物流，提升规模效应，降低成本。因此，通过与组织化的高效物流商合作，将物流配送服务外包并实现统一调配，降低车辆闲置和空驶比例。采取自建物流车队方式向零售终端提供配送服务，借助配送回程的多余运力，利用甩挂方式降低车辆空驶比例，提升自有车辆整体使用效率。

十五、探索创新才能适应数字化时代

家乐福中国自2019年9月被苏宁收购完成后，也在进行一系列尝试。据家乐福中国相关负责人透露，经过整合，家乐福和苏宁双方的数字化改造已基本完成。作为苏宁场景零售的试验场，将家乐福中国的商品体系与苏宁的商品体系打通，是苏宁改造家乐福中国的重要一步。针对商品同质化问题，家乐福通过线上大数据分析精简商品品类，选取2 000个“网红”单品，通过情景化的陈列出样，打造年轻时尚个性化的标签，同时将其延伸到苏宁、家乐福已有的家乐福小程序、苏宁易购APP等线上渠道，强化离店销售新场景。在商品端，家乐福供应链接入苏宁小店，供应商同时向家乐福和苏宁小店供货，苏宁小店将增加3万多个商品，极大扩充SKU种类，有效提高商品满足率，家乐福则成为苏宁线上超市和苏宁小店的“大后方”。据悉，在数字化升级后，家乐福与苏宁易购APP、苏宁小店统一成一个供应链体系，将双方的采购、仓配、物流等进行统一管控并实现日配，大大提高了供应链效率。对苏宁小店的供应链开放只是第一步，家乐福还将规划上线苏宁快消品的零售云开放系统。

案例思考与评析

一、思考题

1. 结合案例，谈谈如何理解数字化供应链。

2. 新零售模式下的供应链有何特点？

二、评析：

1. 对数字化供应链的理解。

首先，在物流环节维度上，供应链架构更加柔性化、扁平化，日益链接的物流设施使仓的分级结构变得模糊，极致时效、快时效、一般时效及慢时效均结合不同水平的增值服务满足不同客户的需求。其次，应对数据采集、数据使用和未来需求进行评估。随着与互联网的交互应用，供应链的各个环节会产生海量数据，企业需要思考如何更好地利用有价值的数据，为企业生产和消费者购物提供服务。最后，促进相关技术和设备方面的升级。为更好地适应供应链数字化的变革，企业需要从整个技术和设备方面与之匹配，例如零售和物流企业需要引入自动化仓储系统，从而与上下游企业更好地进行数据和流程衔接。

2. 新零售模式下供应链的特点。

（1）“一盘货”：传统流通模式下，需要历经“品牌商—经销商—零售商”等多个仓，其中涉及多次转运、进库、出库。新供应链模式下，整个流程变为“品牌商—终端零售商”，缩减了诸多环节，减少了货物的搬运次数，避免了损耗，降低了成本。与此同时，可进行线上、线下的全渠道供给。

（2）“柔性供应链”：传统供应链路径由上至下逐步传递，历经研发、采购、制造、分销、交付、服务等一系列过程，到了分销渠道阶段又再次经历代理商、经销商、零售商等多个环节。在新供应链条件下，渠道变得更短、信息传递更为快捷，这些基础条件的改变变革了供应链的传递方向，由“B—C”的传递转变为了“C—B”的逆向传导，这要求整个供应链体系更柔性化，以应对高时效、短周期的需要。

案例3 高露洁 SCM 实施经验

案例概述

高露洁作为一家知名的跨国公司，以制定正确的发展策略为业内称道。为综合管理其供应链，该公司于 1999 年 11 月建立了高露洁全球供应链管理系统，希望充分利用对其核心 SAPR/3 解决方案的投资，进一步完善全球供应链管理，改善对零售商和客户的服务，减少库存，增加盈利。

高露洁是一家资产达 94 亿美元的全球性消费品公司，制造并销售的消费类产品种类繁多，包括牙膏、肥皂、洗涤用品和宠物食品等，业务遍布两百多个国家，其中 70% 的销售在国际市场，80% 的雇员位于海外。高露洁公司在 SAP 企业管理解决方案的基础上建立了高露洁 mySAP 供应链管理（mySAP SCM）。

高露洁从 1995 年开始采用 SAP 提供的企业管理核心解决方案，通过财务管理、后勤规划和其他业务环节等支持全球公司的运营，也推动了高露洁公司内部所有产品命名、配方、原材料、生产数据及流程、金融信息等方面的标准化。

这些方面的改进提高了高露洁公司在全球的运营效率。在经营领域，SAP 企业管理解决方案能够巩固生产设施。国际市场上消费品的竞争十分激烈，尽管高露洁在 SAP 系统的帮助下取得了很大发展，但还有些方面需要完善。通过实施 SAPR/3 系统，高露洁将产生订单和完成订单的实现率提高到 90%，但它仍希望通过突破公司在需求和能力方面的局限，将该数字提高。此外，通过 SAPR/3 系统，高露洁在北美将订单在企业内部循环的时间由 9 天缩减到 5 天。

高露洁建立的高露洁全球供应链系统，确定了三个主要的供应链战略。首先，推出供应商管理库存（VMI）项目，大幅削减渠道的库存和循环时间。其次，高露洁还计划实施跨边界资源计划，将地域性模式拓展为全球性模式。这种模式转型可以提高企业的预测能力，减少非营利股份，凝聚资产，平衡公司的全球业务。最后，高露洁还将实施与下游企业的协同计划程序，用来管理供应链中的市场需求和协调各项活动。

在高露洁内部，VMI 是一个推动过程，公司将根据 VMI 提供的每日消费需求与库存信息对各消费者中心进行补充。目前 VMI 的重点在北美，在那里，VMI 管理着来自 5 个工厂 40% 的集装箱，涵盖 40 个分销中心、12 个消费区。由于 mySAP SCM 使高露洁能更加准确地契合供给与需求，最终降低了成品库存，提高了在产订单和已完成订单的达成率，缩短了补充循环的时间。

VMI 商业程序由 mySAP SCM 供应网络提供支持，来自消费分销中心的库存量和需求信息每天传递到 mySAP SCM，其对需补充的订单数进行统计。mySAP SCM 能够对企业生产能力信息进行综合，以确定生产需求和供应。随后，补充订单通过 EDI 传回给消费者进行确认，然后处理顾客的要求。VMI 调度 98% 的在产订单和已完成订单，并将补充订单循环时间缩至一天。随着 VMI 在北美和其他地域的实施，高露洁所获得的上述收益还将成倍增长。

一、真正实现全球化资源利用

高露洁的跨地域资源利用系统（CBS）将需求和全球资源信息整合在一起，由传统的月度预测发展成每周的订货补充，高露洁的投入迅速见效，其中包括出货率上升、集装箱整箱率上升、补充订单的循环次数下降、库存下降等。在新商业模型中，供应商直接负责对高露洁分销中心的资源补充，在此之前，高露洁的销售分支每月发展不均，向海外的工厂发布的补货要求经常不准确；新的周补给制度由客户的订单来驱动，通过高露洁在世界各地的分销中心直接传递给供应商。补给要求也根据高露洁销售机构提供的需求信息（如推广活动刺激的需求增长等）来计算。

CBS 商业控制程序也由 mySAP SCM 支持，高露洁根据每日需求信号和库存量对补货订单进行计算，使供需更加吻合，更适应特殊订单的要求，同时降低不准确预测产生的影响，进而降低成品库存，减少补充订单的循环次数，大幅提高企业内部补充和用户订单的达成率。此外，通过使用功能强大的补货系统，高露洁还提高了订单的实现率和资本使用效率，这一灵活、有效的产品补充系统加快了前往分销中心的物流进程，而运输成本并没有增加。

二、需求规划

高露洁（美国）采用的 mySAP 需求规划系统的功能和 mySAP SCM 的协同引擎能够向

供应商传达公司的需求信息，并在供应链网络中作出协调计划。mySAP SCM 能够计算出基本需求，推动各种可重复的补充过程，增加因市场推广带来的业务。对市场推广带来的额外需求增长的管理独立于基本需求管理之外，是进行生产、产品整理和分销的重要依据。这种协同引擎通过最新计划信息的交流、偶然事件的管理、对预测准确性等功能测试的跟踪等，对市场推广进行协同管理与支持。

三、绩效确认

高露洁供应链战略的三个主要部分由 mySAP 的实时集成模式支持，股票、订单和其他市场指数都能实时在顾客、企业内部 ERP 系统和 mySAP SCM 之间更新，确保快速整合各种能够影响计划的指数，这对计划的推广尤为重要。高露洁希望在 VMI、CBS 和协同引擎被广泛应用到所有的品牌和商场以后，SCM 的效益能成倍增长。供应链信息的可见度提高，意味着可以得到准确、及时、一致的数据信息，从而支持各种规划的决策。高露洁还将使用 mySAP 商业智能系统（mySAP BI），以更快速地获取更加一致和精细的数据信息，支持整个企业集团的决策。

通过采用供应链管理系统，高露洁提高了市场竞争力，在价格竞争、全球业务拓展和市场推广中更具优势，并降低了业务成本。同时，公司通过协同加强与全球客户的联系进一步降低成本。此外，高露洁通过电子商务进一步加强企业内部整合，密切与合作伙伴和客户的关系。

mySAP SCM 利用互联网将供应链技术拓展到企业之外，使类似高露洁的企业及其合作伙伴、消费者能够快速、实时地掌握订单，制订生产计划，以及了解库存、订单完成比率等重要指标，完全掌握各项关键商业数据。高露洁全球信息技术总监说，对高露洁来说，mySAP SCM 所具有的强大功能对全球供应链改进过程及随后将采取的措施而言十分关键。

四、可持续发展

高露洁仍在不断加强对其提高其竞争力的供应链系统的研究与应用。除在全球范围内使用 VMI、CBS 和协同引擎外，高露洁还与 SAP 一起在 mySAP SCM 内开发可重复制造功能和各种进度细分功能。这将实现仅用一张物料订单（BOM）就可以完成整个生产过程的往复运作，使原料需求更加灵活，生产更适应短期需求变化。同时，高露洁还支持对与 mySAP SCM 相关供需波动计算法则的研究，以在需求和功能局限性大起大落的形势中提升企业的重复性生产优势。

在以推广为主的商业环境中，供需随时会变化，第三方供应商在高露洁业务中的地位日渐重要，高露洁希望通过 mySAP SCM 的协同引擎促进与供应商的联系。此外，高露洁还计划采用 mySAP SCM 的运输规划和进度规划功能优化运输网，以降低运输成本。高露洁还通过参加各种需求、盈利、后勤计划等方面交流，与顾客和合作伙伴进行多元化合作。

高露洁通过 mySAP 供应链管理系统实现了很多目标，如提高可视供应链、加快循环速度，通过全球化资源利用降低成本、改善客户服务等。

案例思考与评析

一、思考

1. 什么是 VMI？为保障 VMI 模式的成功实施，其必要条件和关键因素有哪些？

2. 高露洁全球供应链系统的主要组成部分有哪些？各部分的作用是什么？

3. 供应链管理的含义是什么？高露洁的 mySAP SCM 的竞争优势有哪些？

二、评析

1. VMI 概念及实施条件。

所谓 VMI（Vendor Managed Inventory），是一种以用户和供应商双方都获得最低成本为目的，在一个共同的协议下由供应商管理库存，并不断监督协议执行情况和修正协议内容，使库存管理得到持续改进的合作性策略。

成功实施的必要条件和关键因素包括：

（1）高层管理人员的支持。

（2）先进信息技术的支持。

（3）信息共享。

（4）相互信任。

2. 高露洁的全球供应链系统有三个组成部分。

（1）VMI 项目。VMI 商业程序由 mySAP SCM 供应网络的规划能力支持，VMI 能大幅削减渠道的库存和循环时间。

（2）实施一个跨边界资源计划，将地域性模式拓展为全球性模式。高露洁的跨地域资源利用系统（CBS）将需求和全球资源信息整合在一起，由传统的月度预测发展成每周的订货补充，这种模式转型可以提高企业的预测能力，减少非营利股份，凝聚资产，平衡公司的全球业务。

（3）实施与下游企业的协同计划程序，用来管理供应链中的市场需求和协调各项活动。高露洁采用的 mySAP 需求规划系统的功能和 mySAP SCM 的协同引擎能够向供应商传达公司的需求信息，并在供应链网络中作出协调计划。

3. 供应链管理的含义及高露洁 mySPA SCM。

供应链管理（Supply Chain Management，SCM）是一种集成的管理思想和方法，它执行供应链中从供应商到最终用户的物流计划和控制等职能。从单一的企业角度而言，是指企业通过改善上、下游供应链关系，整合和优化供应链中的信息流、物流、资金流，以获得竞争优势。

高露洁的供应链管理的竞争优势如下：

（1）建立了高露洁全球供应链管理系统。高露洁充分利用对其核心 SAPR/3 解决方案的投资，进一步完善全球供应链管理，改善对零售商和客户的服务，减少库存，增加盈利。

（2）推出 VMI 项目，能更加准确地契合供给与需求，最终降低成品库存，提高在产订单和已完成订单的达成率，缩短补充循环的时间。

（3）高露洁采用的 mySAP 需求规划系统的功能和 mySAP SCM 的协同引擎能够向供应商传达公司的需求信息，并在供应链网络中作出协调计划。

（4）高露洁还计划采用 mySAP SCM 的运输规划和进度规划功能优化运输网，减少运输成本。

（5）通过采用供应链管理系统，高露洁提高了市场竞争力，在价格竞争、全球业务拓展和市场推广中更具优势，并降低了业务成本。同时，公司通过协同加强与全球客户的联系进一步降低成本。此外，高露洁通过电子商务进一步加强企业内部整合，密切与合作伙伴和客户的关系。

（6）mySAP SCM 利用互联网将供应链技术拓展到企业之外，使类似高露洁这样的企业及其合作伙伴、消费者能够快速、实时地掌握订单，预测生产计划，以及了解库存、订单完成比率等重要指标，完全掌握各项关键商业数据。mySAP SCM 帮助企业提高服务质量、减少库存投资，进而提高企业的市场竞争力。

案例4　京东冷链物流成本

案例概述

一、京东冷链物流简介

京东集团是我国目前最大的自营式电子商务平台。京东通过自建物流体系，用快速且可靠的方式将自营产品配送给消费者，以取得成本优势，从而占领市场。

京东物流在2014年开始打造冷链物流体系，2018年正式推出京东冷链。京东冷链致力于生鲜产品和医疗物品配送。基于冷链存储网络、冷链输送网络、冷链流通网络“三位合一”集成的冷链服务系统，打造一个冷链服务平台。此外，京东还构建了F2B2C全过程和全场景的一站式冷链服务平台，实现商品和消费者之间的安全交付。

二、京东企业冷链物流现状分析

在冷链仓储中，京东生鲜在全国拥有十大专属冷库，覆盖深冷层（-30℃）、冷冻层（-18℃）、冷藏层（0℃～4℃）、控制温度层（16℃～25℃），对各个温区的温度和湿度进行实时监控和管理，保证商品质量；京东新鲜冷藏配送覆盖全国60多个大中城市，建有4 142个配送点和自提站；京东生鲜在核心城市实施“211”配送后，又进一步推出“夜配”（19：00—22：00）服务和“精准达”（送货时间精准到2小时内）的服务，全方位提升生鲜的配送时间和效率。

传统订单流程为京东仓库—京东分拣中心—客户，而京东生鲜的移动存储模式基于自建的配送网点，将库存“前置”，即移动订单流：让客户距离商品更近，实现畅销类商品“小时达”。与此同时，该模型也支持农村推广、校园自提点、大篷车等现场售卖模式。京东的生鲜移动仓库模式不仅能有效地提升客户体验，提高现场客户的关注和互动，也进一步巩固了京东生鲜的竞争力。京东冷链集冷链仓储、冷链整车、冷链卡班、冷链城配、生鲜特快为一体，提高了生鲜运输和送达效率。

三、京东冷链的成本构成

1. 仓储成本

仓储成本即产品的保管和储藏费用，其在物流成本中具有举足轻重的作用，在冷链物流中更是成本控制的关键。在冷链物流中，仓储成本包括仓库的建设成本、使用成本和维护成本。因冷链物流对象对温度的特殊要求，冷链仓库在建设时需额外投入温度控制系统和设备，在使用时也需要比普通仓库更多的后续投入，以保证仓库的制冷和使用。

2. 运输成本

运输成本是产品因运输作业而产生的费用，包括运输设备的使用和维护费用，在运输过程中消耗的人力成本和燃料费用等，它在冷链物流成本中占较大比重。为了能完成产品的运输，冷链流物流需要采用能够进行温度控制的设备，其投入大于一般的配送货车。

3. 信息管理成本

物流信息的管理贯穿整个物流过程，从产品入库到销售，每一步都需要在信息系统中进行记录。对于冷链物流而言，信息系统不只是记录，更重要的是对收集到的信息进行收集和分析，反馈物流成本的控制情况，为进一步控制物流成本提供帮助。信息管理成本具体包括信息系统的开发成本、运营成本、维护升级成本。

4. 人力资源成本

专业的冷链物流人才团队是冷链物流活动达到预设水平的保证，因为冷链物流的水平要求高，须对相关的人员进行专业培训，让他们具有参与成本控制的意识和规范操作的职业水平。招聘和培训物流从业人员以及相关人员的劳务费用都属于冷链物流的人力资源成本。

5. 产品损耗成本

产品损耗成本是产品因为腐坏或达不到销售标准，而不能产生利润的进货成本及回收成本。由于冷链物流对象产品的特殊性，冷链物流中的产品损耗会大于一般物流。产品的损耗会发生在储存、运输、人员操作的各个环节，通过有效控制可减少损耗。

案例思考与评析

一、思考

1. 结合案例，谈谈冷链物流的成本构成。

2. 谈谈冷链物流成本控制的原则及方法。

二、评析

1. 冷链物流成本构成。

①仓储成本；

②运输成本；

③信息管理成本；

④人力资源成本；

⑤产品损耗成本。

2. 冷链物流成本控制的原则及方法。

（1）原则。

①全面管理原则。企业的全部人员要对物流活动各个环节、各个方面进行控制。

②例外管理原则。着眼于发生概率相对小但需要高度重视的情况，如生鲜配送的管理。

③经济效益原则。遵循成本和效益的配比原则，对不能产生效益的成本进行压缩，将精力集中在提高经济效益上，让企业获得更多的利润。

（2）方法。作为电子商务企业，其信息系统相对先进。生鲜产品的冷链物流具有总量大、订单分散的特点，间接成本占物流总成本的比例较大，可以考虑引入作业成本法对其进行核算。

作业成本法以作业为基础对成本进行管理，它将成本进行分类和归集，以便对不同的作业动因和资源消耗进行分析。用作业成本法对冷链物流成本进行分析和控制，可以区分冷链物流活动中无价值的环节和有价值的环节，从而提高有价值环节和增值环节的作业效率，减少或取消无价值或低价值的环节。采取该方法有利于确定物流间接费用的归属，使成本核算的范围更加全面和完整，为企业提供更为准确的成本信息。

练习与思考题

一、单项选择题

1. 对供应链流程进行集成及重组的目的在于（　　）。

A. 满足顾客需求

B. 盈利能力最大化

C. 提升横跨供应链成员的总体流程的高效性与有效性

D. 运行效率最大化

2. 供应链产销率越大，说明（　　）。

A. 供应链成品库存量越小　　B. 供应链成品库存量越大

C. 供应链资源利用率越低　　D. 供应链管理水平越低

3. 供应链节点企业产需率大，说明（　　）。

A. 企业综合管理水平低　　B. 下层节点企业准时交货率低

C. 下层节点企业准时交货率高　　D. 上下层节点企业供需关系不协调

4. 供应链是一个（　　）系统，它包括不同环节之间持续不断的信息流、产品流和资金流。

A. 动态　　B. 固定　　C. 独立　　D. 复杂

5. 因为供应链节点企业组成的（　　）不同，供应链往往由多个、多类型甚至多国企业构成。

A. 类型　　B. 跨度　　C. 职能　　D. 结构

6. 供应链是（　　）结构。

A. 直链　　B. 支链　　C. 网链　　D. 环状

7. 从供应链的结构模型可以看出，不同节点企业之间是一种（　　）关系。

A. 需求与供应　　B. 支配　　C. 平等　　D. 利益

8. 20 世纪 80 年代初到 90 年代初是供应链管理的（　　）。

A. 初级阶段　　B. 形成阶段　　C. 成熟阶段　　D. 发展阶段

9. 在供应链管理中，新品研发计划管理属于（　　）

A. 客户需求管理流程　　B. 客户订单完成管理流程

C. 客户服务管理流程　　D. 企业创新过程

二、多项选择题

1. 供应链管理框架所包含的要素有（　　）。

A. 供应链的结构　　B. 供应链的业务流程

C. 供应链管理的组成要素　　D. 供应链的节点

E. 供应链的功能

2. 供应链管理的实施包括（　　）。

A. 识别所需连接的关键供应链成员

B. 对供应链的质量进行分析

C. 确定哪些流程必须和每一个关键成员相连接

D. 确定对每个过程连接采用什么类型或程度的集成

E. 对供应链的功能进行分析

3. 供应链管理主要涉及的领域包括（　　）。

A. 供应　　B. 生产计划　　C. 物流　　D. 需求

E. 财务

4. 供应链管理的目标包括（　　）。

A. 提高用户服务水平

B. 提高设施设备利用程度

C. 寻求提高用户服务水平和降低总交易成本的平衡

D. 降低总的交易成本

E. 提高工作效率

5. 供应链管理的运营机制包括（　　）。

A. 合作机制　　B. 决策机制　　C. 激励机制　　D. 自律机制

E. 淘汰机制

6. 供应链管理的关键技术问题包括（　　）。

A. 如何进行企业间的利润分配　　B. 如何进行企业间的流程控制

C. 如何实现企业间的信息共享　　D. 如何实现企业间的协同工作

E. 如何实现不同企业文化的融合

7. 供应链管理的控制策略除定期检查库存外，还有（　　）

A. 严格管理库存使用速度和提前严格监视和管理安全库存

B. 按 ABC 管理库存

C. 通过减少供货提前期降低安全库存水平

D. 采用定量方法，如按时按订货点和订货批量订货

E. 库存管理采用责任制

8. 在供应链的运作过程中，用户的需求是供应链中（　　）运作的驱动源。

A. 信息流　　B. 产品/服务流　　C. 资金流　　D. 物流

E. 商流

9. 在供应链管理的成熟和发展阶段，供应链管理的核心任务包括（　　）

A. 供应链协同运作的系统化管理

B. 生产两端的资源优化管理

C. 不确定性需求的信息共享管理

D. “横向一体化”的管理思想

E. 快速的决策管理

10. 供应链追求（　　）的集成。

A. 物流　　B. 信息流　　C. 资金流　　D. 工作流

E. 组织流

11. 在供应链管理四个主要领域的基础上，我们可以将供应链管理细分为职能领域和辅助领域，下列（　　）属于职能领域。

A. 产品工程　　B. 产品技术保证　　C. 设计工程　　D. 会计核算

E. 人力资源

12. 下列选项中，属于供应链管理机制建设的有（　　）

A. 合作协商机制　　B. 信用机制

C. 绩效评价与利益分配机制　　D. 激励与约束机制

E. 监督预警与风险防范机制

三、填空题

1. ________________是生产与流通过程中将产品或服务提供给最终用户的上下游企业所形成的网链结构。

2. 供应链管理主要涉及四个领域：________________、________________、________________、________________。

3. 联合库存管理的两种模式是________________、________________。

4. ________________即利用计算机网络技术全面规划供应链中的商流、物流、信息流、资金流等，并进行计划、组织、协调与控制。

5. 供应链管理发展的三个阶段包括________________、________________、________________。

6. 供应链具有的两种不同功能：________________、________________。

四、判断题

1. 价值链就是供应链。（　　）

2. 需求链和供应链是两个不同的概念。（　　）

3. 在供应链管理中需求是关键要素。（　　）

4. 供应链管理的目标就是获取最大利润。（　　）

5. 供应链管理就是物流管理。（　　）

6. 供应链管理是从最终客户到原始供应商的关键业务流程的集成。（　　）

7. 供应链管理组成要素是那些使企业业务流程得到管理的管理变量。（　　）

8. 供应链的结构是由供应链成员及成员之间的联系所组成的网络。（　　）

9. 供应链管理这一名词最早出现于20世纪80年代，最初由咨询业提出。（　　）

10. 供应链不仅是一条连接供应商到用户的物料链、信息链、资金链，还是一条增值链。（　　）

五、简答题

1. 供应链具有哪些特征？
2. 供应链管理具有哪些作用？
3. 供应链管理应符合哪些原理？
4. 供应链管理面临哪些方面的转变？
5. 谈谈供应链管理实施的基本步骤。
6. 供应链管理的方法有哪些？
7. 请比较有效性供应链和反应性供应链。

六、论述题

1. 联系实际，谈谈供应链管理的发展趋势。

2. 联想是著名的IT制造企业，其采购部门分布于北京、上海、香港、深圳、台北等城市，在全球有300多家零件供应商。联想的生产基地分布于北京、上海和惠阳等地区，拥有5 000多家国内客户渠道，并在欧洲、美洲及亚太设有海外平台，60%~70%客户是个人和中小型企业，联想的代理商、分销商、专卖店、大客户和散户等可通过联想的电子商务网站下订单，然后联想通过ERP系统、综合计划系统及采购协同网站等安排零件材料采购、成品生产和物流实施，最终满足客户需求。联想没有自己的物流公司，在实施采购物流时采取供货商JIT送货、联想自有物流及三方物流方式，在实施产品配送时则采用三方物流。

请分析：（1）联想供应链管理流程；

（2）联想供应链管理实施。

七、课堂讨论

寻找“第四利润源”

有人认为，由于中国企业长期以来在国际分工中被分配到附加值最低的生产制造环节，所以这导致其一直通过降低物质资源消耗、控制劳动成本、节省传统物流费用来获得“第一、第二、第三利润源”。

然而，这些并未给中国企业带来高回报。即使在经济高速增长的年份，很多中国企业也是微利或是赔本赚吆喝，例如全球70%的DVD、80%的扫描仪、20%以上的计算机和60%的数码相机都在中国制造，然而中国制造企业平均利润只有5%~10%，只要原材料价格稍稍上涨，整个行业的业绩就大幅跳水。

在原料价格高涨、劳动成本增加、金融危机席卷全球的背景下，中国企业必须寻找新的利润增长点——第四利润源。

第四利润源可以概括为，依靠供应链上企业间信息的集成与共享、建立商业合作伙伴关系、业务外包、流程整合与再造，充分利用高新技术、供应链系统的设计与管理、社会流通系统的资源整合等手段，实现企业利润的快速增长。

讨论：请就“第四利润源”进行讨论，分析其实质，并探讨如何获得“第四利润源”。

第九章 企业物流管理

学习目标与要求

物流最主要的问题来自工商企业的经营，企业物流是物流研究和实践最重要的领域之一。随着经济的发展，越来越多的企业发现，企业的重心不能仅仅放在生产线优化和技术创新上，必须重视发展现代企业物流，只有通过卓越的物流效率，才能提高企业核心竞争力。通过提升企业物流服务水平来保证企业的长期竞争优势，创造企业的成本优势，扩大企业市场份额和增加企业利润。

1. 理解企业物流管理内涵。
2. 运用外包策略进行外包商的选择。
3. 培养自主学习企业管理知识的能力。

知识回顾

一、企业物流的概念

企业物流是企业内部的物品实体流动，可理解为围绕企业经营的物流活动，是具体的微观物流活动的典型领域。

企业物流在不同的发展阶段包含着不同的内容。随着企业物流从单纯的产品配送向综合物流直至向供应链管理阶段发展，企业物流的内涵不断丰富，企业物流涉及的领域不断扩大。

概括地说，企业物流包含着采购、运输、储存、搬运、生产计划、订单处理、包装、客户服务及存货预测等多项功能。

企业物流又可分为不同类型的具体物流活动，如企业生产物流、企业供应物流、企业销售物流、企业回收物流、企业废弃物物流。

企业重视物流，旨在以最低的成本将产品送到用户手中。事实上，企业物流的作用不仅如此，企业物流更为核心的作用还表现在通过经济效用增加产品或服务的价值，经济效用主要包括地点效用、时间效用、形态效用及占用效用。

二、企业物流经营模式

物流自营是生产企业借助自身的物质条件自行组织的物流活动。如果物流对企业成功的影响程度很大，且企业对物流的管理能力很强，企业采用物流自营模式较适宜。

物流外包是以签订合同的方式，在一定期限内将部分或全部物流活动委托给专业物流企业完成。如果物流对企业成功的影响程度不大，且企业对物流的管理能力较弱，那么企业采用物流外包模式就较为适宜。

物流联盟是企业之间在物流领域的战略性合作中进行有组织的市场交易，形成优势互补、互相信任、共担风险、共享收益、长期互利、全方位的物流合作伙伴关系。

企业在进行物流决策时，应根据自己的需要和资源条件，综合考虑以下主要因素，慎重选择物流模式，以提高企业的市场竞争力。

（1）物流对企业成功的影响程度和企业对物流的管理能力。

（2）企业对物流的控制力要求。

（3）企业产品的物流特点。

（4）企业规模和实力。

（5）物流系统总成本。

（6）第三方物流的客户服务能力。

（7）自用资产和非自用资产的第三方物流选择。

三、企业物流组织结构

物流组织是以物流经营和管理活动为核心的实体性组织。

企业销售物流组织形式是基于企业管理组织下的从事销售物流的组织体系。根据不同的划分标准，它可以划分为多种不同的形式。

按组织物流主要依据的不同，可分为供应物流、生产物流、销售物流。

按组织结构的不同，可分为直线型物流、参谋型物流、运用型物流。

按物流组织的演进阶段，可分为物流功能集成化发展阶段、物流功能一体化组织阶段、物流过程一体化组织阶段、虚拟与网络化物流组织阶段。

四、企业生产物流管理与控制

生产物流是将原材料、半成品、燃料、外购件投入生产后，经过下料、发料，运送到各加工点和存储点；以及在制品形态从一个生产单位流入另一个生产单位，按照规定的工艺路线进行加工、存储，借助一定的运输工具在某个点内流转，又从某个点流出；物料始终处于实物形态的流转过程。

生产物流控制系统的组成要素包括控制对象、控制目标、控制主体。生产物流控制的方式包括负反馈控制方式和前反馈控制方式。

五、销售物流管理

销售物流是企业在销售过程中，将产品的所有权转给用户的物流活动，是产品从生产地到用户的时间和空间的转移，以实现企业销售利润为目的。销售物流是包装、运输、储存等环节的统一。

当生产者和消费者存在大量交换需求时，社会就产生了分销渠道。分销渠道可以看作销售物流的“运动场”，承担着产品和服务所有权的交换。影响渠道结构的因素有市场覆盖率目标、产品特征、客户服务目标、利润等。

销售物流客户服务能力是销售物流服务的基本水准，也是客户服务最基本的方面，包括可得性、作业绩效和可靠性。

在销售物流的效率评估过程中，应以销售物流作业为基础，通过对销售物流作业成本的确认，来计算销售物流作业的总成本。企业可以通过指标树法和层次法评价销售物流效率。

销售物流成本指产品空间位移（包括静止）过程中所耗费的各种资源的货币表现，是物品在实物运动过程中，如包装、装卸、搬运、运输、储存、流通加工、物流信息等各个环节所支出的人力、财力、物力的总和。

对销售物流整体绩效的考评，应当以整体物流成本最小化、顾客服务最优化、企业利益最大化为目标，将物流绩效评价的重点放在降低成本上。

销售物流管理的目标是追求销售物流的合理化。销售物流合理化的形式有大量化、计划化、商物分离化、差别化、标准化等多种形式。销售物流合理化的实现依靠销售物流的综合成本控制和直销方案的综合物流费用分析。

六、逆向物流管理

逆向物流与传统供应链反向，为价值恢复或处置合理而对原材料、中间库存、最终产品及相关信息从消费地到起始点的有效实际流动所进行的计划、管理和控制。

逆向物流根据不同的分类依据和标准，可以分为不同的类别。

按照回收物品的渠道，可分为退货逆向物流和回收逆向物流。

按照回收物流材料的物理属性，可以分为钢铁和有色金属制品逆向物流、橡胶制品逆向物流、木制品逆向物流和玻璃制品逆向物流等。

按照不同成因、途径和处置方式及其产业形态，可分为投诉退货物流、终端使用退回物流、商业退回物流、维修退回物流、生产报废物流与副品以及包装物流等。

逆向回收物流作为企业价值链中特殊的一环，与正向物流相比，既有共同点，也有不同的特点。二者的共同点在于都有包装、装卸、运输、储存、加工等物流功能。但是逆向回收物流与正向物流相比又有其鲜明的特殊性。

企业需要根据自身的情况选择适当的逆向物流运作方式，如逆向物流的自营方式、联合经营方式及外包方式等。

七、第一方至第五方物流的概念

第一方物流指卖方，即生产者或供应方组织的物流活动。这些组织的主要业务是生产和提供商品，为其自身生产和销售而进行物流网络及设施设备的投资、经营与管理。

第二方物流指买方，即销售者或流通企业组织的物流活动。这些组织的核心业务是采购并销售商品，为了销售业务需要而投资建设物流网络、物流设施和设备，并进行具体的物流业务运作组织和管理。

第三方物流指供方与需方以外的物流企业提供物流服务的业务模式。

第四方物流于1998年由美国埃森哲咨询公司率先提出，是专门为第一方、第二方和第三方提供物流规划与咨询、物流信息系统、供应链管理等活动。第四方并不实际承担具体的物流运作业务。

第五方物流，有人认为它是从事物流人才培训的一方，也有人认为它是专门为其余四方提供信息支持的一方，本质上是为供应链物流系统优化、供应链资本运作等提供全程物流解决方案服务的一方。

八、第三方物流

第三方物流的基本特征：①第三方物流是合同导向的一系列服务。②第三方物流是专业化、个性化的物流服务。③第三方物流是建立在现代电子信息技术基础上的物流服务。④第三方物流具有配送的灵活性。⑤第三方物流具有系统化的管理。

第三方物流服务从具体的服务内容来看，可分为常规服务和增值服务。

第三方物流的优势：①企业集中精力于核心业务。②灵活运用新技术，实现以信息换库存，降低成本。③减少固定资产投资，加速资本周转。④提供灵活多样的服务，为顾客创造更多的价值。

第三方物流的劣势：①企业不能直接控制物流职能。②不能保证供货的准确和及时。③不能保证顾客服务的质量。④维护与顾客的长期关系。⑤企业将放弃对物流专业技术的开发等。

开展第三方物流应具备的条件：①拥有现代化的仓储设施与运输工具。②拥有迅速修复物流障碍的能力。③提供增值服务。④拥有以先进信息技术为基础的物流信息系统。⑤拥有高素质的现代物流人才。

第三方物流的原理：①双赢原则的确立。②战略联盟原理的应用。③第三方物流与虚拟企业相结合。

案例与评析

案例1 生产物流——物流缔造NIKE“运动商品王国”

案例概述

NIKE通过对物流系统的改造，创造了一个“运动商品王国”。

1. 全球化的快速响应系统

NIKE公司非常注重物流系统的建设，其跟踪国际先进物流技术，及时对物流系统进行升级。NIKE物流系统在20世纪90年代初期就在行业中遥遥领先，近年来更得到了长足的发展。NIKE在全球布局物流配送网络，在美国建有三个配送中心，使产品能够在用户发出订单后48小时内发货。为适应市场环境，NIKE对孟菲斯配送中心进行了重大调整，制定了一套新的营销策略。“我们抛弃了1980年的仓库储存技术，起用了最新的现代周转技术，”NIKE孟菲斯作业主管说，“这包括仓库管理系统（WMS）的升级和发明出一套新的物料传送处理设备。我们需要提高吞吐能力和库存控制能力。同时，还要尽力从自动化中获取效益而不会产生废弃物。”NIKE在欧洲也加强了物流系统建设，与德勒公司共同制订了欧洲配送中心建造、设计和实施的运营计划。其配送中心拥有一流的物流设施、物流软件、先进的数据通信系统，保证其产品能迅速运往欧洲各地。此外，NIKE 决定巩固在日本的配送基础，以此支持国内的市场。由于日本的地价高，耐克计划建造高密度的配送中心，采取先进的配送中心控制系统——ASRS。

2. 使用电子商务物流方案

在 2000 年年初，NIKE 开始在其电子商务网站 www. nike. com 上提供直接到消费者的产品销售服务，并扩展提供产品详细信息和店铺位置。为支持此项新业务，UPS 环球物流实现 NIKE 从虚拟世界到消费者家中的快速服务。

3. 部分物流业务外包

NIKE 将部分物流业务外包，其中一个物流合作伙伴是 MENLO 公司。该公司是美国一家从事全方位合同物流服务的大型公司，其业务范围包括货物运输、仓储、分拨及综合物流的策划与管理。NIKE 在日本的合作伙伴——岩井是一个综合性的贸易公司，位列全球 500 强公司之列，主要负责日本地区 NIKE 商品的生产、销售和物流业务。

无论工作效率还是服务水平，NIKE 物流系统都是非常先进和高效的。其战略出发点是“一个消费区域由一个大型配送中心来服务，尽量取得规模化效益”。NIKE 还非常注意物流技术的进步，以此来作为降低成本和提高工作效率的最基本手段。

案例思考与评析

一、思考

NIKE 既有自营物流系统，又有物流业务外包的做法，你认为这样合理吗？

二、评析

NIKE 公司既有自营物流系统，又有物流业务外包，这比较合理。NIKE 公司对其自营物流系统的建设非常重视，跟踪国际先进物流技术，及时对系统进行升级。NIKE 公司在建设自营物流系统的同时，又积极进行物流业务外包，这种因时制宜的策略，同样体现出高效、实用的策略。

案例2　销售物流——“宜家”的背后

案例概述

宜家（IKEA）的价值并不只是那些摆着精致又便宜的家居商品连锁店，它的背后是一整套难以仿制的高效精良的商业运作系统，这一系统维持着这个机构高效率、低成本的商业价值链条，这才是值得全球连锁零售公司学习的真实“宜家”。

宜家的管理机制被英格瓦称为“世界独有”的复杂组织系统，设置这个复杂机构主要有两个目的，一是保证宜家不从属或受制于某个国家和政府，企业掌握控制权；二是宜家能够享受利益的最大化，如低税收。在英氏—宜家基金和英氏控股集团牢牢控制的资本权力之外，两个辅助集团进行实质运作：一个是总部设在瑞典的宜家服务集团（IKEA Service），它通过与英氏控股签署协议，执行宜家机构全球所有商店的管理业务，包括采购、销售、研发等业务；另一个是总部设在荷兰的宜家内务系统公司（Inter IKEA Systems）。宜家机构的经营原则分为“有形的手（一切看得见的商店、商品等）”和“无形的手”（经营理念和管理流程）。宜家内务系统公司拥有宜家机构所有的商标、品牌、专利等知识产权，是宜家机构的“精神领袖”（无形的手）。商店开到哪里，宜家服务集团就把一整套的管理模式和组织形式拷贝到哪里，这些管理和保障职能包括财务、零售、物流、物业、风险管理、法律、社会环境、公关和人力资源等。

宜家之所以拥有高效率、低成本运转的供应体系，主要得益于供应链条上周密的管理体系。为了自主控制产品成本，取得定价权，宜家一直坚持自行设计所有产品并申请专利。产品设计确定之后，设计研发机构将和全球33个国家中的40家贸易代表协商确定合作生产商。此外，宜家严格控制物流的各个环节，并保证成本最低，其在全球布局的20家配送中心和一些中央仓库大多集中在海陆空交通要道上。通过科学计算，宜家决定哪些产品在本地制造销售，哪些出口到海外。每个“宜家商店”可根据实际需要向贸易公司购买产品，通过贸易公司，宜家可以顺利把所有商店的利润吸收到低税收甚至免税收的国家和地区。因此，整个供应链的运转，从每家商店提供的实时销售记录开始，反馈到产品设计研发机构，再到贸易机构、代理生产商、物流公司、仓储中心，直至转回商店。这套供应链在成熟的系统支持下高效运转，为宜家带来源源不断的利润。

案例思考与评析

一、思考

1. 宜家组织系统是一种“世界独有”的组织系统，主要可以实现哪些目的？

2. 宜家能够长期实现低价销售的基础是什么？

二、评析

1. 宜家组织系统是一种“世界独有”的组织系统，它可以实现两个主要目的：

（1）保证宜家不从属或受制于某个国家和政府，企业掌握控制权；

（2）宜家能够享受到利益的最大化，如低税收。

2. 为了自己可以控制产品的成本、取得最初定价权，并且控制产业链的上游，宜家一直坚持自己设计所有产品并拥有专利。所有的产品设计确定之后，设计研发机构将和宜家的贸易代表处共同确定哪些供应商可以在成本最低而又保证质量的同时生产这些产品。宜家严格地控制着物流的每一个环节，以保证最低成本。宜家把全球近20家配送中心和一些中央仓库大多集中在海陆空的交通要道上，以便节省时间。宜家的商品被运送到全球各地的中央仓库和分销中心，通过科学的计算，决定哪些产品在本地制造销售、哪些出口到海外的商店。每家“宜家商店”根据自己的需要向宜家的贸易公司购买这些产品。通过与这些贸易公司的交易，宜家可以顺利地把所有商店的利润吸收到国外低税收甚至是免税收的国家和地区。因此，整个供应链的运转，从每家商店提供的实时销售记录开始，反馈到产品设计研发机构，再到贸易机构、代理生产商、物流公司、仓储中心，直至转回商店。供应链的高效率和低成本成为明显的优势，这直接决定了宜家可以在必要的情况下降低价格，促进销售。

案例3 采购物流——利用ABC法再造企业采购物流流程

物资采购是钢铁企业生产经营的重要环节，物资采购部门的任务是按质、按量、及时、经济地为生产、工程、维修、劳保等提供优质经济的物资，保证钢铁企业生产、建设顺利进行；按预定的生产、建设等计划对所需材料进行核定；编制采购计划，选择供应商，组织国内外采购和进口，安排合理储备；组织制定实施物资供应管理制度，提高计划准确率，减少储备资金占有，加速资金周转，降低采购成本。传统的采购方式还是不透明、粗放式的采购方式。由于体制、机制方面的原因，传统的采购方式存在许多与现代采购不相容的地方，影响了采购的效率和有效性，从而导致了采购成本、运输成本居高不下。企业物资采购既牵扯到企业自身，同时对供应商关系也有重大影响。在这种情况下，宜使用 ABC 法（作业成本法）对钢铁企业采购管理业务流程进行重构，可以将企业在采购过程中的损失、浪费降到较低的程度，提高决策、计划、控制的科学性和有效性，促进企业管理水平的不断提高。

一、ABC 法（作业成本法）

1. ABC 法的基本原理

ABC 法以作业为中心，通过对作业成本的确认和计量，对所有作业活动动态反映，为尽可能消除“非增值作业”，改进“可增值作业”及时提供有用信息，将损失、浪费降到最低限度，提高决策、计划、控制的科学性和有效性，促进企业管理水平的不断提高。

2. ABC 法的分析步骤

（1）描述作业。首先确定企业的经营目标，然后判别并描述企业为顾客提供产品成本或服务而进行的各个作业。

（2）分析作业的必要性。这要从企业和顾客两个角度来分析。如果某作业对顾客来说是必要的，那么就是必要的作业，能为顾客增加价值；如果某作业对顾客来说是不必要的，则要进一步看该作业对企业是否必要，如果对企业必要，即使与顾客无关也是必要作业。那些既非顾客所要，也不能为企业组织管理发挥作用的作业，都是不必要的，必须消除。作业必要性判断流程如图 9-1 所示。

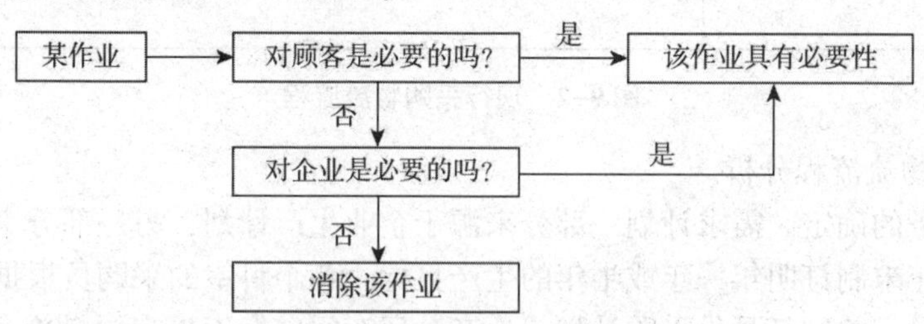

图 9-1　作业必要性判断流程

（3）对于必要作业，通过对企业调研数据的分析，判定其是否是高效作业或最佳作业，若不是，则根据企业发展及社会发展寻求改进的机会。

（4）分析作业之间的联系。各种作业相互联系，形成作业链。这个作业链必须使作业的完成时间和重复次数最少。理想的作业链应该使作业与作业之间环环相扣，而且每次必要的作业只在最短的时间内出现一次。

二、基于 ABC 法采购物流流程再造设计

1. 钢铁企业采购流程现状分析

（1）企业传统采购物流流程。各个股份公司在组建集团之前都有自己的一套物资供应管理制度、组织机构和业务运作流程，而且相互之间都存在一定的差异。但是主体业务流

程大致相同，包括根据需求制订采购计划、选择供应商并签订采购合同、供应商到货登记、物资验收入库、结算并交付货款。物资供应部门的人员既负责物资的采购，又负责物资的保管发放，即管买、管用、管回收、管节约，其采购业务流程如图9-2所示。

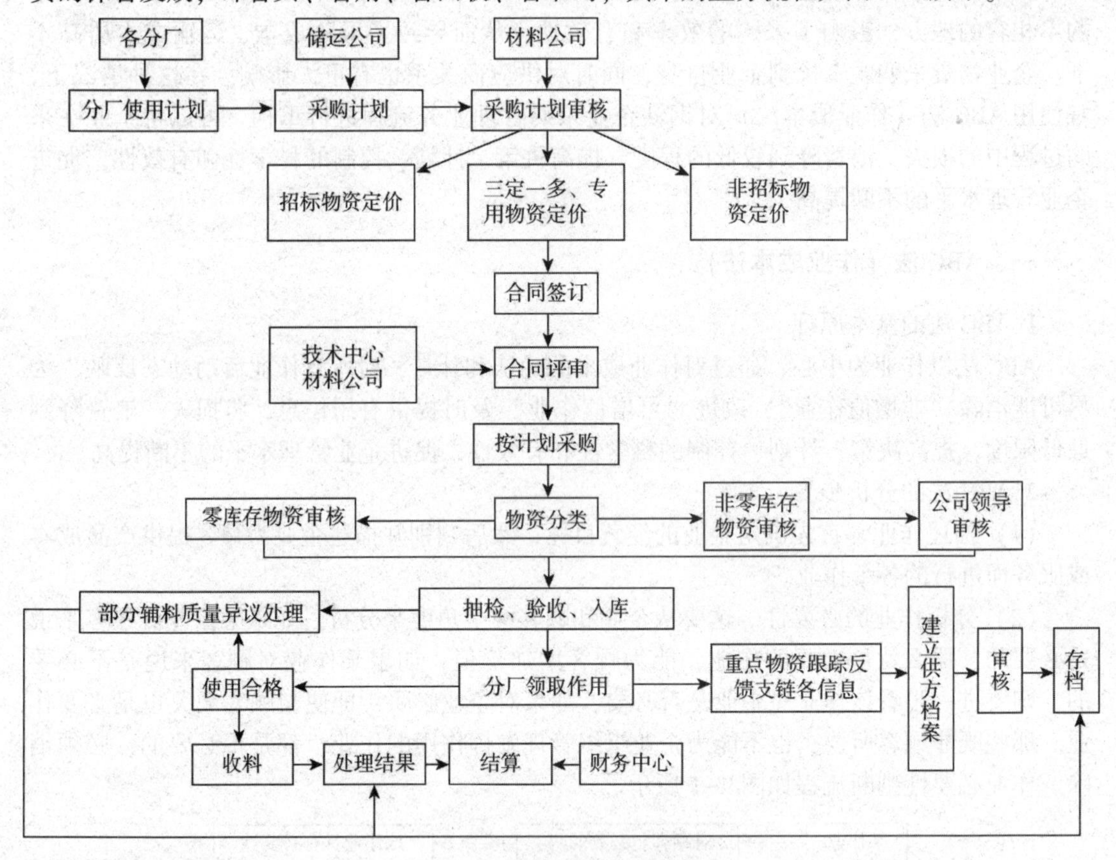

图9-2　现行采购物流流程

（2）采购物流流程分析。

①采购任务的确定。需求计划一部分来源于企业生产计划，另一部分来源于仓库补充库存。企业在年末制订明年一年或半年的生产目标，各个科室的采购员根据生产计划预计原辅材料需求量，并制订月份采购计划。生产分厂车间向仓库提交领料单，保管员根据领料单发放物资，如发现库存现有物资不足，或预计仓库会出现缺料，则列出缺料清单，并提交给相应科室采购员。在仓库缺料的情况下，要采购的物资不通过汇总，直接由采购员制订临时采购计划。

②与供应商签订采购合同。采购员根据制订的采购计划选择潜在供应商，对数家供应商询价，通过多次讨价还价，从中选出比较满意的供应商，并与之签订采购合同，采购合同先后经过主管领导的审批，通过后开始生效。

③物资到货入库。供应商根据合同一次或多次供货。供应商持合同送货到厂，通过仓库或质检部门的验收入库，记到货清单，如质量或数量出现异议，则通过采购部门和供应商进行协商，进行异议处理。保管员把到货清单做登账处理，如果到货日期在合同有效期内且到货数量不超过合同订货数量，则登入到货账；否则拒绝登账，需要协商处理。

④采购结算。采购员根据采购合同、采购到货账及供应商提交的发票核对三者的数量

是否一致，并核对合同价格与发票价格是否相符，相符则制作结算六联单并报交财务，由财务审批付款；价格或数量如有出入，必须写明原因，否则不能予以结算。

⑤物资运输。运输方式的选择很大程度上取决于供应源所处的地理位置，供需双方在签订合同时协商选择海运、铁运或汽车运输。运输问题根据合同条款，一般分为三种情况：供方完全负责，物资价格为到厂价；企业有自己的车队，也可采取自提的方式，物资为出厂价；供方办理第三方托运到站或码头，运费单独结算，由购买方付款。

⑥执行人员每种物资只会由一个采购员负责，每个采购员负责一种、几种、一类或几类物资的采购。从需求计划和采购计划制订、选择供应商、签订合同到结算的主体流程都由采购员一人完成，其中采购计划、合同及结算单需要经过相应部门领导多级审批，保管员负责到货账的记录及传达仓库紧缺库存信息。

（3）采购流程现状问题分析。企业传统的采购方式还是不透明、粗放式的采购方式。由于体制、机制方面的原因，传统的采购方式存在许多与现代采购不相容的地方，影响了采购的效率和有效性，从而导致采购成本、运输成本居高不下。企业物资采购既关涉企业自身，同时与供应商的关系也有重大影响。

（4）企业物资采购流程的内部问题。

①各个股份公司分散采购，缺乏规模效益。各股份公司在分散经营的情况下，独立参与瓜分供应资源和销售市场资源等企业外部资源，从而形成多条供应链的竞争。各股份公司分散采购，无法形成规模效益，因此重组后，统一采购流程、统一供应商资源、实行集团集中采购，是集团化采购管理要解决的首要问题。

②生产部门与采购部门脱节，造成大库存，占用大量流动资金。与预测和物料需求结合不紧，采购具有盲目性，即不能有效根据生产需要组织采购，实现物料的供应计划与当前需求的平衡，并与企业的库存投资和策略相一致。目前企业生产方式是订单驱动，以销定产，但采购还是传统的以补充库存为主的采购模式，而不是完全由生产驱动的采购模式。生产部门提供给采购部门的生产计划是月份甚至半年的粗略计划，参考意义不大，因此只能靠保持足够的安全库存，以免缺料，必然造成大的库存量、高额度的储备资金和过大的库存管理费用支出。

③信息不能共享。由于组织之间信息私有化，未经集成，采购信息没有实现有效共享，包括采购方与供应方、企业采购部门与相关部门之间以及管理与实施者之间。无法准确跟踪采购情况，包括购单处理、采购凭证处理、询价报价单处理、运输处理、收货处理、质量控制等。

④缺乏制约，容易导致暗箱操作。采购事务的授权、签发、批准、执行和记录没有按职位进行合理分工，采购行为规范缺乏制约，透明度不够。企业对质检权及支付权做了必要的分离，分别由质检部门和财务部门负责，但没有对定价权进行分离，物资采购价格缺乏集中管理控制。采购价格主要是由采购员参照历史比价信息与供应商协商确定，企业对物资的采购价格缺少监控，采购回来的物资价高质差，严重影响企业的成本管理和产品质量。供应商的选择和合同的签订都由采购员完成；专人负责的物资采购，在供应商的选择上，其主观性、随意性较大，而且采购过程中可能受利益驱动，发生暗箱操作，出现舍好求次、舍近求远的情况。

⑤验收检查是采购部门一个重要的事后把关工作，质量控制的难度大。质量与交货期是采购方要考虑的另外两个重要因素，但是在现行的采购模式下，采购方很难参与到供应

方的生产和质量控制活动中，商品的质量和交货期只能通过事后把关的办法来解决，控制难度很大。采购方与供应商之间的联系局限于暂时的采购业务，相互的生产组织过程和有关质量控制活动是不透明的。因此需要通过各种有关标准，如国际标准、行业标准等进行检查验收。缺乏合作的质量控制会导致采购部门对采购物品质量控制的难度增加，投入大量的精力和时间，支付各种管理费用太大。

⑥金字塔式组织形式弊端大。传统的企业组织机构是按照功能设置的，垂直机构过多，普遍存在着机构相对臃肿，业务流程中产生增值的中间环节过多，效率低下等问题，不符合供应链管理扁平化的要求。以“劳动分工论”为理论基础建立企业管理模式，其组织形式是金字塔式的、自上而下递阶控制的层次结构。这种组织机构以职能为中心，对流程不过多关注。组织结构决定了管理作业流程和信息传递渠道，它造成了信息传递缓慢，并在各环节的统计上报过程中，受本位主义的影响，信息不断失真。这些非增值作业不仅消耗资源，而且影响决策速度甚至导致决策失误。

⑦物资运输成本高。从供应源到需方企业这一部分运输是社会物流中的一部分，企业很大程度上还是通过自我服务实现的，即使委托第三方运输公司托运也是临时性的，效率很低，运输成本很高。运输是供应链中的基本要素，是采购业务活动中必不可少的一个环节，但并不是其核心业务，仍纳入采购方活动，会消耗采购员过多的精力，而且不符合供应链管理成本最优的要求。

2. 采购物流流程再造

在对某钢铁集团公司采购物流流程分析的基础上，运用 ABC 方法可以实现采购物流流程的再造。通过 ABC 法进行分析，结果见表 9-1。

表 9-1 现行采购物流流程

序号	业务流程描述	是否为必要活动
1	分厂提出使用计划	必要活动
2	汇总制订采购计划	必要活动
3	材料公司审核采购计划	非必要活动
4	确定物资采购价格	非必要活动
5	签订合同	必要活动
6	评审合同	必要活动
7	执行采购	必要活动
8	物资分类审核	必要活动
9	领导审批非零库存物资	非必要活动
10	抽验、验收、入库	非必要活动
11	质量异议处理	非必要活动
12	收料	必要活动
13	财务中心结算	必要活动

采购计划制订过程中，事后控制现象居多，如储运公司制订采购计划后，材料公司经理办公室还要对其进行验收，实际上应该由材料供应公司根据销售和库存情况制订采购计

划，省去采购人员接到采购执行计划后进行清理、统计，与相关单位人员联系，了解库存、供货时间、质量技术要求等，提出实施意见，再报分公司领导审定批准等一系列不必要的往返流程。因此，应加强采购计划制订的事前和事中控制，使信息同步、协调传输，提高流程运作效率。对材料采购流程的调研问卷表明，采购计划的制订、审核、物资定价以及合同评审所需的执行人数分别为 7 人、9 人、5 人和 6 人，占整个过程总人数的 75%。此外，物资定价所需时间较长，一般要 1 ~ 2 天，合同评审时间为 3 ~ 10 天，质量异议处理要 15 天左右，与供应商签订合同要 1（省内）~ 15（省外）天，而这些信息的处理传递基本上没有应用信息化的方式，从而影响了采购的效率和有效性，导致采购成本升高。

因此，按以下步骤对采购物流进行再造：①作业消除，即消除无附加价值的作业。对已确认无附加价值作业，采取有效措施予以消除。②作业选择，即从多个不同的作业（链）中选择最佳的作业（链）。不同的策略经常产生不同的作业。③作业减少。以改善方式减少企业经营所耗用的时间和资源，也就是提高必要作业的效率或改善在短期内无法消除的无附加价值作业。④作业分享。利用规模经济提高必要作业的效率，也就是提高作业的投入产出比，这样就可减少分摊到产品的成本。通过以上分析，可作如下再造：现行采购物流流程“分厂提出使用计划”与“材料公司审核采购计划”的信息通过计算机传递给储运公司，材料采购公司从网上接收采购计划，随即将采购计划通知上游供应商，供应商按需要准备货物，协商定价，双方签订采购合同，采购员采购，制造部门准备收货，同时通知财务中心进行财务结算。再造后的采购物流流程如图 9-3 所示。

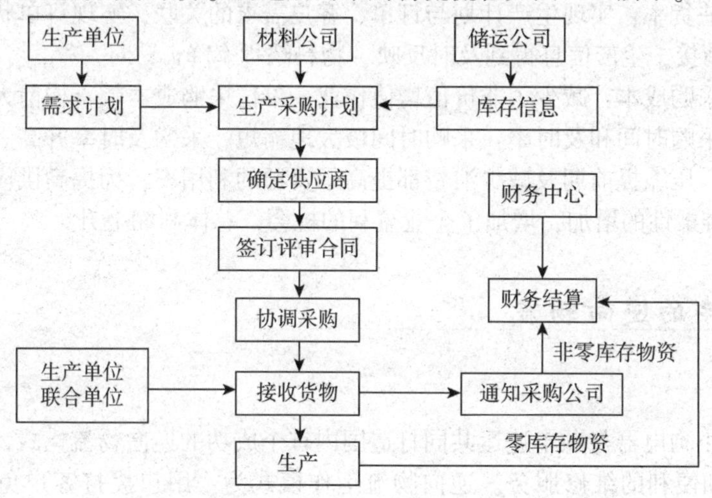

图 9-3 再造后的采购物流流程

利用信息化技术减少采购计划的制订、审核、物资定价，以及合同评审的时间，可以提高采购工作的效率和有效性。而采购物资直接进入生产部门，减小了采购部门的工作压力，有利于实现精细化运作。通过对采购流程的重构，减少非价值增值作业，可以节省采购时间、简化采购的工作流程，从而降低采购成本。

案例思考与评析

一、思考

1. 案例中对现行采购物流流程进行了重构，能带来哪些优势？

2. 某钢铁公司通过采购物流流程再造的实施，在哪些方面取得了较好的经济效益？

二、评析

1. 对采购物流流程进行重构带来的优势。

通过流程重构，由于现行采购物流流程（1）与（3）的信息通过计算机传递给储运公司，材料采购公司从网上接收采购计划，信息传输速度增快，减少了面谈所需要的时间，可缩短提前期。作业成本法提出成本动因和增值/非增值作业的概念，认为生产成本的计量应该建立在分解成本动因的作业上，从而突出作业流程中的核心作业/资源。按这样的要求，减少非价值增值作业非必要活动，省去采购人员接到采购执行计划后进行清理、统计，与相关单位人员联系，了解库存、供货时间、质量技术要求等，提出实施意见，再报分公司领导审定批准等一系列不必要的往返流程。同时，采购物资直接进入生产部门，缩短可存储周期。因此大大缩短了采购提前期。

2. 某钢铁企业实施采购流程再造取得经济效益的方面。

（1）物料库存：库存降低，实现检验单等单据的网上传递，取消了手工单据，不仅降低了成本，而且提高了信息传递速度和信息准确性，同时减少了需求信息失真现象。

（2）供应商交货绩效：由于与供应商建立了战略合作关系，通过 Internet/Internat 传递信息，使供应商交货绩效提高，实现订单在 20 天内交货完成率达到 77%，在 30 天内交货完成率达到 92%。

（3）物料/元件质量：与供应商互惠互利的合作关系，使物料质量能够得到保证。

（4）物料缺货率：实现生产计划与订单、客户需求的关联，实现订单状态的跟踪，较好地实现产销衔接，生产信息得到及时反映，物料缺货率降低。

（5）单位采购成本：减少了非价值增值作业，单位采购成本较重构前大大降低。

（6）物料采购时间和及时率：采购时间极大地缩短，采购及时率升高。

（7）利润：压缩提前期及减少浪费都提高了资源的利用率，为提高供应链的利润提供了空间；供应链柔性的增加，增加了企业盈利的机会，总体利润上升。

案例4 顺丰的逆向物流

逆向物流

2014 年，小狗电器与顺丰速运共同打造国内首个成功的逆向物流模式，其最初目的是为用户提供更加便利的维修服务。逆向物流运作模式为：用户拨打客户免费服务电话报修，商家客户在收到用户报修后，通过系统安排物流公司到用户指定地点上门取货，并将维修物品寄往商家维修中心。产品维修好之后，商家再将物品寄返客户手中，最终实现逆向物流的闭环。

逆向物流与正向物流的区别：

逆向物流主要服务于逆向供应链，它基于环境意识的原则和法律，兼顾利润和成本优化。正向物流服务于正向供应链，它基于利润和成本优化。二者在基本出发点上既有共性又有差异，二者的差异如表 9-2 所示。

表 9-2 逆向物流与正向物流的异同

项目	正向物流	逆向物流
预测	比较简易	比较困难
分销和运输模式	一对多	多对一
产品质量	统一	不统一，差异较大
产品包装	统一	不统一，且多已损坏
运输目的地/路由	明确	不明确
产品处理方式	明确	不明确，依产品而定
价格	相对一致	不一致，取决于多种因素
服务速度/时效的重要性	广泛重视	常常不受重视
分销成本	相对透明，可由财务系统监控	多为隐性
库存管理	统一	不统一
产品生命周期	可控	比较复杂
供应链上的各方协商	比较直接和容易	比较困难
营销方式	有现成模式	无现成模式，较多因素影响
运营流程	较透明，便于控制	透明度低，不受控制
运营网络设计	复杂，但明确	更复杂，多不明确因素影响
体量	大	小
跟踪物品	自动信息系统	自动和手动信息系统
循环时间	短	较长
产品价值	高	中低

可见，逆向物流与正向物流的区别不仅在物流方向上，还包括运营、信息系统、商业模式等。

顺丰丰修

顺丰丰修依托顺丰覆盖全国的仓储、配送网络及逆向物流等优势，目前已涵盖了上门维修、寄修、回收、电子商城、检测保养、备件仓储等业务范围。体系标准化工厂、自有专业维修工程师、强大的顺丰背景，是顺丰丰修“一站式售后服务”的三大核心力。

顺丰丰修服务对象涵盖智能手机、扫地机器人、智能手表、移动运营商、计算机、iPad、安保设备、无人机、保险及电商平台、环保处理平台等；达成的长期合作企业包括华为、小米、三星、魅族、美图、科沃斯、大疆、进化者机器人、华硕、大华、糖猫、中国移动等知名品牌。

顺丰丰修以“仓储+配送+售后”的一站式售后服务解决方案，让越来越多的消费者足不出户即能体验到方便、安全、快捷、高品质的退换修售后服务，向“生活中触手可及、值得信赖的售后管家”的目标不断前进。

未来发展

未来，高效的逆向物流系统应该是主动式的，它通过预防系统、信息系统、校正系统、分析系统、预测系统、应急系统、追溯系统完成整个物流过程，成为“第五利润源”，也是“绿色利润源”。

案例思考与评析

一、思考

1. 顺丰逆向物流涵盖哪些业务？

2. 谈谈逆向物流的作用。

二、评析

1. 顺丰逆向物流涵盖的业务。

顺丰逆向物流涵盖上门维修、寄修、回收、电子商城、检测保养、备件仓储等业务范围。

2. 逆向物流的作用。

（1）提高潜在事故的透明度。客户在退货中暴露出的品质问题，将通过逆向物流系统传递到管理层，提高潜在事故的透明度，促使管理者积极采取改进品质管理的措施，减少产品的不良隐患。

（2）提高客户满意度，增加竞争优势。逆向物流方便客户将不符合要求的产品及时退货，有利于消除顾客的后顾之忧，增加其对企业及产品的信任感，从而扩大企业的市场份额。

（3）改善环境行为，塑造企业形象。随着生活水平和文化素质的提高，人们环境意识日益增强，消费观念逐渐转变。企业积极落实环保工作，履行社会责任，有助于塑造良好的企业形象。

练习与思考题

一、单项选择题

1. 传统的企业管理普遍关注的物流功能是（　　）。

A. 仓储、搬运和包装　　B. 物流信息

C. 运输　　D. 存货

2. 与供应商发生关系的企业物流活动是（　　）。

A. 采购　　B 制造支持　　C. 储存　　D. 产品配送

3. 在物流各项功能中，相对不具有独立性的是（　　）。

A. 仓储、搬运和包装　　B. 物流信息

C. 运输　　D. 存货

4. 选择理想运输方式的标准是（　　）。

A. 时间准确、速度快　　B. 速度快、成本低

C. 成本低、安全性好　　D. 安全性好、速度快

5. 物流作业的最小变异目标是（　　）。

A. 顾客所订购的货物取得时的时间差异　B. 顾客所订购的货物取得时的数量差异

C. 顾客所订购的货物取得时的地点差异　D. 上述答案均不准确

6. 第三方物流成功的关键在于为顾客提供最佳的（　　）。

A. 仓储服务　　B. 运输服务　　C. 增值服务　　D. 专业服务

7. 第三方物流以（　　）为目标的物流运作模式，能够根据用户的特殊要求实行“客户化定制”。

A. 个性化物流服务　　B. 物流效益最大化

C. 物流成本最低化　　D. 物流效率最高化

8. 在欧洲第三方物流公司的种类中，UPS 全球物流公司属于（　　）。

A. 服务范围广泛的大型物流企业　　B. 从事传统物流的欧洲公司

C. 新兴的第三方物流公司　　D. 大型国有机构的第三方物流

9.（　　）能整合供应链。

A. 现代物流企业　　B. 第四方物流

C. 新兴的第三方物流公司　　D. 大型国有机构的第三方物流

10. 第三方物流企业可以依托（　　）企业，成为它们，尤其是中小企业的物流代理商。

A. 生产　　B. 零售　　C. 批发　　D. IT 企业

二、多项选择题

1. 企业物流的增值作用包括（　　）。

A. 地点效用　　B. 时间效用　　C. 形态效用　　D. 占用效用

E. 空间效用

2. 企业物流组织结构形式按组织结构可分为（　　）。

A. 顾问型　　B. 直线型　　C. 职能型　　D. 直线职能型

E. 水平组织型

3. 销售物流服务的构成要素包括（　　）。

A. 时间　　B. 服务性　　C. 可靠性　　D. 通信

E. 便利性

4. 企业物流流程的组成部分包括（　　）。

A. 货物流　　B. 资金流　　C. 信息流　　D. 所有权流

E. 关系流

5. 企业物流作业的部分组成包括（　　）。

A. 采购　　B. 制造支持　　C. 产品配送　　D. 运输

E. 销售

6. 第四方物流的利润增长取决于（　　）。

A. 服务质量的提高　　B. 实用性的增加

C. 物流成本的降低　　D. 效率的提高

E. 网络化程度的提高

7. 第三方物流与传统物流相比，其功能包括（　　）。

A. 合约关黏　　B. 服务功能　　C. 增值服务　　D. 供应链因素

E. 质量控制

8. 下列属于第三方物流企业增值服务的是（　　）。

A. 运输服务　　B. 拆零服务　　C. 仓储服务　　D. 分类服务

E. 测试服务

9. 第三方物流企业的经营效益同货主企业的（　　）直接紧密联系。

A. 物流效率　　B. 物流服务水平　　C. 物流服务范围　　D. 物流效果

E. 物流经营范围

10. 第三方物流企业要提供优质、高效的物流服务并取得丰厚的利润，必须具备（　　）。

A. 物流目标系统化　　B. 物流组织网络化

C. 物流信息电子化　　D. 物流作业规范化

E. 物流业务市场化

11. 对于第三方物流业者来说，充实信息网可以（　　）。

A. 增强市场应变能力　　B. 提高管理

C. 实现物流最优化　　D. 削减物流

E. 实现信息共享

12. 限制商业零售业发展的巨大瓶颈包括（　　）。

A. 货物流　　B. 资金流　　C. 信息流　　D. 商流

E. 物流

三、填空题

1. ________是以签订合同的方式，在一定期限内将部分或全部物流活动委托给专业物流企业。

2. 企业物流按组织物流的主要依据不同，可分为________、________、________、________。

3. 从具体的服务内容来看，第三方物流服务可分为常规服务和________。

4. 第三方物流企业自身管理的主要内容包括合同管理、________、________、________、信息管理。

5. ________是物流资源产业化而形成的一种复合型或聚合型产业。

四、判断题

1. 物流自营指生产企业借助自身的物质条件自行组织的物流活动。（　　）

2. 与传统物流相比，现代物流在物流信息的质量与及时性方面提出了更多更高的要求。（　　）

3. 存货与网络结构和顾客服务水平有密切关系，所以不同的物流网络应设计不同的存货结构。（　　）

4. 各项物流活动，如到货验收、入库、包装、装卸等都会产生相应的记录，这属于物流信息流的组成内容之一。（　　）

5. 在物流的顾客服务度量体系中，最重要的是交货的时间度量。（　　）

6. 第三方物流通常称为契约物流，或合同物流，也可称为外包物流。（　　）

7. 提供第三方物流服务的企业，参与商品的买卖活动。（　　）

8. 在物流服务上，第四方物流与第三方物流应该各行其是，使物流成本最小化。（　）

9. 第四方物流是通过对供应链产生影响的能力来增加价值。（　）

10. 第三方物流企业的增值服务是指运输服务和仓储服务。（　）

五、简答题

1. 在企业物流模式选择中，应考虑哪些因素？
2. 什么是生产物流管理，它具有哪些目标？
3. 第三方物流有哪些基本特征？
4. 开展第三方物流应具备怎样的条件？

六、论述题

1. 论述逆向物流经营模式。

2. 福特汽车公司：配置全球资源的策略。

福特汽车公司目前大约有 60% 的成本在采购原材料和零部件上。在全球资源配置中，福特汽车公司主要在加拿大、日本、墨西哥、德国、巴西等国家进行原材料和零部件的采购。从 20 世纪 70 年代开始，福特公司着重于评价全球范围内的供应商，以获得一流的质量、最低的成本和最先进的技术供应商。近年来，福特汽车公司致力于将这种策略扩展成为集成化的“福特 2000”采购战略，它的目标是建立一个适于全球制造的汽车生产环境，即零部件的设计、制造、采购及组装都是在全球范围内进行的。为此，福特汽车公司建立了一个“日报交货”系统，该系统反映各厂每天生产原材料的大致需求量。

福特汽车公司要求全球供应商能对生产计划变化进行迅速反应。对大多数零部件供应商而言，国际供应比国内供应更缺乏柔性。因此，福特汽车公司尽量保证生产计划的稳定性，短期计划调整频率也比以前更低。为保证全球资源配置的成功与效率，福特汽车公司在适当的时候为供应商提供一定的技术培训，并与供应商在工程、设计等方面保持良好的合作关系。

以福特汽车公司为核心的扩展企业通过供应链管理形成了有效的组织系统，为全球资源配置提供了有力支持，实现企业、采购公司和供应商之间最大化的利润分配。

根据以上情况，回答下列问题：

（1）哪些因素促使福特汽车公司采取全球资源配置的策略？

（2）福特汽车公司如何实施全球资源配置策略？

（3）什么是扩展企业？扩展企业的特征是什么？

3. “大众包餐”是一家提供全方位包餐服务的公司，由上海某大饭店的下岗工人李杨夫妇于 1994 年创办，如今已经发展成苏锡常、杭嘉湖地区小有名气的餐饮服务企业。

“大众包餐”的服务分为两类：递送盒饭和套餐服务。

盒饭主要由荤菜、素菜、卤菜、大众汤和普通水果组成。可供顾客选择的菜单包括荤菜 6 种、素菜 10 种、卤菜 4 种、大众汤 3 种和普通水果 3 种，还可以订做饮料佐餐。虽然菜单的变化不大，但从年度报表上来看，这项服务的总体需求水平相当稳定，老顾客通常每天会打电话来订购。但出于设施设备的缘故，“大众包餐”要求顾客们在上午 10 点前电话预订，以确保当天准时递送到位。在套餐服务方面，该公司的核心能力是为企事业单位提供冷餐会、大型聚会、家庭的家宴和喜庆宴会等。客户所需的各种菜肴和服务可以事先预约，但这项服务的季节性很强，又与各种社会节日和国定假日相关，需求量忽高忽低，有旺季和淡季之分，因此要求顾客提前数周甚至1个月预订。

大众包餐公司内的设施布局类似于一个加工车间，主要分热制食品工作区、冷菜工作区、卤菜准备区、汤类与水果准备区及配餐工作区五个工作区域，此外还有三间小冷库供储存冷冻食品，一间大型干货间供储藏不易变质的物料。设施设备的限制以及食品变质的风险，制约了大众包餐公司的发展规模。

包餐行业的竞争十分激烈，高质量的食品、可靠的递送、灵活的服务及低成本的运营等都是这一行求生存谋发展的根本。近来，大众包餐公司已面临来自愈来愈挑剔的顾客和几家新开的专业包餐商的竞争压力。

李杨夫妇最近参加现代物流知识培训班，对准时化运作和第三方物流服务的概念印象很深，这些理念正是大众包餐公司保持其竞争能力的突破口。但是他们也感到疑惑：大众包餐公司能否借助第三方物流服务？

请根据上述情况回答下列问题：

（1）大众包餐公司的经营活动可否引入第三方物流服务？并请说明理由。

（2）大众包餐公司实施准时化服务有哪些困难？

（3）在引入第三方物流服务中，大众包餐公司应采取哪些措施？

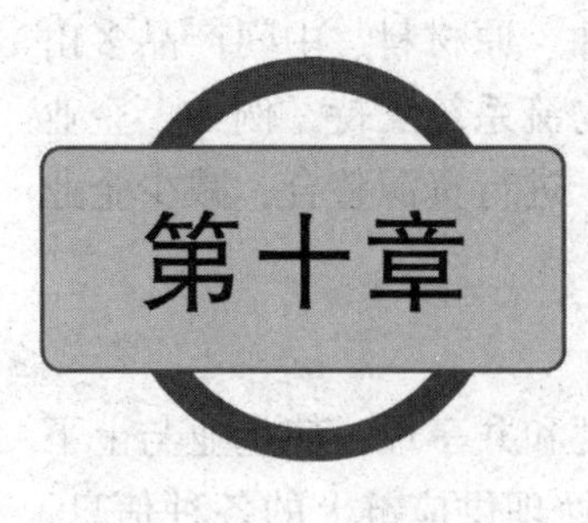

第十章 物流发展

学习目标与要求

现代物流的发展可以推动产业结构调整升级，其发展程度成为衡量综合国力的重要标志之一。物流行业规模与经济增长速度有直接关系，物流行业快速发展主要得益于国内经济的增长。对行业、企业物流发展态势的分析是物流系统分析中的重要环节，对整个物流系统的综合分析和评价有显著影响。本章将主要介绍企业物流发展战略的各个部分，从而使整个物流系统分析实现更高的决策收益。

1. 理解企业物流发展的内涵和实质。
2. 熟悉我国企业物流发展现状和发展趋势。
3. 能够根据不同企业案例分析其物流发展模式。

知识回顾

一、企业物流发展

企业物流发展是将供应物流、生产物流及销售物流进行系统结合，以信息和网络技术为支撑，将物流范围延伸到上游供应商和下游消费者在内的各关联主体，最终实现企业有效、及时、快速反应的过程。

随着市场竞争的加剧，企业纷纷在降低物流成本、提高物流服务水平上下功夫。为了以较低的交付成本、更好的物流服务在国内外市场中赢得竞争优势，物流战略越来越成为企业总体战略中不可分割的组成部分。

二、企业物流发展目标

1. 较低成本

以较低的营运成本满足顾客的货物配送和信息需求。提高物流投资利用率，集约使用物流设施投资，提高单位设备的利用率。采用有效的 JIT、TPL 等管理模式，提高作业效率。例如，不设库存而将产品直接送交客户，选择使用公共仓库而非自建仓库，运用 JIT 策略来避免库存，或利用 TPL 服务等。

2. 资源整合

现代企业的物流能延伸到上游供应商和下游消费者在内的各关联主体。企业产成品中，除了涉及核心技术的零部件由自己生产外，其他大多数零件、原材料、中间产品多由供应商提供，企业这种少库存或零库存的策略需要一个强大的物流系统支持。例如，企业可以通过 GIS、GPS、RS 等系统对全程物流服务实行即时监控；进行资源整合，减少企业基础设施建设投入，降低费用。

3. 信息共享

物流管理信息系统的普及和使用，增强了物流信息的透明度和共享性，使企业与上下游节点形成紧密的物流联盟。企业通过数字化平台及时获取并处理供应链上的各种信息，提高对顾客需求的反应速度。例如，企业通过 EDI 进行全球数据报文交换，降低流转、结算、库存等成本，加强与全球用户、供应链企业的沟通。

三、我国企业物流发展现状

1. 发展环境显著优化

物流企业通过采用先进装备，促进物流设施使用效率提升、物流绩效和物流服务水平改善；促进大型货运企业或储运企业服务功能日益完善，推动第三方物流服务市场形成；生产性和流通性企业多使用社会化物流，既保证物流的专业化水平，又能降低企业的投入。

2. 设施设备使用改进

全国各地建成了大量综合物流中心，它们集散功能强、辐射范围广，作业效率高。

3. 信誉服务品质增强

质量是企业的生命线，是企业可持续发展的重要因素。经营信誉是企业宝贵的无形资产，大多数物流企业牢固树立用户至上的经营观念，建立一套严格的业务规则和制度，以抓好内部机制管理，提高服务质量。

4. 战略合作深入发展

我国物流企业越来越多地与合适的供应商、储运商等结成战略联盟，以供应链的整体优势参与竞争，实现互惠互利。

四、我国企业物流发展趋势

1. 基础设施建设趋于完善

要实现物流业又好又快的跨越式发展，完善基础设施是重中之重，政府需继续加快以高速公路为主体的道路交通建设，进一步完善各铁路道路的互通，减少货运时间，提高物流效率。各电商平台也须完善物流体系，继续推进建设自营仓储基地。

2. 物流法律法规健全成熟

针对物流行业的特点，相关政府部门根据我国国情制定了相关法律法规，对物流行业设置严格的高准入标准体系，减少物流业乱象。

3. 大力发展绿色物流

绿色物流的宗旨就是降低资源浪费，减少资源消耗，建立可持续发展的物流管理体系。国家也应积极支持绿色物流的发展。绿色物流是降低企业成本的重要方式，使企业在新一轮竞争中取得战略优势。

4. 大数据广泛应用于物流行业

随着移动互联网技术日益成熟，在市场的驱动下，大数据将全面应用于物流行业。

案例与评析

案例1 幸福西饼，重构电商物流新模式

案例概述

幸福西饼2008年创立于深圳，集研发、生产、销售于一体，主要经营面包、西饼、曲奇、蛋糕、季节礼饼等中西式糕点。经过十多年的快速发展和创新转型，幸福西饼一跃成为国内知名的O2O蛋糕品牌，成功跻身最具竞争力的烘焙品牌。

传统蛋糕店家是“做了再卖”，即在店里做完之后，放到门店或线上平台进行销售，而“幸福西饼”是“卖了再做”，顾客从线上下单后，店家再生产。顾客通过团购网站、幸福西饼官网或APP、微信公众号、天猫等平台下单，幸福西饼后台接单后，把订单分配给当地的配送站，配送站接单后根据订单制作，并由全职的幸福西饼配送人员配送到用户家里。

幸福西饼重构电商物流新模式：线下只设体验店；采用全网营销系统+反向订购模式；构建社群，运营“粉丝”经济；顾客线上下单，精准用户画像，满足用户个性需求；采用标准化生产系统，以销定产，新鲜制作，规模化生产；建立完善的配送系统，完善服务，通过自建物流，2～5小时即可送达。以上都是幸福西饼重构电商物流新模式的重要体现。

幸福西饼以线上APP、官网、微信公众号、团购网等互联网流量为入口，链接到幸福西饼配送站进行蛋糕制作，由工作人员送货上门。这一商业模式以消费者需求驱动生产，一方面客户能够提出个性化需求甚至直接参与产品、内容的设计和生产；另一方面产品生产商能通过大数据、柔性制造迅速响应客户需求，最终高效、低成本地生产多样化、个性化产品，本质上是将信息流、资金流和物流合一的供应链重构。

幸福西饼的电商物流模式基于信息技术的革新、用户消费习惯的改变，以及新零售基础设施的完善。幸福西饼以商业数据为基础、以智能算法为手段，融合企业资源和场景，以销定存，通过前端的销售数据匹配奶油、面粉等生产原料数据，通过订货平台下单后，员工次日早晨即可收到当天所需物料。赋能产销协同也是幸福西饼电商物流模式的一大特征，整个链条贯穿生产端、供应链端、配送端和用户端。

在接受媒体采访时，幸福西饼的负责人曾经提到，与其说幸福西饼是一家糕点公司，不如说它是一家物流公司；零售行业京东的物流体系有口皆碑，但是同城当日达也不多，更何况指定时间送达，从这点上来看，幸福西饼物流配送体系更有优势。幸福西饼还是一

家优质的电子商务公司，它除了卖蛋糕，还卖当季的手信，并计划布局本地生活服务平台，幸福商场的货架上会陆续添加生活服务相关的商品。未来，它可能是一家生活服务的大数据公司。目前，幸福西饼在线上已经拥有团购网站、幸福西饼官网、APP、微信公众号、天猫等多个营销渠道，其中，仅微信公众号就已经达到200多万的粉丝规模，这些用户在线上沉淀了大量有价值的数据。未来，在大数据与人工智能技术的支持下，这些生产流通、用户选购等环节积累大量的数据可用于推测用户需求。

案例思考与评析

一、思考

1. 幸福西饼重构电商物流新模式的过程中，体现了企业哪些身份？分别有什么样的特征？

2. 结合所学知识，分析幸福西饼的成功得益于哪些关键因素。

二、评析

1. 幸福西饼的身份特征。

身份一：幸福西饼本质上是一家糕点公司，主营蛋糕等食品，且口味不错，受到年轻消费者的青睐。

身份二：幸福西饼是一家食品物流企业，有高效率的物流配送体系。

身份三：幸福西饼是一家电子商务公司，除了卖蛋糕，还着眼于本地生活服务。

身份四：幸福西饼是一家大数据公司，在线上拥有多重营销渠道，在生产流通、用户选购等环节沉淀了大量的数据，可推测用户需求。

2. 幸福西饼成功的关键因素。

幸福西饼采用多样化的互联网渠道，标准的生产体系和配送体系，以及贯穿全流程、整合大数据的信息平台，精准反映了电子商务发展模式的新特质，其成功的因素如下：

首先，建立了一整套从原材料、生产工艺、服务体系到配送流程等的标准化执行系统。

其次，注重培训管控能力，注重城市的生产和配送管理，保证标准化的落实和实施。

再次，实行品牌化策略。在蛋糕市场，口碑是消费者极其看重的因素，幸福西饼的味道在年轻消费者中有口皆碑；

最后，也是最重要的因素是其多样化的互联网渠道。幸福西饼在线上拥有团购网站、幸福西饼官网、APP、微信公众号、天猫等多个营销渠道，其中，仅微信公众号就已经达到200多万的粉丝规模。

案例2 浙江联华，做智慧物流的领跑者

案例概述

浙江杭州联华华商集团有限公司是一家由联华超市股份有限公司控股、杭州市商贸旅游集团有限公司和宁波联合集团股份有限公司参股的有限责任公司，公司注册资本1.205亿元，总资产近90亿元，主要业务涵盖购物中心、大卖场、综合超市、标准超市、精品超市、便利店、无人值守智慧商店等零售业态，涉及全渠道零售、仓储物流、

餐饮、消费服务、数据服务、金融业务、跨境贸易等领域，拥有“天华世纪城”“世纪联华”“联华”“City life”“Green Health”“鲸选”等多个业态品牌，网点260余家，员工1.5万余人。浙江联华是G20杭州峰会食材总仓建设、保障单位，位列中国服务业五百强、浙江省商贸业百强、浙江省服务业百强，是省、市重点应急保供企业，浙江省商贸龙头企业。

浙江联华华商集团智慧物流绍兴基地坐落于绍兴市柯桥区杨汛桥镇，占地面积10万多平方米，配送中心面积18.26万平方米，日均吞吐能力65万箱，最高存储量达150万箱。

联华物流基地物流管理系统（LH-WMS）应用并集成自动分拣机、垂直提升机、机器人等多项智能化设备，是集信息化、自动化和智能化于一体的综合智慧物流基地，通过采取以下举措打造智慧物流基地。

一、赋能平台装箱打包，按箱配送，降低配送烦琐程度，提高配送收货效率

针对配送中心中转业务订单多、明细碎、收货频次高、效率低等问题，项目团队根据客户业务需求，研发了一套供应商收货赋能平台系统，提高配送效率。

二、机器代替人工，输送线自动扫码收货，效率高，速度快

杨汛桥智慧物流基地中转业务采用分拣机自动收货功能，供应商通过收货赋能平台装箱打包包裹（周转箱），送到配送中心后，直接通过输送线投料扫码自动收货，然后自动分拨到门店，供应商无须卸货码盘，无须等待收货员，投箱完成后直接到单据室打印收货凭证即可。

三、集成提升机业务，实现楼层间作业自动完成

杨汛桥智慧物流基地为4层仓库，其中-1层、2层、3层为商品存储分拣区，1层为收货、出库区。收货入库的托盘需到2层、3层进行上架存储，若采用电梯作业，效率低且存在安全隐患。为此，项目团队采用立体仓库管理（LH-WMS）集成提升机业务，平移员直接通过手持终端将托盘挪到提升机入口，提升机通过LH-WMS系统的指令进行扫码后，自动将托盘送至指定楼层，效率快且安全性高。

四、采用自动化分拣系统，实现自动分拣

杨汛桥智慧物流基地集成了自动化分拣线、整箱区、拆零区（机器人区域），将拣货出的箱子直接进行输送线投箱，通过自动化分拣线自动分配到每个门店，减少人工干预，效率高、速度快。

案例思考与评析

一、思考

1. 试分析浙江联华应用智慧物流取得了哪些收益。

2. 请结合案例，分析传统商超企业引进智慧物流系统可以采取哪些措施。

二、评析

1. 浙江联华应用智慧物流取得的收益。

第一，极大地调动了员工工作的积极性。由于实行了全新的智慧物流管理模式，每一位员工的作业量都在智慧物流系统中予以统计，根据计件标准，多劳多得，促使作业员工全心全意投入现场作业，工作效率大幅提升。

第二，提升联华超市门店效率。智慧物流系统改变了门店服务模式，将供货方式升级为按需求供货，采用全新智慧物流系统订单，提升门店货物周转率。

第三，对供应链管理的监督模式更可靠。供应商按照订单所需送货量，采用智慧物流系统，在指定日期送达，有效均衡了库内作业，控制库存，实现了精益物流的目标。同时，系统通过到达率报表监督供应商的到货情况，使业务合同的条款有理有据，有利于考核订单量和订货时机，实现物流系统的高效运转。

第四，提升市场竞争力，流程的优化、管理的改革，不仅使联华超市成本降低、效益增加，更重要的是提高了公司的市场竞争力。联华超市逐渐成为省内同行业的佼佼者，成长为智慧物流的标杆。

2. 传统商超企业引进智慧物流系统可借鉴措施。

第一，通过互联网平台和 IT 系统整合货运资源；

第二，搭建区域物流网络，构建完善的信息服务平台；

第三，引入高端智能化物流设备，助力企业经营发展；

第四，不断提高企业内部信息化水平，完善供应链智能管理体系。

案例3 运输新冠疫苗，顺丰成功入围

案例概述

医药冷链运输被称为冷链行业金字塔的顶尖。不同于一般的生鲜冷链，疫苗冷链门槛更高，疫苗储存、运输全过程温度必须恒定在2℃ ~8℃，并定时监测、记录温度。疫苗冷链对于硬件、软件、全程可控、相关认证等要求非常严格。

新冠疫情爆发后，交通运输部公示第一批新冠病毒疫苗货物道路运输重点联系企业，安徽都京云康医药有限公司、北京德利得物流有限公司、北京华欣物流有限公司等 28 家道路运输企业入围，来自邮政快递业的顺丰医药供应链有限公司（顺丰医药）榜上有名。随着大规模的疫苗接种，新冠疫苗安全高效运输也成为人们关注的问题。

顺丰在国内将新增 80 辆医药 GSP 冷藏车，启用苏州、长沙、长春等 7 个医药仓，为冷链药品存储配送做好准备。在国际物流上，顺丰内部联合顺丰航空、顺丰国际组建新冠疫苗专项工作组，为新冠疫苗出口制定个性化的物流解决方案，为客户提供门到门、港到港、门到港的服务。

疫苗的存储和运输要经过一系列的复杂过程，首先，疫苗从产线下线进入疫苗冷藏库，运输车从生产商冷藏库将疫苗转运至各地疾控中心的冷藏库存放，各接种点再根据实际需求量从疾控中心的冷库取货。仓储和运输是其中的关键环节，疫苗冷链过程需实施全程监控，并对相关数据进行托管。

顺丰独特的优势能够满足疫苗从仓储、运输到落地配送的要求。在供应链方面，顺丰凭借强大的物流底盘及先进技术，能够提供专业化的供应链服务方案。在冷链方面，顺丰多年持续在冷链市场布局，同时快速推进包括冷链物流在内的物流信息化、数字化和智能

化建设，连续两年蝉联“中国冷链物流百强企业”第一名。

截至2019年年底，顺丰控股医药网络覆盖219个地级市、1 547个区县，拥有4个GSP认证医药仓，总面积3万平方米；拥有42条医药运输干线，贯通全国核心城市；拥有通过GSP验证的自有冷藏车242台，并配备完善的物流信息系统及自主研发的TCEMS全程可视化监控平台。2020年6月，顺丰获得首个药品第三方物流“告知承诺公示制”资质。

2020年1月1日，顺丰医药与某疫苗标杆企业合作的“深圳疫苗仓储项目”顺利启动，开创了供应链“一站式”服务模式，为疫苗生产企业在全链条追溯管理、质量合规、营销渠道下沉赋能、仓配降本增效等方面提供全方位支持。顺丰医药为该疫苗生产企业提供深圳GMP外延仓代运营服务，涵盖仓库选址、客制化改造、联合药监备案、日常运营管理等方面。

疫苗冷链要求医药物流公司具备以下能力：实时追踪位置与温度、高性能包装、多温度控制、多种运输模式（从工厂到经销商/CDC、从经销商到大小CDC、从CDC到接种点）。疫苗流通一般是两种模式：其一，传统的干线模式+区域配送+省内配送，流通企业负责省内的配送；其二，从疫苗生产企业直接配送至全国县市疾控和接种单位。为了满足疫苗、冷链药品的冷链运输要求，顺丰医药自主研发的运输管理信息系统，可全程对温湿度进行实时监控。同时，顺丰的信息追溯系统和阿尔法控制平台，实现了疫苗运输配送信息、温湿度数据、行程轨迹、订单信息、库存状态等全程可视可追溯。

案例思考与评析

一、思考

1. 试分析顺丰入围国家疫苗冷链物流运输企业的原因。

2. 请结合案例，分析医药冷链物流的特点。

二、评析

1. 顺丰入围国家疫苗冷链物流运输企业的原因。

医药冷链作为物流业的一个分支，包括冷藏药品的生产、运输、储存、使用等一系列环节。随着我国医药流通规模不断增大，原本作为药品流通供应链补充的医药冷链蓬勃发展。

第一，根据国家新冠疫苗运输的技术要求，医药冷链物流企业应注重对包装、标识、运输文件、车辆、人员、温度等各要素进行安全管控。向承运人提供托运清单，确保包装符合相关要求，在外包装设置标记、标签，尽量安排专人全程押运，装卸场所环境温度需实时监测，建立或接入满足药品追溯要求的信息系统，做好人员培训和必要的健康防护。这是其能够入围国家疫苗冷链物流运输企业的基础。

第二，顺丰能够入围国家疫苗冷链物流运输企业得益于其优质的软硬件条件。在硬件方面，顺丰医药新增可用于疫苗储存的GSP仓；在软件方面，顺丰医药自主独立开发丰溯信息系统，可实现疫苗运输配送信息、温度数据、行程轨迹全程可追溯，而且与国家药品监管平台对接，为客户提供优质的仓储、运输和全程质量追溯等医药冷链服务。

第三，高科技的物流信息化水平。顺丰依托大数据分析能力，并引进全球领先的供应链优化引擎，为客户提供售前、售中、售后全程销售支持及需求预测、库存优化、运输智能调度等供应链服务。

2. 冷链物流的特点。

第一，时效性强。

第二，复杂程度高。

第三，前期投入大。

第四，运营成本高。

案例4 雅戈尔物流，精益求精在路上

案例概述

“创国际品牌”是雅戈尔的发展目标。经过几十年的发展，雅戈尔已成为中国知名品牌。雅戈尔集团旗下的雅戈尔服饰公司在全国拥有100余家分公司、400多家自营专卖店、2 000多个商业网点。公司针对国际商务、行政公务、商务休闲三大消费群体进行产品开发，形成了成熟自信、稳重内敛、崇尚品质生活的品牌特色，其精益物流运作模式也是同行业中的佼佼者。

依赖精益物流，雅戈尔不仅库存周期减少了160天，整个服装生产系统也能够更快响应市场需求。精益物流对服装企业而言至关重要，因为过季的服装，如同过期的水果，卖不上价钱。为实现最佳效益，降低库存和减少库存周期成为众多服装企业努力的方向。

服装是雅戈尔集团的基础，更是精益物流的重要体现，近年来，在雅戈尔服装销售额与公司规模同步增长的同时，各种问题也随之出现，比较突出的是积压库存多，且平均库存周转天数需要300天以上，相当于一年才周转一次库存。因此，雅戈尔着眼于物流，按照日本丰田模式，将精益物流技术应用于集团物流系统。近年来，雅戈尔信息化基础建设将数据分散在全国，相继在河北、山东、安徽等建设服务区域的数据仓库中心，同时保证数据来自一线销售的实际情况，总公司可以准确掌握各区域销售情况及物流的变化趋势。

2019年以来，雅戈尔上线配送需求系统，集中全国各地零售店的所有零售数据，为数据仓库全面上线奠定了良好的基础。这套系统使企业管理分销网络更加健全，供应商与经销商之间共享信息，及时获得市场销售与客户信息，实现供应商与经销商之间端到端的供应链管理，精确缩短供应链的长度。

销售信息能否精确反馈到厂家，是市场取胜的关键要素。雅戈尔的精益物流模式遵循信息化建设的整体思路，整合完善供应链系统，实现供应链物流数据的共享这样的信息化建设又反哺精益物流。

案例思考与评析

一、思考

1. 请结合案例，分析雅戈尔如何走上精益物流之路。

2. 结合精益物流相关知识分析，分析企业怎样才能形成有效的经营管理体制。

二、评析

1. 雅戈尔的精益物流之路。

答：①厘清价值，搞清每一步骤和环节，并对它们进行描述和分析。雅戈尔服装生产

系统要求能快速适应市场需求，对服装物流特性和特点有充分的把握。

②保持价值流的顺畅。优化工作流程，消除或压缩不产生价值的行为。雅戈尔依靠精益物流，建立整套经营分析体系，聚焦企业的核心竞争力。

③以顾客诉求为基本动力。在雅戈尔精益物流模式中，价值流靠下游顾客拉动，需要提升精确反应速度，缩短系统响应延迟，提高服务水平。

④不断提升物流管理水平。雅戈尔精益物流实行动态管理，需要对物流活动进行不断改进和完善。

2. 企业如何形成精益物流的有效经营管理体制。

答：①保证组织结构的精益化。利用精益化思想减少中间组织结构，实施扁平化管理。

②促进系统资源的精益化。利用信息系统对企业物流资源进行整合，提高资源利用率。

③实现信息网络的精益化。信息网络系统是实现精益物流的关键，因此，需建立精益化的网络系统。

④助力业务系统的精益化。对企业物流流程进行重组与改造，消除不合理的因素，提升物流系统运转效率。

案例5 绿色物流先行者，中外运-敦豪的探索之路

案例概述

中国物流绿色化发展的路径与解决方案是物流人面临的重要任务。绿色物流倡导在物流过程中减少对环境的危害，实现节能降耗，降低碳排放，实现资源的充分利用。

为推动中国绿色物流业健康发展，近年来，中外运-敦豪不断深化绿色物流理念，实施以单元装载系统为媒介，巧妙组合各种运输工具，实施联合一贯制运输，并依托覆盖中国和世界的物流网络，充分整合储运资源和货物流向，开展共同配送，不仅节约能源，减少污染，而且提高了配送服务水平，使企业库存大大降低，有效降低了物流成本。

2020 年以来，中外运-敦豪与比亚迪进一步合作完善电动车辆所需的充电基础设施建设，并就车辆使用、维护保养等方面的紧密合作进行探讨。未来几年内，中外运-敦豪计划在深圳扩大电动物流服务车的使用范围，引进更多型号的电动车辆，进一步推动新能源物流服务车的应用，促进节能减排目标的实现。

中外运-敦豪深圳区域总经理表示：“为了满足城市物流发展的需求，我们一直在探索和完善绿色物流解决方案。从完成‘最后一公里’派送的电动平衡车，到今天的电动城市物流车，实现绿色终端配送是我们坚持不懈的目标。中外运-敦豪一直致力于开发绿色产品和服务，实现环境、合作伙伴与企业‘多赢’局面。”

早在 2015 年年底，中外运-敦豪的纯电动物流服务车就已投入使用。首批电动车针对城市物流特点，量身打造了比亚迪 T3 车型，用于深圳 CBD 及周边地区的日常派送。

近五年来，新能源车辆优势明显。在购置环节，T3 电动车享受新能源车辆补贴、免购置税和车船税、上牌手续简化等多项优惠政策。在实际运营中，电动车辆将大幅节约能源、停车、保养等费用，且不受当地限行政策影响，减少了服务中心备用车辆的投入。在

驾乘上，电动车辆低噪声、零排放、良好的操控性等优势为驾乘人员带来更为舒适的体验。

案例思考与评析

一、思考

1. 请结合案例，分析纯电动物流服务车的优势。

2. 结合教材“绿色物流发展”相关知识，分析绿色物流的发展路径。

二、评析

1. 纯电动物流服务车带给总外运的优势。

第一，适应了国家的政策，为中外运-敦豪创造了良好的内外部环境，得到社会舆论的支持，塑造企业正面的形象，符合企业的长远发展利益和诉求。

第二，便于企业新物流技术的迭代和整合，以绿色环保节能减排为抓手，更新企业的物流技术和物流设备，探索和完善绿色物流解决方案，解决“最后一公里”配送的瓶颈，实现合作伙伴和企业自身多赢的局面。

第三，由于电动车符合国家和地区相关政策，在实际运营中，便于企业降低运营成本，尤其是不受当地限行政策的影响，可以减少备用车辆的投入，提高企业的服务品质和形象。

第四，对于员工而言，提高了员工的驾驶舒适度，提升了驾驶服务效率和水平，对于组织的长远发展和人才培养也有益。

第五，采用共同配送，整合了储运资源和货物流向，迭代了供应链合作的机制体制，与中外运企业合作的深度和广度大幅提升，各运营企业在竞争中形成了协同合作的关系，实现中外运物流的高效化、合理化和系统化。

2. 绿色物流发展路径。

除了采用绿色物流技术和设备设施外，还可以采用以下发展路径：

其一，物流作业绿色化发展。中外运-敦豪等企业在物流的装卸、搬运、分拣等具体作业流程中，不断优化绿色节能减排物流技术，推动形成企业绿色技术标准化方案与措施，如绿色分拣技术、货架技术、新能源集成设计方案等。

其二，物流包装绿色化。中外运-敦豪等企业致力于解决包装浪费、过度包装、填充物冗余等物流积弊，积极推动减量包装、可循环包装、环保可降解包装技术等措施，促进绿色包装技术的成熟。应用智能物流解决措施，智能选取合适的标准箱，减少填充物，合并客户订单，现场定点回收循环使用，促进包裹物的可循环利用。

其三，物流信息的绿色化创新模式。利用互联网+技术手段实现物流资源共享与整合，充分利用和优化物流资源，减少仓库闲置，实现配送路径优化和降低物流成本，中外运-敦豪与其他企业共享货运资源，实现共同配载，减少运输空返，实现集约化运作。

其四，建立企业绿色物流文化氛围，塑造员工观念，形成节约光荣、浪费可耻的物流运作观念，在7S管理的基础上，以绩效奖励的模式，鼓励员工节能减排，落实绿色物流观念。

练习与思考题

一、单项选择题

1. 以下属于企业物流资源整合对象的是（　　）。
A. 节约物流成本　　B. 物流信息整理　　C. 基础设施建设　　D. 优化运输路线
2. LMIS 指（　　）。
A. 物流管理系统　　B. 物流管理信息系统
C. 仓库储位管理系统　　D. 仓库管理系统
3. 以下不是企业核心能力的是（　　）。
A. 物流资源的整合能力　　B. 物流业务的运作能力
C. 物流服务的创新能力　　D. 物流设施的建设能力
4. 战略合作深入发展的优势是（　　）。
A. 提高中国产品在国内外市场的竞争力
B. 提高信息透明度
C. 提高物流效率
D. 提高设施水平

二、多项选择题

1. 企业物流发展要实现的目标包括（　　）。
A. 较低成本　　B. 资源整合　　C. 绿色发展　　D. 信息共享
E. 渠道单一
2. 我国企业物流的发展现状包括（　　）。
A. 发展环境显著优化　　B. 设施设备使用改进
C. 信誉服务品质增强　　D. 战略合作深入发展
E. 物流成本显著降低
3. 大型综合物流中心的特征包括（　　）。
A. 高效性　　B. 多功能　　C. 智能化　　D. 高层次
E. 自动化
4. 先进设备使用的优点包括（　　）。
A. 提高作业效率　　B. 提高材料利用率
C. 提高服务质量　　D. 提高容错率
E. 降低物流成本
5. 基础设施建设完善的优点包括（　　）。
A. 减少货运时间　　B. 减少设备受损
C. 满足客户需求　　D. 加快物流效率
6. 销售物流系统中最主要的功能包括（　　）。
A. 仓储　　B. 包装　　C. 运输　　D. 信息处理
E. 流通加工

7. 对系统进行规划时需要注意的因素包括（　　）。

A. 企业的生产　　B. 销售计划　　C. 企业的管理　　D. 系统维修

E. 实时加工

8. 企业物流规划的基本组成要素包括（　　）。

A. 经营范围　　B. 资源配置　　C. 优势　　D. 协同作用

E. 劣势

9. 企业对全程物流服务实行即时监控的系统包括（　　）。

A. GPS　　B. BRP　　C. RS　　D. GIS

E. GSM

10. 利用大数据平台可以实现（　　）。

A. 车货智能匹配货物状态　　B. 实时监控

C. 集成化管理　　D. 提高生产效率

E. 透明化管理

三、填空题

1. 企业物流发展是将____________、____________及____________进行系统结合，并将物流范围延伸到上游供应商和下游消费者在内的各关联主体，以信息和网络技术为支撑，最终实现企业有效、及时、快速反应的过程。

2. 物流管理信息系统的普及和使用增强了物流信息的________和________，使企业与上下游节点形成紧密的物流联盟。

3. 绿色物流的宗旨就是____________、____________，从环保和可持续发展的角度，建立新的物流管理体系。

四、判断题

1. 为了以较低的交付成本、更好的物流服务在国内、国际市场中赢得竞争优势，物流战略越来越成为企业总体战略中不可分割的组成部分。（　　）

2. 绿色物流也是提高物流效率的重要方式，使企业在新一轮竞争中取得战略优势。（　　）

3. 企业通过数字化平台及时获取并处理供应链上的各种信息，提高对顾客需求的反应速度。（　　）

4. 成本是企业的生命，是企业可持续发展的重要因素。（　　）

5. 物流企业要实现良好发展，首先应提升业务拓展能力。（　　）

6. 大型综合物流中心集散功能强、辐射范围广、设施设备先进、作业效率较高。（　　）

7. 绿色物流不是我国企业物流发展的趋势。（　　）

8. 物流企业应牢固树立用户至上的经营观念，建立一套严格的业务规则和制度。（　　）

五、简答题

1. 概述我国物流企业的发展现状。

2. 物流企业的发展目标有哪些？

六、论述题

1. 论述我国物流企业的发展趋势。
2. 物流在经济发展中被称为“第三利润源”，是基于哪些要素？

七、方案设计

案例简介：安得物流有限公司（以下简称“安得”）创建于2000年，是国内最早开展现代物流集成化管理的第三方物流企业之一。安得物流在全国各大中城市拥有100多个网点，形成了高效的物流网络，具备全国性的综合物流服务能力。安得能为客户提供快准运输、高效仓储、精益配送等物流服务，并提供方案策划、物流咨询、条码管理、库存分析、批次管理、包装加工等增值服务。随着物流业的兴起，企业只有具备超前的战略意识，勇于创新，走在时代前沿，才可以屹立于强企之林，成为物流行业的领跑者。

由于时代迅猛发展，安得的组织结构、网络设置、人力资源配置、供应链、增值服务等面临着严峻的考验，其主要问题如下：

（1）网络信息系统方面的问题；
（2）运输定价问题；
（3）运费上升问题；
（4）配送中心增值服务存在的问题；
（5）花城分公司的人员及仓储问题；
（6）西北地区业务亏损问题；
（7）投标问题；
（8）组织优化问题；
（9）企业转型问题。

思考：请查阅相关资料，就其中的一个或几个问题进行研究，从企业物流发展的角度提出建议，以解决安得公司遇到的问题。

习题参考答案

第一章

一、单项选择题

1. C　2. B　3. D　4. A　5. B
6. D　7. D　8. C　9. A　10. A

二、多项选择题

1. ABCD　2. ACE　3. ABD　4. ABCDE　5. ABCDE
6. ABD　7. CE　8. AC　9. CDE　10. ACE
11. ABCDE　12. ABCDE　13. ABC　14. ABCDE　15. AB

三、填空题

1. 生产、流通　2. 物流　3. 物、流　4. 恰当质量、恰当地点　5. 运输　6. 社会物流　7. 绿色物流

四、判断题

1. √　2. ×　3. √　4. ×　5. √　6. ×　7. √

五、简答题

1. 怎样理解物流的定义？

①物流的研究对象贯穿流通领域和生产领域的一切物料及有关信息流，研究目的是对其进行科学规划、管理与控制，使其高效率、高效益地完成预订服务目标；②物流的作用是将物资由供给主体向需求主体转移（包含物资的废弃与还原），创造时间价值和空间价值；③物流活动包括运输、仓储、装卸、搬运、包装、流通加工、配送及有关的信息活动等；④物流作为供应链的一个组成部分，在供应链管理与整合中起非常重要的作用。

2. 简述物流管理的主要内容。

①对物流活动诸要素的管理，包括对运输、存储、装卸、配送等环节的管理。

②对物流系统诸要素的管理，包括对人、财、物、设备、方法和信息等六大要素的

管理。

③对物流活动中具体职能的管理，包括对物流计划、质量、技术、经济等职能的管理等。

3. 简述物流活动的构成。

根据我国的物流术语标准，物流活动由物品的包装、装卸、搬运、运输、储存、流通加工、配送、物流信息等工作内容构成，以上内容也常被称为“物流的基本功能要素”。

4. 简述物流信息活动分类。

物流信息活动可以分为两部分：第一部分是将物流作为一个系统，与其他任何一个系统一样的一般信息处理活动，有人将其称为事务处理；第二部分是关于物流的特殊性方面的信息处理活动，这主要是针对物流系统与商流系统、生产系统等而言所具有的特殊业务进行的信息处理。

5. 简述物流按作用的分类。

①供应物流；

②销售物流；

③生产物流；

④回收物流；

⑤废弃物物流。

6. 简述物流创造的场所价值。

由于改变物的不同位置而创造的价值，称作场所价值，包括：①从集中生产场所流入分散需求场所创造价值；②从分散生产场所流入集中需求场所创造价值；③从低价值生产地流入高价值需求地所创造价值。

7. 简述现代物流与传统物流的区别。

现代物流与传统物流的区别，主要在于现代物流有计算机网络和信息技术的支撑，并应用了先进的管理技术和组织方式，将原本分离的商流、物流、信息流和采购、运输、仓储、代理、配送等环节紧密联系起来，形成了一条完整的供应链。

8. 互联网时代物流有什么特点？

互联网时代物流特点有：①经营全球化；②系统网络化；③供应链简约化；④企业规模化。

六、论述题

1. 论述物流发展的三个阶段。

（1）实物分销阶段。在实物分销阶段，社会的专业化分工发展程度不高，生产与流通被界定为两个不太相关的领域，生产企业的精力主要集中在产品的开发与生产上，管理的重点是如何开发新的产品，如何保证产品质量等，对物流在产品成本方面的作用缺乏充分认识，重生产轻流通。

（2）物流开发阶段。随着生产社会化的迅速发展，单纯依靠技术革新、扩大生产规模、提高生产率获得利润的难度越来越大，这促使人们开始寻求新的途径，如改进和加强流通管理。因此，加强物流管理就成为现代企业获得利润的新重要源泉之一。

（3）物流现代化阶段。这一阶段，在物流研究和管理方面的特点是把物流的各项职能作为一个系统进行研究，从整体上进行开发。

2. 论述现代物流的特点。

第一，物流是个过程，是物质从开始地到目的地的流通过程；第二，物流有多个环节，它要经过运输、仓储、装卸、搬运、配送、流通加工、信息传递等七个作业环节。通过一个有计划、管理、控制的过程，把这七个环节加以组合，以最少的费用、最高的效率、客户最满意的程度，把产品送到用户手里。最终达到为企业降低产品流通费用、物流公司取得良好的经济效益的目的。具体来讲，有以下几个方面：

①物流是成本中心。

②物流服务对经济活动具有依赖性。

③物流具有服务性。

④物流是新的利润源泉。

⑤物流具有综合性。

⑥物流具有管理集约化、信息化。

七、课堂讨论

略。

第二章

一、单项选择题

1. B　　2. C　　3. A　　4. A　　5. D
6. C　　7. C　　8. C　　9. C

二、多项选择题

1. ABCDE　　2. ACDE　　3. AB　　4. ACD　　5. BDE
6. ABCDE　　7. ABCD　　8. ACE　　9. ABCDE　　10. ABCDE

三、填空题

1. 元素、元素之间的关系
2. 流体、载体、流向、流量、流程、流速
3. 流体
4. 物流系统
5. 作业系统、信息系统
6. 第三方物流
7. 物流资源的需求方、供给方、第三方（法律）
8. 物流要素集成化原理、物流组织网络化原理、接口无缝化原理
9. 最优化方法
10. 自然、社会
11. 物流系统的流动结构、物流系统的功能结构、物流系统的治理结构、物流系统的网络结构

四、判断题

1. × 2. √ 3. × 4. √ 5. √ 6. √ 7. √ 8. × 9. × 10. √

五、简答题

1. 物流系统在设计过程中，系统设计的目标简称为5S，具体指什么。
①服务性（Service）；
②快捷性（Speed）；
③有效地利用面积和空间（Space Saving）；
④规模适当化（Scale Optimization）；
⑤库存控制（Stock Control）。
2. 简述物流系统的特征。
①目的性；
②追求系统整体最优；
③系统要素之间存在效益背反关系；
④物流系统作为其上位系统的子系统而发挥作用；
⑤物流系统需要通过信息的反馈加以控制。
3. 在物流系统中存在哪些关系？
①物流服务和物流成本之间的制约关系；
②构成物流服务子系统功能之间的制约关系；
③构成物流成本的各个环节费用之间的制约关系；
④各子系统的功能和所耗费用的关系。
4. 谈谈物流系统的组成要素。
①物流功能要素；
②节点线路要素；
③支撑手段要素；
④物质基础要素；
⑤系统的流动要素。
5. 企业的物流组织网络化，可以带来哪些好处？
①扩大市场覆盖面；
②提高网络效率；
③提高要素的收益率；
④抵御风险。
6. 谈谈你对物流系统化的认识。

所谓物流系统化，就是把物流的各个子系统联系起来，作为一个物流大系统，进行整体设计和管理，以最佳的结构、最好的配合，充分发挥其系统功能的效率，实现整体物流系统的合理化。

7. 物流系统化过程中应达到哪些目标？
①适当的系统规模；
②高水平的物流服务；

③合理的库存调节；

④较低的物流成本；

⑤最佳的整体经济效益。

8. 在进行物流系统分析时应遵循哪些原则？

①外部条件与内部条件相结合的原则；

②当前利益与长远利益相结合的原则；

③子系统与整个系统相结合的原则；

④定量分析与定性分析相结合的原则。

六、论述题

1. 物流系统的一般模式。

物流系统一般包括输入、输出、限制（干扰）和反馈外部环境向系统提供劳力、手段、资源、能量、信息，称为“输入”。系统以自身所具有的特定功能，将“输入”进行必要的转化处理，使之成为产成品，称为“输出”。外部环境因资源限制、需求波动、技术进步及其他各种因素的影响，对系统产生约束或影响，称为环境对系统的限制或干扰。此外，输出的结果可能偏离预期目标，需要将输出结果返回给输入，以便调整和修正系统，称为“反馈”。

2. 结合所学知识，谈谈系统分析的基本步骤。

第一步，进行系统分析；

第二步，确定目标；

第三步，收集资料，提出方案；

第四步，建立模型；

第五步，系统优化；

第六步，系统评价。

3. 是否合作及合作方案参考。

威特摩尔可考虑与家助公司进行合作。

合作方案参考：通过信息系统，将威特摩尔公司的仓库、配送中心与家助公司对接，由信息中心处理各种事物。

4. 企业物流经营存在的问题及改进意见。

（1）A公司的物流经营存在如下问题：

①业务员依托客户资源另起炉灶，造成公司客户资源流失。

②业务员掌握车辆、货物、货款，有携货款潜逃的隐患。

③存在隐性成本，容易造成浪费，如业务员私用办公车辆或车辆长时间闲置。

④需要车辆较多，购置及养护车辆开销大。

（2）改进意见。

①每月为员工提供固定数额的油费。

②配送车辆的维修、保养由公司统一安排，员工不得在非指定维修单位进行维修保养。

③业务员负责划定区域内的客户资料如实汇集到公司。

第三章

一、单项选择题

1. A　2. B　3. D　4. B　5. D
6. C　7. A　8. B　9. B　10. D

二、多项选择题

1. ABCDE　2. ABD　3. AD　4. ACDE　5. ACDE
6. ABCDE　7. AB　8. ADE　9. ABCDE　10. ABCDE

三、填空题

1. 运输
2. 综合运输/多式联运
3. 储存型配送中心、流通型配送中心
4. 拣选式工艺
5. 分拣式配货
6. 配货、配装
7. 分拣
8. 航空运输
9. 倒流运输
10. 协同配送

四、判断题

1. ×　2. ×　3. √　4. √　5. √　6. √　7. √　8. √　9. ×　10. ×

五、简答题

1. 运输在物流过程中有哪些作用？

①运输是物流网络上物品动态流动的实现载体，是物流系统的动脉；

②运输真正创造了物流的空间效用；

③通过提高物流速度，运输可以发挥物流系统整体功能；

④运输可以加快资金周转速度，降低资金占用时间，是提高物流经济效益和社会效益的重点。

2. 在运输过程中，有哪些不合理的运输形式？

①空驶；

②迂回运输；

③过远运输；

④对流运输；

⑤倒流运输；

⑥亏吨运输；

⑦重复运输；
⑧无效运输；
⑨运力选择不当；
⑩托运方式选择不当。
3. 如何实现运输合理化？
①合理配置运输网络；
②选择最佳的运输方式；
③提高运行效率；
④推进共同运输；
⑤采用现代运输方法；
⑥减少动力投入，增加运输能力；
⑦通过流通加工，使运输合理化。
4. 在配送过程中，有哪些不合理配送的表现形式？
①资源筹措不合理；
②库存决策不合理；
③价格不合理；
④配送与直达的决策不合理；
⑤送货中不合理运输；
⑥经营观念不合理。
5. 运输在国民经济中占据怎样的地位？
①运输是物流的核心功能，是生产过程在流通领域内的继续；
②运输是连接产销、实现流通的纽带；
③运输是加速社会再生产和促进社会再生产连续进行的前提条件；
④运输是保证市场、满足生产建设、实现生产目的的基本条件。
6. 哪些措施可以使配送合理化？
①推行综合程度的专业化配送；
②推行加工配送；
③推行共同配送；
④实行送取结合；
⑤使用准时配送系统；
⑥推行即时配送。
7. 你认为配送有哪些作用？
①有利于实现物流社会化和合理化。
②有利于实现物流资源的合理配置。
③有利于开发和应用新技术。
④有利于创造物流效益。

六、计算题

1. 解：

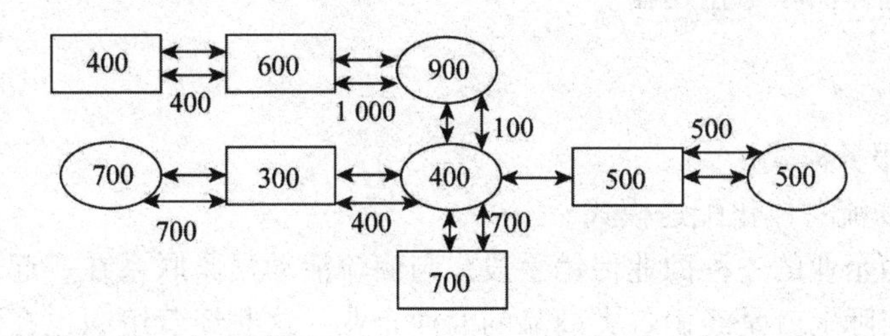

2. 答：

（1）公路　铁路　水路

（2）航空

（3）公路　从运距看，深圳与香港之间距离近，公路运输费用低，且可以实现“门到门”的运输，方便灵活；从运输的货物看，蔬菜属于易腐烂货物，公路运输周转速度快，装卸方便。

3. 此批纺织品的运费由整车运费和零担运费组成，其中：

整车运费=计费重量×整车运价率=50×92.55=4 627.5（元）

零担运费=计费重量÷10×零担运价率=8 000÷10×1.335=1 068（元）

此批纺织品的运费=整车运费+零担运费=4 627.5+1 068=5 695.5（元）

4. 运输成本分别如下：

铁路运输成本：运输成本 7 000 元　在途存货成本 36 246 元　工厂存货成本 45 000 元　仓库存货成本 45 150 元　总成本 133 396 元

驮背运输：运输成本 10 500 元　在途存货成本 24 164 元　工厂存货成本 20 925 元　仓库存货成本 21 029 元　总成本 76 619 元

5. 各运输方式的运费计算及比较。

50 000 册÷48 册=1 041.6 箱，按 1 042 箱计算。

火车运输运费=（2.5+6+4）×1 042=13 025（元）

汽车集装箱运输

①以重量折算应使用集装箱数量：

28.8×1 042=30 009.6（千克），用体积折算后，需使用集装箱数量：

0.6×0.4×0.5×1 042=125.04（平方米），需使用 2 个 40 英尺箱或 4 个 20 英尺箱。

②汽车集装箱运费：

以 2 个 40 英尺计算：7 000×2=14 000（元）

以 4 个 20 英尺计算：4 500×4=18 000（元）

汽车零担运输：13.5×1 042=14 067（元）

比较：

①运费比较：火车运费=13 025 元

汽车集装箱运费=14 000 元

汽车零担运费=14 067 元

②综合考虑：由于火车运输未考虑两端的卸车费，以及申请车皮的时间，火车运输的

总时间成本未定。汽车集装箱运输运费比零担运输低，时间准确，但终点卸车需采用叉车，会增加成本。

综上，建议选择汽车零担运输。

七、论述题

1. 谈谈配送服务模式。

（1）商流、物流一体化配送模式。

配送活动作为企业的一种商业促销手段，与商流活动紧紧联系在一起。从事配送活动的许多经营组织实际上就是经销各类商品的商业企业，这些经营组织也在独立地进行货物存储、保管、分拣和运送等物流活动，但这些活动是作为企业产品销售活动的环节内容存在的，配送只是企业一种营销手段。

（2）商物分离的配送模式。

随着商品流通的发展，从事配送活动的一些经营组织不购销商品，而是专门为客户提供诸如货物保管、分拣、加工、运送等系列化配送服务。这些专业配送组织的职能就是从工厂或转运站接收货物，然后代客户存储、保管货物，并按照客户的要求分拣和运送货物到指定的接货点。从组织形式上看，这些配送活动是一种商流与物流相对分离的活动。

（3）独立配送模式。

配送中心依靠自己构建的网络体系独自开展配送服务，其配送运作的方法是各个行为主体通过各种渠道与客户建立业务关系，单独开展配送活动。独立配送有时表现为不同的配送主体各自配送多种货物，从而呈现出综合配送形态；有时又表现为众多配送组织分别独自配送某一种类的物资，呈现出专业配送形态。

（4）共同配送模式。

①由一个配送企业对多家用户进行配送。

②在送货环节上，将多家用户的待运送货物混载在一辆车上，然后按用户的要求将货物运送到各个接货点，或运到多家用户联合设立的配送货物接收点。

③若干配送企业开展协作，在核心企业的统一安排调度下，各个配送企业分工协作、联合行动，共同对某一地区的用户进行配送。

（5）集团配送模式。

集团配送并不是指某个企业集团内部的供应站或供应公司对所属的各个需求单位运送物资的送货形式，而是专指以一定方式聚合专业流通企业，组成相对独立的流通企业集团，集中对大中型生产企业实行定点、定时、定量供货的配送模式，以及以商贸集团及其所属物资加工中心为媒介，在生产企业集团相互之间供、送货的运作模式。

2. 拣选式和分货式工艺的区别。

拣选式工艺是拣选人员或拣选工具巡回于各储存点，将所需物品取出，完成货物配备的方式，容易出现差错。

拣选式工艺按单拣选，一单一拣，与仓库出货方式类似。由于采取按单拣选，这种配货工艺准确程度较高，不容易发生货差等错误。

3. 各运输方式缺乏统一调度的后果及解决方案。

（1）可能产生如下不利结果：

①运输衔接过程中的信息传递与处理能力较差，使运输的及时性、快捷性受到制约。

②铁路、公路没能实现场站的有效衔接，必然会增加中转过程中的装卸及搬运量从而造成装卸、搬运成本大增；装卸、搬运效率低，时间长；运输商品货损货差率增加。

③托运人不得不自己办理相关中转业务。

（2）解决办法：

①出台促进联合运输的相关政策。

②建立铁路运输与公路运输间相互衔接的信息系统，以利于信息沟通。

③建立物流运输装卸、包装统一标准。

第四章

一、单项填空题

1. C　2. D　3. B　4. D　5. A
6. B　7. C　8. D　9. B　10. A

二、多项选择题

1. ABC　2. ABCE　3. ABCE　4. ABCDE　5. ABCDE
6. ABDE　7. ABCDE　8. ADE　9. ABCDE　10. ACDE
11. ABCDE　12. ABCDE

三、填空题

1. 入库、保管、出库
2. 直线式组织形式、水平结构的组织形式
3. 独立需求库存、相关需求库存
4. 原材料库存、产成品库存、在制品库存
5. ABC 分析法

四、判断题

1. ×　2. √　3. √　4. ×　5. √　6. √　7. ×　8. ×　9. √　10. √

五、简答题

1. 简述物资出库作业管理的原则。

①按程序作业；

②坚持“先进先出”原则；

③做好发放准备；

④及时记账；

⑤保证安全。

2. 简述库存控制系统目标。

①库存最低目标；

②库存保证程度最高目标；

③不允许缺货的目标；

④限定资金的目标；

⑤快速的目标。

3. 简述仓储的功能。

①支持生产；

②整合；

③分类和交叉站台；

④加工和延期；

⑤堆存与保管。

4. 商品保管的措施有哪些？

①通风；

②温度控制；

③湿度控制，包括货物湿度、空气湿度等；

④特殊情况下的保管。

六、计算题

1. 经济订货批量 $Q^* = \sqrt{\dfrac{2C_2D}{C_1}} = \sqrt{\dfrac{2 \times 10 \times 1\ 000}{0.5}} = 200$（件）

经济订货周期 $T^* = \sqrt{\dfrac{2C_2}{DC_1}} = \sqrt{\dfrac{2 \times 10}{1\ 000 \times 0.5}} = 0.2$(年) = 73(天)

2. 允许缺货情况下的经济进货批量 $= \sqrt{\dfrac{2 \times 40\ 000 \times 300}{30} \times \dfrac{30+20}{20}} = 1\ 414.21$（千克）

七、论述题

1. 定量库存控制的优缺点及适用范围。

（1）优点：①能经常掌握库存量动态，及时提出订购，不易出现缺货；②保险储备量较少；③每次订购量固定，能采用经济订购批量，也便于进货搬运和保管作业；④盘点和订购手续比较简便，尤其便于应用电子计算机进行控制。

（2）缺点：①订购时间不定，难以编制严密的采购计划；②未能突出重点物资的管理；③不适应需要量变化大的情况，不能及时调整订购批量；④不能得到多种物资合并订购的好处。

（3）适用范围：①单价较低的物资；②需求量比较稳定的物资；③缺货损失大的物资。

2. 定期库存控制的优缺点及适用范围。

（1）优点：①订购时间一定，容易编制严密的采购计划；②能够突出重点物资的管理；③适应需要量变化大的情况，能及时调整订购批量；④能得到多种物资合并订购的好处。

（2）缺点：①不能经常掌握库存量动态，及时提出订购，易出现缺货现象；②保险储备量较多；③每次订购量不定，不能采用经济订购批量，不利于进货搬运和保管作业；④盘点和订购手续较难，不便于通过电子计算机进行控制。

（3）适用范围：

①需要量大的主要原材料，必须严格管理的重要物资，有保管期限制的物资；②需要量变化大而且可以预测的物资；③发货繁杂、难以进行连续库存动态登记的物资。

3. 仓储作业的过程。

仓库保管作业过程从仓库接受仓储任务开始，包括在场库准备、接收货物、堆存、保管、交付的整个过程中，仓库所要处理的事务、承办的工作和承担的责任。仓库作业过程既有装卸、搬运、堆垛等劳动作业过程，也有货位安排、理货检验、保管、货物计账、统计报表等管理过程，以及收货交接、交货交接、残损处理等商务作业。

4. 参考建议及决策方案：

（1）不会。

①减少 202 个仓库只能节省 200 万～300 万美元，却造成了 18% 销售收入的下降，得不偿失。

②通过减少仓库造成销售收入下降，等于造成顾客流失，降低市场份额。

（2）策略。

首先，通过调查，依据目标市场细分的原理，将全国市场细分为 10～15 个大型区域，在每个大型区域建立区域配送中心；其次，通过配送中心选址的方法，进行每个区域配送中心的选址；再次，在每个区域内，选择 5 个左右的集中销售城市，建成城市配送中心；最后，从基本作业、实用物流技术、物流设备、管理信息系统四个方面入手，发挥配送中心降低物流成本、提高顾客满意度的作用。

5. 相关分析及参考答案如下：

（1）减少浪费，通过提高库存周转率、产品质量，缩短生产及交付周期，实现利润率的提高。

（2）编制生产计划能提高效率的缘由。

①生产计划的编制能提前应对需求变化。

②企业能根据需要调整员工数量。

③企业可启用满足额外资源需求的机制。

第五章

一、单项选择题

1. D	2. B	3. A	4. B	5. A
6. B	7. C	8. B	9. C	10. B

二、多项选择题

1. ABCDE	2. ABD	3. ABCDE	4. ABD	5. BCD
6. ABCDE	7. ABCDE	8. ABCDE	9. ABC	10. ABC
11. ABCDE	12. ABCD			

三、填空题

1. 保护商品、方便流通、促进销售
2. 工业包装、商业包装
3. 机械化原则
4. 系统化原则
5. 满足现场作业
6. 物流速度、流通领域

四、判断题

1. × 2. √ 3. √ 4. × 5. × 6. √ 7. √ 8. √ 9. × 10. √

五、简答题

1. 包装的合理化需考虑哪些要素？

①防止包装不足；
②防止包装过剩；
③从物流管理角度，用科学方法确定最优包装。

2. 在实现物流包装现代化过程中有哪些问题？

①包装模数；
②物流包装大型化和集装化；
③包装物的现代化管理；
④开发新的包装材料和包装工具。

3. 在物流活动中，流通加工有哪些作用？

①提高原材料利用率；
②进行初级加工，方便用户；
③提高加工效率及设备利用率；
④充分发挥各种运输手段的最高效率；
⑤改变功能，提高收益。

4. 流通加工有哪些类型？

①为弥补生产领域加工不足而进行的深加工；
②为满足需求多样化进行的服务性加工；
③为保护产品所进行的加工；
④为提高物流效率的加工；
⑤为促进销售的加工；
⑥为提高加工效率的加工；
⑦为提高原材料利用率的加工；
⑧使物流合理化的加工；
⑨以提高经济效益为目的的流通加工；
⑩生产流通一体化的加工。

5. 流通加工有哪些不合理形式？

①流通加工地点设置不合理；

②流通加工方式选择不当；

③流通加工作用不大，形成多余环节；

④流通加工成本过高，效益不好。

6. 流通加工的合理化措施有哪些？

①加工和配送相结合；

②加工和配套相结合；

③加工和合理运输相结合；

④加工和合理商流相结合。

7. 装卸与搬运在物流中的作用有哪些？

①装卸搬运是影响物流效率的重要环节；

②装卸搬运是影响物流成本的主要因素；

③装卸搬运是连接其他物流主要环节的桥梁。

8. 装卸与搬运有哪些合理化原则？

①降低装卸搬运作业次数；

②移动距离（时间）最小化；

③提高装卸搬运的灵活性；

④单元化；

⑤机械化；

⑥利用重力；

⑦各环节均衡、协调；

⑧系统化。

六、论述题

1. 包装在物流中的地位。

在社会再生产过程中，包装处于生产过程的末尾和物流过程的开端，既是生产的终点，又是物流的始点。

作为生产的终点，产品生产工艺的最后一道工序是包装。因此，包装标志着生产的完成，从这个意义讲，包装必须根据产品性质、形状和生产工艺来进行，必须满足生产的要求。

作为物流的开端，包装完成以后，包装了的产品便具备了物流的条件，在整个物流过程中，可发挥对产品的保护作用，最后实现销售。从这个意义来讲，包装对物流有决定性的作用。

2. 包装合理化措施。

①包装尺寸标准化。实现包装的标准化对实现物流整体合理化具有特别重要的意义，包装尺寸的设计，需要建立在共同的标准之上。

标准的包装尺寸应与包装模数尺寸一致，才能够保证物流各环节的有效衔接，按照包装模数尺寸设计的包装箱可以按照一定的堆码方式合理、高效堆码在容器中。

②包装作业机械化。实现包装作业的机械化是提高包装作业效率、减轻人工包装作业强度、实现省力的基础。包装机械化首先从单个包装开始，之后向装箱、封口、挂提手等

外装关联作业推进。

③包装成本低廉化。包装成本中占比例最大的是包装材料费。因此，降低包装成本首先应该从降低包装材料费用开始，需要对包装材料的价格和市场行情进行充分调查，合理组织包装材料采购。

影响包装成本的第二个因素是劳务费，节约劳务费用的方法之一是提高包装作业的机械化程度，降低包装作业对人工的依赖程度。机械化包装作业需要购置包装机械，机械使用费用同样构成包装成本，如果节约的劳务费用低于使用机械支付的费用，包装成本不仅不会下降，反而会提高。机械化的程度需要结合人工使用成本综合考虑。

最后，在包装设计上要防止包装过度，应根据内容商品的价值和特点设计包装。允许一定程度的破损率，会大大节约包装费用，对于节约包装成本是有益的。

④包装单位大型化。随着交易单位的大量化和物流过程中的装卸机械化，包装的大型化趋势也在增强。大型化包装有利于机械的使用，提高装卸搬运效率。

⑤包装材料的资源节省化。

实现包装材料能源节省化的重要途径是加大包装物的再利用程度，加强废弃包装物的回收，减少过剩包装。同时，开发和推广新型包装方式，减少对包装材料的使用。

3. 流通加工和生产加工的区别。

（1）加工对象不同。流通加工的对象是商品，而生产加工对象不是最终产品，是原材料、零配件、半成品。

（2）加工程度不同。流通加工大多是简单加工，而生产加工是使产品形成人们所需的商品而进行的复杂加工。流通加工只是对生产加工的一种辅助及补充。

（3）附加价值不同。生产加工目的在于创造价值和使用价值，而流通加工目的在于完善其使用价值，并在不进行大改的情况下提高价值。

（4）加工责任人不同。流通加工由商业或物资流通企业完成，而生产加工则由生产企业完成。

（5）加工目的的区别。商品生产是为交换和消费，流通加工是为了消费（或再生产），这一点与商品生产有共同之处。但是流通加工也以自身流通为目的，纯粹为流通创造条件，这种为流通所进行的加工与直接为消费进行的加工在目的上有区别，这也是流通加工不同于一般生产的特殊之处。

4. 相关分析及参考答案如下：

（1）因为乐高在抑制物流对环境的影响方面作出了很多努力，实现了对环境的净化，并使资源得到充分利用。

（2）减少噪声污染；处理污水；实现包装的再生利用等。

第六章

一、单项选择题

1. A	2. A	3. C	4. A	5. B
6. A	7. D	8. B	9. D	10. B

二、多项选择题

1. ABCD　2. ABC　3. ABCE　4. ABCD　5. ABCDE
6. ABDE　7. ABCE　8. BCDE　9. CDE　10. ABCDE
11. ACDE　12. BCD

三、填空题

1. 物流系统外信息
2. 管理控制层、分析决策层
3. 数据库
4. 计算机系统、数据库管理系统
5. 射频识别
6. 硬件、软件、人员

四、判断题

1. √　2. √　3. √　4. ×　5. ×　6. √　7. √　8. ×　9. √　10. √

五、简答题

1. 什么是物流信息，它有哪些特点？

物流信息主要包括物流数量、物流地区、物流费用等。

和其他领域信息相比，物流信息的特殊性主要表现在三个方面。

①由于物流是一个大范围内的活动，物流信息源也分布于一个大范围内，信息源点多、信息量大。如果这个大范围中未能实现统一管理或标准化，信息便缺乏通用性。

②物流信息动态性特别强，信息的价值衰减速度很快，对信息工作及时性要求较高。

③物流信息种类多，不仅本系统内部各个环节有不同种类的信息，而且由于物流系统与其他系统，如生产系统、销售系统、消费系统等密切相关，还必须收集这些类别的信息，这就使物流信息的分类、研究、筛选等难度增加。

2. 简述数据库的功能。

数据库是以一定的组织方式存储在一起的相关的数据集合。它具有以下功能：

①信息收集；

②信息处理；

③信息传输；

④信息利用。

3. 物流信息系统在开发过程中有哪些原则？

①需求满足性原则；

②标准化原则；

③高质量原则；

④可扩展性原则；

⑤易用性原则；

⑥高性能价格比原则；

⑦安全性原则；
⑧进度可控原则；
⑨文档完整性原则。
4. 简述数据库的特征。
①数据的最小冗余性；
②数据的共享性；
③数据的独立性；
④数据的统一管理与控制。

六、论述题

1. 物流系统与物流信息的关系。

(1) 物流系统对物流信息的要求。物流信息随企业的物流活动而发生，是实现物流功能必不可少的条件。物流系统对信息的质量有很高的要求，主要表现在以下三个方面。

①信息充足。有效的物流系统需要充足的信息，信息是否充足、能否能满足物流管理的需要对物流效率至关重要。

②信息准确。信息必须准确，只有准确的信息才能为物流系统提供帮助。

③通信顺畅。通信的方式必须容易接收，否则就会产生误解，导致决策失误。

(2) 物流信息对物流系统的作用。物流信息系统通过以下六条原理满足管理信息的需要，并充分支持企业计划制订和运作。

①可得性。物流信息系统必须具有始终如一的可得性，包括订货和存货状况。

②精确性。物流信息必须精确反映当前状况和定期活动，以衡量顾客订货和存货水平。

③及时性。信息系统及时反映系统状态（如存货水平）及管理控制的状态（如每天或每周的功能记录）。

④以异常情况为基础。物流信息系统必须以异常情况为基础，突出问题和机会。

⑤灵活性。物流信息系统必须具有灵活性，以满足系统用户和顾客的需求。

⑥适当形式化。物流报告和显示屏应该具有恰当的形式，用正确的结构和顺序展示信息。

2. (1) 公司竞标失败的原因。
①信息系统缺失；
②信息流滞后；
③决策层判断失误。
(2) 如何避免上述问题再次发生参考答案：
改善对信息系统和信息流的管理，重视信息在物流中的地位。

七、课堂讨论

参考答案：
明确信息系统建设的目的性，设置有针对性的问题处理措施，重视基础信息。

第七章

一、单项选择题

1. A　2. A　3. B　4. D　5. C
6. A　7. A　8. C　9. D　10. C

二、多项选择题

1. ACDE　2. BDE　3. ABCE　4. ABCDE　5. ABCDE
6. ABCDE　7. ACDE　8. ABCD　9. ACE　10. ABCD
11. BCDE　12. ABCE

三、填空题

1. 进口物流、出口外流
2. 出口国检验、进口国检验和出口国检验、进口国复验
3. TEU
4. 责任统一、手续简便、减少中间环节、降低运输成本

四、判断题

1. √　2. ×　3. √　4. ×　5. √　6. ×　7. ×　8. ×　9. ×　10. ×

五、简答题

1. 与国际物流相比国际物流具有哪些特点？

①国际物流的经营环境存在较大差异；
②国际物流的系统广泛、风险性高；
③国际物流运输方式具有复杂性；
④国际物流必须依靠国际化信息系统的支持；
⑤国际物流的标准化要求较高。

2. 在国际贸易中，国际物流系统网络发挥着怎样的作用？

①国际物流系统网络研究的中心问题是确定进出口货源点（或货源基地），消费者的位置，各层级仓库及中间商批发点（零售点）的位置、规模和数量。这一中心问题将决定国际物流系统布局的合理化程度。

②国际物流系统网络决定国际物流流动的方向、结构和规模，即决定国际贸易的贸易量、贸易流程及物流费用和经济效益。

③合理布局国际物流系统网络，对扩大国际贸易、占领国际市场、加速商品的国际流通提供了有效途径。

3. 国际物流发展需要哪些支持体系？

①经济全球化是国际物流发展的基础；
②信息与通信技术是国际物流发展必备的技术条件；
③国际物流发展中的环境保护需要国际合作；

④国际物流健康发展需要各国政府的大力支持；

⑤国际物流发展需要物流理论的支持和国际机构的努力推进。

4. 国际物流系统的组成部分有哪些？

①运输子系统；

②储存子系统；

③检验子系统；

④通关子系统；

⑤商品包装子系统；

⑥装卸搬运子系统；

⑦信息子系统。

六、论述题

1. 物流合理化措施。

①合理选择和安排国内外物流网点，扩大国际贸易的范围、规模，以达到费用省、服务好、信誉高、效益高、创汇好的物流总体目标。

②采用先进的运输方式、运输工具和运输设施，加速进出口货物的流转。充分利用海运、多式联运方式，不断扩大集装箱运输和大陆运输的规模，增加物流量，扩大进出口贸易量和贸易额。

③减少进出口商品的在途积压，包括进货在途（如进货、到货的待验和待进等）、销售在途（如销售待运、进出口口岸待运等）、结算在途（如托收承付中的拖延等），以节约时间，加速商品的资金周转。

④加快进出境通关工作，实现信息电子化。

⑤改进运输路线，减少相向、迂回运输。

⑥改进包装，增加技术装载量，减少损耗。

⑦改进港口装卸作业，有条件的国家或地区要扩建港口设施，合理利用泊位与船舶停靠时间，减少港口杂费，吸引船舶入港。改进海运配载，避免空仓或船货不相适应的状况。

⑧国内物流运输段，在出口时，尽量做到就地、就近收购，就地加工，就地包装，就地检验，直接出口。

2. 国际物流作业环节。

国际物流运作遵循物流系统模式的原理，由一系列相互影响、相互制约的环节构成一个有机整体，有明确的系统目标，并受外界环境的影响和制约。

对出口商品而言，第一个阶段主要包括出口方进行的集货、备货，到证（即接到买方开来的信用证），到船，编制出口货物运输计划等；第二个阶段主要包括商品出口前的加工整理，包装，储存、运输，商品进港、装船，制单、交单，报关、报检；第三个阶段主要包括买方收货，交单结汇，提供各种服务，理赔、索赔等。在这三个阶段中，通过国际市场上的信息来引导和协调，采用先进的流通技术与组织方式，按照国际惯例和国际通行的运作规程来组织流通过程，完成各环节的运作，使整个物流系统协调运行，高效实现系统目标。

3. （1）UPS公司每天快递运输量达1 000多万件，在全世界建设了10多个中转中心、数万个快递中心，以实现时间和空间效益，满足国际贸易活动和跨国公司经营的要求，因此是一家国际物流企业。其与一般运输物流企业不同的是：它由多个收货发货和信息的节点和它们之间的连线构成国际物流系统网络。

（2）开办国际快递企业的风险。货物可能由于恶劣气候，如雷电、海啸、地震、洪水等自然灾害或运输工具损坏、搁浅、触礁、沉没、碰撞、倾覆、出轨、坠落、失踪；或由于失火、爆炸等意外事故所造成损失，还有可能在运输途中丢失。

第八章

一、单项选择题

1. C　2. A　3. C　4. A　5. B
6. C　7. A　8. A　9. B

二、多项选择题

1. ABC　2. ACD　3. ABCD　4. ACD　5. ABCD
6. CD　7. ABCD　8. ABC　9. ABCE　10. ABCDE
11. AB　12. ABCDE

三、填空题

1. 供应链
2. 供应、生产计划、物流、需求
3. 集中库存模式、无库存模式
4. 供应链管理
5. 传统物流管理阶段、现代物流阶段、同步一体化供应链阶段
6. 物理功能、市场中介功能

四、判断题

1. √　2. ×　3. √　4. ×　5. ×　6. √　7. ×　8. √　9. √　10. √

五、简答题

1. 供应链具有哪些特征？
①复杂性；
②动态性；
③面向用户需求；
④交叉性；
⑤创新性；
⑥风险性。
此外，供应链的特征还表现在其是增值的和有利可图的。
2. 供应链管理具有哪些作用？

①降低库存量；

②为决策人员提供服务；

③改善企业与企业之间的关系；

④提高服务质量，刺激消费需求；

⑤实现供求的良好结合。

3. 供应链管理应符合哪些原理？

①资源横向集成原理；

②系统原理；

③多赢互惠原理；

④合作共享原理；

⑤需求驱动原理；

⑥快速响应原理；

⑦同步运作原理；

⑧动态重构原理。

4. 供应链管理面临哪些方面的转变。

①功能管理向过程管理的转变；

②从利润管理向盈利性管理转变；

③产品管理向顾客管理转变；

④交易管理向关系管理转变；

⑤库存管理向信息管理转变。

5. 谈谈供应链管理实施的基本步骤。

①制订供应链战略实施计划；

②构建供应链；

③改造供应链流程；

④评估供应链管理绩效。

6. 供应链管理的方法有哪些？

①联合库存管理；

②供应商掌握库存；

③供应链运输管理；

④连续补充货物；

⑤快速反应；

⑥有效客户反应。

7. 比较有效性供应链与反应性供应链。

类别	反应性供应链	有效性供应链
基本目标	对无法预测的需求做出尽可能快的反应，使缺货、降价、废弃最小化	以最低的成本供应可预测的需求
生产方面	配置富余的缓冲能力	保持较高的平均利用率
库存策略	配置零部件或成品的缓冲库存	实现高周转，保持整个链中库存最低

续表

类别	反应性供应链	有效性供应链
前置期	积极投资以缩短前置期	在不增加成本的前提下压缩前置期
供应商选择依据	主要根据速度、灵活性和质量	主要根据成本和质量
产品设计策略	用模型设计以尽可能地减少产品差别	最大化绩效和最小化成本

六、论述题

1. 供应链的发展趋势。

供应链管理是迄今企业物流发展的最高级形式。虽然供应链管理复杂、动态、多变，但众多企业已经在供应链管理的实践中获得了丰富的经验并取得显著的成效。当前供应链管理的发展正呈现出一些明显的趋势。

①时间与速度。

越来越多的公司认识到，时间与速度是影响市场竞争力的关键因素。在供应链环境下，时间与速度已被看作提高企业竞争优势的主要来源，一个环节的滞留往往会影响整个供应链的运转。供应链中的各个企业通过各种手段实现物流、信息流的紧密连接，以达到快速响应最终客户要求、减少存货成本、提高供应链整体竞争水平的目的。

②质量与资产生产率。

供应链管理涉及许多环节，需要环环紧扣，并确保每一个环节的质量。任何一个环节，将直接影响供应商备货的数量、分销商仓储的数量，进而最终影响用户对产品质量、时效性及价格等方面的评价。

③组织精简。

供应链成员的类型及数量是导致供应链管理复杂性的直接原因。在当前趋势下，越来越多的企业开始考虑减少物流供应商的数量，实现系统结构精简。

④客户满意度。

供应链成员越来越重视客户服务与客户满意度。传统的评价指标为订单交货周期、完整订单的百分比为主，而目前更注重客户对服务水平的评价，客户服务标准转移的结果就是重视与物流公司的关系，并把物流公司作为提供高水平服务的合作者。

2. （1）联想供应链管理流程的组成如下图所示。

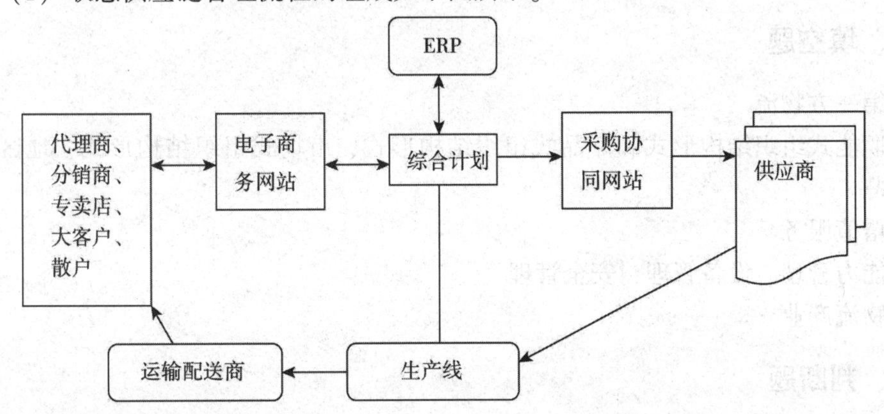

（2）联想供应链管理实施。

联想供应链的管理目标是提高服务水平，降低总的交易成本。

作为IT企业，具有价格波动大、风险大、市场难预测、部件换代快、产品降价快、客户差异化需求明显、供应商对整个行业的影响非常大等特点。针对行业特点实施供应链管理，联想可在供应链管理实施方面进行如下调整：

①建立一体化的供应链运作体系；

②建立准确的需求预测系统；

③制订集成化供应链计划，并根据需求变化快速调整；

④根据客户差异化需求，进行客户定制；

⑤加强与供应商的协同；

⑥转变供应链运作模式；

⑦优化采购渠道及物流运作；

⑧利用信息技术提高供应链管理水平。

七、课堂讨论

略。

第九章

一、单项选择题

1. A	2. B	3. C	4. C	5. B
6. C	7. A	8. A	9. B	10. A

二、多项选择题

1. ABCD	2. ABCDE	3. ABCDE	4. ABE	5. ABCDE
6. ABC	7. ABCDE	8. BDE	9. ABD	10. ABCDE
11. BCD	12. AB			

三、填空题

1. 第一方物流

2. 职能式组织结构形式、产品式组织结构形式、市场式组织结构形式、地区式组织结构形式。

3. 增值服务

4. 能力管理、设备管理、安全管理

5. 物流产业

四、判断题

1. √ 2. √ 3. × 4. × 5. √ 6. √ 7. × 8. × 9. √ 10. ×

五、简答题

1. 在企业物流模式选择中，应考虑哪些因素？

（1）物流对企业发展的影响；

（2）企业对物流的管理能力；

（3）物流是否是企业的核心业务；

（4）企业产品的物流特点。

2. 什么是生产物流管理，它具有哪些目标？

生产物流管理是将原材料、半成品、燃料、外购件投入生产后，经过下料、发料，运送到各加工点或存储点，以及在制品从一个生产单位流入另一个生产单位，按照规定的工艺路线进行加工、存储，借助一定的运输工具在某个点内流转，又从某个点流出，物料始终处于实物形态的流转过程。

生产物流管理的目标是将正确的产品，在正确的时间，以正确的方式，按照正确的数量，以正确的成本，送到正确的地方，交给正确的人。

3. 第三方物流有哪些基本特征？

关系契约化，服务个性化，功能专业化，管理系统化，信息网络化。

4. 开展第三方物流应具备怎样的条件

（1）拥有现代化的仓储设施与运输工具；

（2）迅速修复物流障碍的能力；

（3）提供增值服务；

（4）掌握以先进的信息技术为基础的物流信息系统；

（5）高素质的现代物流人才。

六、论述题

1. 逆向物流的经营模式。

逆向物流的主要任务是收集和运送废旧物品及处理退货问题，该系统可以建立在原有的物流渠道上，也可以另外单独重建，或是将传统物流与回收退货物流系统整合在一起。逆向物流在实践中往往是双向的，即包括正向物流和逆向物流；同正向物流一样，逆向物流也需要经过运输、加工、库存和配送等环节。

（1）横向结网，设立集中返品中心管理模式。集约化处理已成为管理逆向物流一般运作模式的主导方式。外国跨国企业的配送中心都设有专门的退货集中地，逆向物流流程上的所有产品都会被先送到集中地，经分类处理后，再送到其最终的归属地。我国企业除了个别大型企业有实力设立自己的集中返品中心外，大部分中小型企业没有实力去建立返品中心，因此可以考虑企业间合作建设返品中心。

（2）构建供应链集成的逆向物流管理模式。成功的供应链管理能使企业在激烈的市场竞争中提升其企业核心竞争力，企业的生存与发展须依靠供应链上的每个节点，包括其上游供应商和下游顾客。逆向物流是一个复杂的运动过程，涉及供应商、制造商、中间商等节点企业，逆向物流应有效连接各支点并高效运转，成为建立契约式合作关系的纽带。

（3）逆向物流外包管理模式。第三方逆向物流已经成为逆向物流一般运作模式发展的趋势。随着企业的扩展，有些销售网络布局相对分散，不利于企业自行设立返品中心。出于经济效益的考虑，企业可委托第三方物流公司承包逆向物流管理业务。

（4）逆向物流联盟管理模式。为了实现比企业单独从事物流活更好的效益，企业间形成了相互信任、共担风险、共享收益的物流伙伴关系。

2. 相关分析及参考答案如下：

（1）福特汽车采取全球资源配置的原因。

全球化深化发展使企业必须在全球范围内寻求资源，福特汽车公司在全球范围内配置资源，成为企业国际化进程中获得竞争优势的一种重要手段。

（2）福特公司实施全球资源配置的策略。

福特汽车公司从20世纪70年代开始，以一流的质量、最低的成本、最先进的技术提供者、JIT供货为标准，在全球范围内挑选原材料和零部件的供应商。为保证全球资源配置的成功与效率，福特公司适时为供应商提供一定的技术培训，并与供应商在工程、合作设计等方面保持良好的合作关系。同时，福特公司尽量保证生产计划的稳定性，以便其供应商在生产计划变化的时候能迅速反应，实现JIT供货。

（3）扩展企业及其特征。

扩展企业包括采购公司和供应商，它们通过紧密合作来实现共同利润的最大化，因此，扩展企业不仅包括企业各职能部门，还包括企业与客户、供应商、商业伙伴。扩展企业主要有以下特征：

①企业集中处理核心竞争力，将非核心业务外包给外部供应商或服务供应商。

②扩展企业中的核心企业应与供应商和客户建立长期、互相依赖的关系，把供应商和客户当作合作伙伴而不是竞争对手。

③扩展企业需采取先进的通信技术和运输手段，以支持跨组织的商业活动。

3. 相关分析及参考答案如下：

（1）大众包餐是否可引入第三方物流服务及其原因。

可以引入。

理由：①利用外部资源弥补本身资源的局限性。

②利用第三方在专业化作业方面的优势，提升经济利益。

③提升管理效率。

（2）大众包餐实施准时化服务面临的困难。

①大众包餐公司的服务产品，既有标准化产品——盒饭，又有个性化产品——套餐，且需求难以准确预测。

②现有的设施条件有限，无专用配送设备设施。

③员工结构及素质有待提升。

④与第三方服务合作的经验不足。

⑤准时化服务的质量难以衡量。

（3）引入第三方物流应采取的措施。

①通过招投标，选择合适的食品原料、半成品和制成品的供应商，建立战略联盟关系。

②与上游供应商与下游客户建立原材料、半成品、产成品的配送网络系统，增强服务柔性。

③优化现有设施及流程。

④培养和引入具有供应管理知识和经验的专业化人才。

第十章

一、单项选择题

1. A　2. B　3. D　4. A

二、多项选择题

1. ABD　2. ABCD　3. BD　4. AC　5. AD
6. ACD　7. AB　8. ABCD　9. ACD　10. AB

三、填空题

1. 供应物流、生产物流、销售物流
2. 透明度、共享性
3. 降低资源浪费、减少资源消耗

四、判断题

1. √　2. ×　3. √　4. ×　5. √　6. √　7. ×　8. √

五、简答题

1. 概述我国物流企业的发展现状。
①发展环境显著优化；
②设施设备使用改进；
③信誉服务品质增强；
④战略合作深入发展。
2. 物流企业发展目标有哪些？
①降低成本，以较低的营运成本满足顾客的货物配送和信息需求；
②整合资源，提高物流设施利用率并优化资源配置；
③共享信息，增强物流信息的共享性，使企业与上下游物流节点形成战略同盟关系。

六、论述题

1. 我国物流企业的发展趋势。
①基础设施建设趋于完善。
②物流法律法规健全成熟。
③政策支持并推进物流业进一步转型升级。
④大力发展绿色物流。
⑤大数据广泛应用于物流行业。
2. 物流是“第三利润源”的因素。
①物流从流通领域中分化出来，成为独立运行的系统。
②物流是一种增值性经济活动。它可以创造时间价值、场所价值和加工价值，增值型

服务和创新型业务蕴含着新商机。

③物流与电子商务结合，充分利用电子商务平台推进物流信息化建设，整合社会资源、降低物流成本、提高流通效率，以提供信息化、全球化、多功能化的一流服务为目标。

④通过物流活动，为物流服务“外包”企业创造盈利机会，成为制造企业的“第三利润源”。制造企业与物流企业加强深度合作，结成战略合作伙伴关系，联动发展，使物流社会化程度进一步提高。

⑤从宏观上看，通过有效的物流活动，可以优化社会经济系统和国民经济系统的运行，提高国民经济总效益。

七、方案设计

略。